GESCHIEBE
BOTEN AUS DEM NORDEN

Mit 76 Abbildungen, 17 Tabellen und 41 Tafeln

von

Hans-Werner Lienau

© 2003 PacoL Hamburg

Umschlagbild:

Abb. 1: Geschiebe sammeln an der Steilküste von Dwasieden, Jasmund, Rügen (Mecklenburg-Vorpommern).

Verlag PacoL
Försterweg 112 a, 22525 Hamburg
1. Auflage Januar 2003
Herstellung: Books on Demand GmbH, Norderstedt

ISBN 3-930467-00-3 © **2003 PacoL Hamburg**

Inhaltsverzeichnis

Zusammenfassung, Abstract	5
1. Einleitung	6
2. Eiszeiten in Norddeutschland	8
3. Ursachen der Eiszeiten	22
4. Biologie der Trilobiten	28
4.1 Einleitung: Arthropoda	28
4.2 Trilobita: Bau, Lebensweise, Systematik und Auftreten	29
4.3 Trilobiten im Geschiebe	44
5. Nordische Geschiebe	45
5.1 Einleitung	45
5.2 Präkambrium	45
5.3 Kambrium	53
5.4 Ordovizium	71
5.5 Silur	89
5.6 Devon	105
5.7 Karbon	118
5.8 Perm	121
5.9 Trias	127
5.10 Jura	134
5.11 Kreide	150
5.12 Paläogen	166
5.13 Neogen	186
6. Danksagung	200
7. Literaturverzeichnis	201
8. Geschiebe-Register	224

Abb. 2: Der Autor beim Geschiebe sammeln an der Ostsee-Steilküste bei Weißenhaus, Hohwachter Bucht (Foto: Sylvia Brandt, 31.03.02).

Geschiebe – Boten aus dem Norden

Nach einer Übersicht zu den Eiszeitaltern der Erdgeschichte und den daraus resultierenden Strukturen in der Landschaft (Moränen, Sander, Kryoturbation, Eiskeile, Lößgürtel, Windkanter, gekritzte Geschiebe etc.) werden die pleistozänen Eiszeiten Norddeutschlands näher besprochen. Dabei wird auch die Entstehungsgeschichte der Ostsee skizziert.

In einem gesonderten Kapitel erfolgt eine kurzgefasste Darstellung zur historischen Entwicklung der Vergletscherungstheorie, wobei auf die astronomischen Ursachen der Entstehung von Kaltzeiten näher eingegangen wird.

Im nächsten Kapitel erfolgt eine Einführung zur Anatomie, Morphologie, Lebensweise und Systematik der Trilobiten mit Hinweisen zu Fundmöglichkeiten im Geschiebe. Typische Gattungen werden auf zwei Tafeln abgebildet.

Der Hauptteil dieses Buches ist der Beschreibung der wichtigsten Geschiebe in altersmäßiger Reihenfolge gewidmet. Nach einer kurzen Übersicht zu jedem erdgeschichtlichen System mit Angaben über Dauer und wichtige Leitfossilien wird auf die paläogeographische Entwicklung in den Liefergebieten der nordischen Geschiebe (Fennoskandien, Baltikum) eingegangen. Dies wird z.T. durch Biotoprekonstruktionen ergänzt. In Tabellen werden dann die verschiedenen Geschiebetypen aufgelistet und im Text die abgebildeten sowie andere wichtige Erratika stichwortartig beschrieben.

Ein umfangreiches Literaturverzeichnis, mit dem Sekundärliteratur erschlossen werden kann, schließt dieses Buch ab, das jedem Anfänger, fortgeschrittenem Sammler, aber auch dem Fachmann gute Dienste leisten möge.

Geschiebe – Messengers of the North

After showing the ice ages in the history of the Earth and the resulting phenomena (e.g. moraines, sandurs, cryoturbations, ice wedges, loess belts, ventifacts, striated pebbles), the Pleistocene ice ages of North Germany are described more extensively. The history of the Baltic Sea in the last ten thousand years is also shortly presented.

In a special chapter the historical evolution of the theory of ice ages is briefly discussed. Likewise, the astronomical causes of ice ages are reported.

The next chapter contains the anatomy, morphology, the way of living, and classification of trilobites. Informations are given in which types of geschiebe trilobites can be found. Some typical examples are shown in two plates.

The main issue of this book is describing the most important geschiebe sequenced by their age. After a short introduction into each period, its duration and guide fossils, the paleogeographical evolution of the source area of the geschiebe (Fennoskandia, Baltic) is shown. Some biotope reconstructions are also given in any drawings. In tables, the different types of geschiebe are listed, and most of them are pictured and described.

This catalogue ends with an extensive list of references, to be used by both amateurs and professionals as a guide to further literature about geschiebe, and about the geology and paleontology of Scandinavia and the Baltic region. This book may stimulate further interest of amateur collectors and scientist in this highly interesting area.

1. Einleitung

Dieses Heft entstand aus einer Überarbeitung und Erweiterung meines Ausstellungskataloges zu der von mir für die >**Gesellschaft für Geschiebekunde**< (**GfG**) initierten, zusammengestellten und längere Zeit betreuten Wanderausstellung (LIENAU 1990b, LIENAU et al. 1991). Die im Oktober 1984 gegründete >Gesellschaft für Geschiebekunde< hat es sich zum Ziel gesetzt, die Geschiebeforschung zu fördern, indem sie Wissenschaftler und Laien zusammenführt, eigene Veröffentlichungen herausgibt und sich am Aufbau des >Archivs für Geschiebekunde< in Hamburg beteiligt. Die Gründung des >Archivs für Geschiebekunde< erfolgte am 25. April 1988. Dieses Archiv ist dem Geologisch-Paläontologischen Institut und Museum der Universität Hamburg (GPIMH) angeschlossen und besteht zur Zeit aus Teilen dessen Geschiebesammlung, Schenkungen sowie eigenen Fundstücken. Außerdem existiert eine ständig wachsende Bibliothek. Da die Finanzlage der Universität Hamburg ausgesprochen schlecht ist, kann es aber leider seine Aufgaben nicht befriedigend erfüllen.

Geschiebe sind Gesteine und Fossilien, die von Gletschern von ihrem Ursprungsort wegtransportiert und an anderer Stelle in Moränen oder Schmelzwassersanden wieder abgelagert worden sind. In Schleswig-Holstein, Hamburg, Mecklenburg, Pommern, dem nördlichen Niedersachsen und Westfalen haben die Gletscher des letzten Eiszeitalters vor allem Geschiebe aus Finnland, Norwegen, Schweden, Dänemark, Estland und vom Boden der Ostsee hinterlassen (Abb. 21). Nur untergeordnet treten kurz transportierte Geschiebe, die sogenannten Lokalgeschiebe, auf. Für die Forschung besonders interessant sind einige Geschiebe mit bislang unbekannter Herkunft, deren Liefergebiet meist aus ihrer Vergesellschaftung mit bekannten Geschiebetypen abgeleitet wird.

Die in der oben angesprochenen Wanderausstellung gezeigten Geschiebe gehören fast alle zum >**Archiv für Geschiebekunde**< und entstammen größtenteils der ehemaligen Sammlung KAUSCH. WALTER JULIUS HEINRICH KAUSCH wurde am 11.3.1908 in Hamburg geboren und begann bereits als Kind mit dem Geschiebe sammeln. Nach der Rückkehr aus englischer Kriegsgefangenschaft 1945 lebte er in Pinneberg und machte sich in Hamburg als Kaufmann selbstständig. Die Möglichkeit zur freien Zeiteinteilung nutzte er oft zum Sammeln von Geschieben in den Kiesgruben Ost-Holsteins, vor allem der am Segrahner Berg bei Gudow. Aber auch am Brodtener Ufer bei Travemünde und an der Küste von Hirtshals im nördlichen Jütland (Dänemark) sammelte er häufiger. So entstand eine umfangreiche Sammlung aus vorwiegend Sedimentärgeschieben, wobei die Lokalsammlung vom Segrahner Berg besondere Beachtung verdient. Nach seinem Tode am 14.3.1977 entschlossen sich seine Witwe und die drei Söhne seine Sammlung dem GPIMH zu spenden, damit eine spätere Nutzung der Sammlung zum Wohle der Allgemeinheit möglich ist. Durch diese vorbildliche Haltung konnte die längere Zeit erfolgreiche Ausstellung überhaupt erst realisiert werden.

Ich widme Prof. Dr. Dr. h. c. EHRHARD VOIGT diese überarbeitete und erweiterte Fassung zu seinem 97. Geburtstag, den er 2002 feiern konnte. Seine bis ins hohe Alter ungebrochene wissenschaftliche Aktivität wurde nicht zuletzt immer wieder durch Geschiebeneufunde angestachelt.

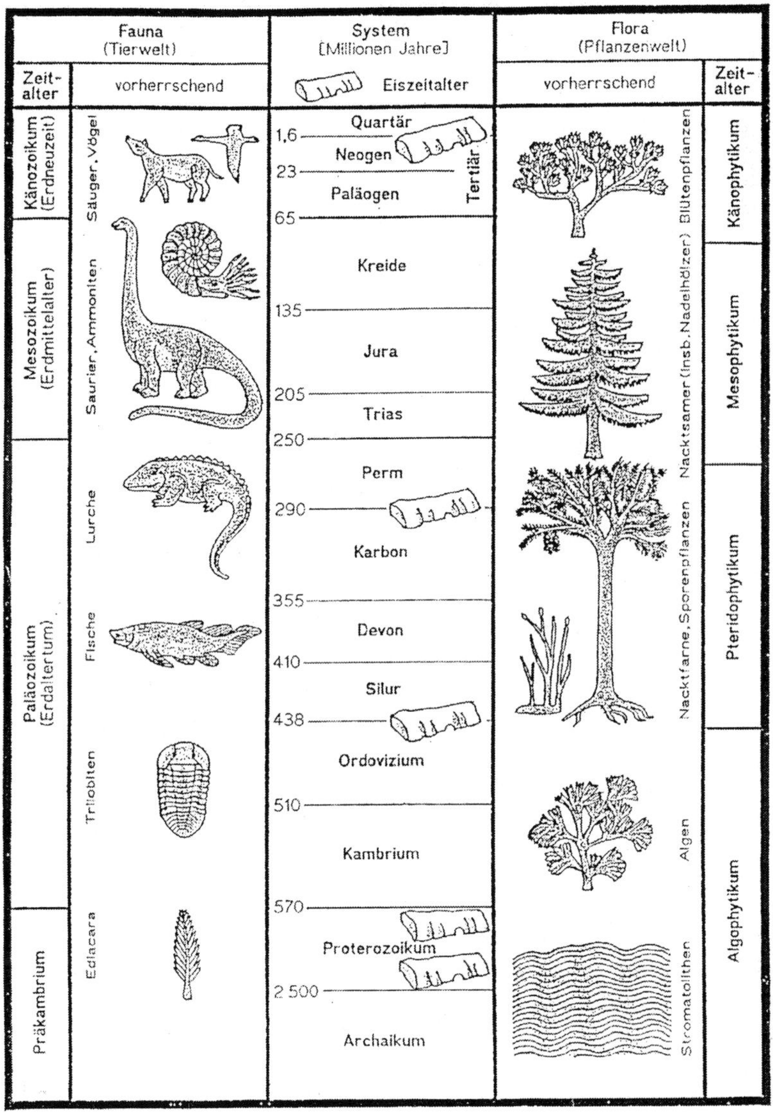

Abb. 3: Erdgeschichtliche Zeittafel mit den Eiszeitaltern sowie den vorherrschenden Faunen und Floren (aus LIENAU 1990b).

2. Eiszeiten in Norddeutschland

Zur Vermeidung von Unklarheiten sollte man als übergeordneten Begriff für eine Zeitspanne globaler Abkühlung mit Inlandvereisung in Polnähe den Terminus **Eiszeitalter** verwenden, da dieser auch die Vorgänge mit einschließt, die in größerer Entfernung von den Gletschern weltweit ablaufen. Ein Eiszeitalter ist durch die Wechselfolge von Kalt- und Warmzeiten gekennzeichnet, die regionale Unterschiede aufweisen. Den Begriff „Eiszeit" sollte man nur als Synonym von Kaltzeit verwenden.

Je nach Anerkennung recht unsicherer altpräkambrischer Eiszeiten gab es im Laufe der etwa 5 Milliarde Jahre währenden Erdgeschichte fünf bis sieben Eiszeitalter (Abb. 3), die jeweils durchschnittlich ca. 50 Millionen Jahre dauerten.

a) **Mittelpräkambrium:** >Huron-Eiszeit<, vor ca. 2,5 - 2 Milliarde Jahren;
   das größte Eiszeitalter aller Zeiten, am besten in Nordamerika überliefert;
b) **Jungpräkambrium:** vor ca. 800 Millionen Jahren;
   weltweit nachgewiesenes Eiszeitalter;
c) **Grenzbereich Ordovizium/Silur:** >Sahara-Vereisung< und >Tafelberg-Vereisung<, vor ca. 450 Millionen Jahren;
   eventuell war ganz Afrika vereist;
d) **Permo-karbonische Vereisung:** vor ca. 300 Millionen Jahren;
   damalige Südhalbkugel (Gondwana) war vereist;

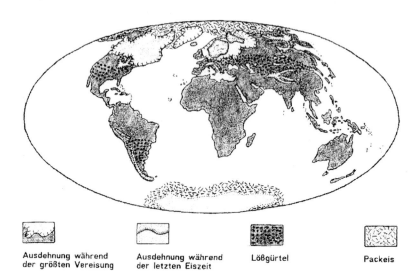

Abb. 4: Verbreitung der pleistozänen Vergletscherung (aus LIENAU 1990b).

e) Känozoisches Eiszeitalter: vor ca. 50 Millionen Jahren; antarktische Vereisungen begannen bereits im Eozän, waren im Miozän wieder reduziert und setzten sich dann verstärkt fort; im arktischen Raum Beginn im Oberpliozän; die quartären Eiszeiten sind allerdings der bei weitem wichtigste Teil.

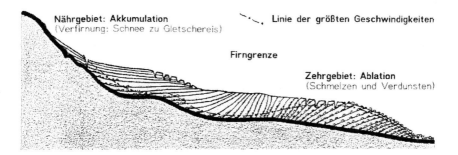

Abb. 5: Bau des Gletschers (aus LIENAU 1990b).

Zeit-alter	System	Serie		Stufe		Alter [Mio.a]
Känozoikum	Quartär	Holozän				0,01
		Pleistozän	Ober-			
			Mittel-			
	GSSP		Unter-			1,6
		Pliozän	Ober-	Piacenzium		3,3
			Unter-	Zanclium		5,3
	WG					
	Neogen	Miozän	Ober-	Messinium		6,5
				Tortonium		11
			Mittel-	Serravallium		15
				Langhium		16,2
			Unter-	Burdigalium		19
				Aquitanium		23
	WG	Oligozän		Chattium		27
				Rupelium	Stampium	32,5
	Paläogen	WG		Priabonium	Latdorfium	34
		Eozän		Bartonium		39
				Lutetium		45
		WG		Ypresium		53
		Paläozän		Thanetium	Belandium	59
				Danium		65
WG		Oberkreide		Maastrichtium		

Tab. 1: Stratigraphie des Känozoikum (nach IUGS 1989).

Quartär				Norddeutschland	
			Gliederung		Wichtigste Ereignisse und Ablagerungen
Holozän			Postglazial	8 000 J. v. Chr.	Weiterer ständiger Rückzug des Eises. Öffnung der Ostsee. Baltischer Eisstausee.
Jungpleistozän	Weichsel-Eiszeit	Jung-Weichsel	Goti-Glazial	9 500 v. Chr.	Vulkanismus des Laacher Sees.
				12 600 v. Chr.	Fortschreitender Eisrückzug, Tundra, zunehmend Bewaldung.
			Dani-Glazial		Mehrere Phasen (Pommersche, Frankfurter, Brandenburger Ph.).
			Germani-Glazial	25 000	
			Mittel-Weichsel		Eis dringt nicht über die Elbe, periglaziale Bildungen in Niedersachsen; LÖß-Ablagerungen.
			Früh-Weichsel	120 000	
			Eem-Warmzeit		Eem-Meer (ca. heutige Nordsee-Küstenlinie); Torfe, Süßwasserbildungen.
				130 000	
Mittelpleistozän	Saale-Eiszeit		Warthe-Stadium		Moränen der Göhrde- und Lüneburger Phase.
			Interstadial		Eisrückzug.
			Drenthe-Stadium		Moränen der Rehburger Phase, Lamstedter Phase u.a.; maximale Eisausdehnung am Niederrhein und in Südniedersachsen.
				300 000	
			Holstein-Warmzeit		Ablagerungen des Holstein-Meeres im norddeutschen Küstenbereich; Torfe, Süßwasserbildungen. Lauenburger Ton.
			Elster-Eiszeit		Größte Eisausdehnung in Mitteldeutschland, älteste Grundmoräne und Schmelzwassersande.
			Cromer-Komplex	1 Mio. J.	
Altpleistozän			Bavel/Leerdam-Komplex		Fortschreitende Abkühlung, Wechsel von Kalt- und Warmzeiten; Meeresspiegel sinkt infolge Bindung von Wasser als Festlandeis.
			Menap/Waal-Komplex		
			Eburon-Komplex	1,6 Mio. J.	
			Tegelen-Komplex	2 Mio. J.	
Liegendes: Pliozän					

Tab. 2: Gliederung des Quartär

Kultur-Stufen			Entwicklung des Menschen	Alpengebiet (Gliederung)	
Jüngere Kulturen				Postglazial	
Jungpaläolithikum	Magdalén		*Homo sapiens sapiens*	Würm-Eiszeit	Spät-Würm (Spät-Glazial)
	Solutré Aurignac Moustier		*Homo sapiens sapiens* (Cro-Magnon-Mensch)		Mittel-Würm
Mittelpaläolithikum		Levallois	*Homo sapiens neanderthalensis* *Homo s. praeneanderthalensis*		Früh-Würm
				Riß/Würm-Interglazial	
			Homo sapiens von Ehringsdorf (*ante-* oder *praeneanderthalensis*)		
Altpaläolithikum	Acheul			Riß-Eiszeit	
			Homo s. anteneanderthalensis (= *Homo sapiens steinheimensis*)	Mindel/Riß-Interglazial	
				Mindel-Eiszeit	
	Abbéville, Clacton		*Homo erectus pekinensis* *Homo erectus heidelbergensis* *Homo erectus erectus*	Günz/Mindel-Interglazial	
				Günz-Eiszeit	
				Donau/Günz-Warmzeit	Villafranca
Geröll-Kulturen			*Homo erectus leakeyi*	Donau-Kaltzeit	
			Homo erectus modjokertensis *Homo habilis*	Biber/Donau-Warmzeit	
				Biber-Kaltzeit	
				Liegendes: Pliozän	

(aus LIENAU 1990b).

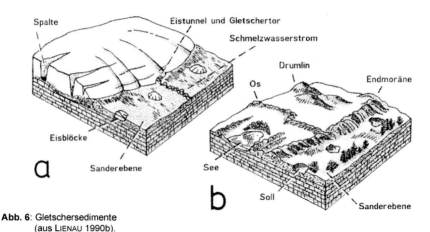

Abb. 6: Gletschersedimente
(aus LIENAU 1990b).
a: Gletscherfront. b: Die gleiche Region nach dem Rückzug des Gletschers.

Das **Quartär** begann vor ca. 1,6 Millionen Jahren und wird auch als das Eiszeitalter bezeichnet. Dem **Pleistozän** (früher: Diluvium) mit seinen Vereisungen folgt das **Holozän** (früher: Alluvium), welches vor ca. 10 000 Jahren begann und sehr wahrscheinlich eine Warmzeit (Interglazial) innerhalb des Eiszeitalters darstellt (Tab. 2). Auf Grund der starken Anklänge an die rezente Lebewelt können zur Gliederung nur wenige, sich schnell entwickelnde Formen herangezogen werden. Als **Leitfossilien** dienen deshalb einerseits die Säugetiere (vor allem Nager, Elefanten, menschliche Kulturstufen) und andererseits bei den Mikrofossilien die Foraminiferen, Radiolarien, Nannoplankton sowie Pollen und Sporen.

Im Gegensatz zur im Juni 1989 veröffentlichten globalen stratigraphischen Tafel der >International Union of Geological Sciences< (IUGS) (Tab. 1) wird in Norddeutschland die **Tertiär/Quartär-Grenze** immer noch mit 2 Millionen Jahre datiert. Um nicht in einem populärwissenschaftlichen Werk mit den sonst für diese Region üblichen Zeitangaben (EHLERS, persönl. Mitt. 1990) in Widerspruch zu geraten, wird deshalb auch hier in der Übersichtstabelle (Tab. 2) mit 2 Millionen Jahren gearbeitet. Allerdings befinden sich die norddeutschen Quartärgeologen hier in der Pflicht, ihre Grenzziehung der international gültigen anzupassen, da die Tertiär/Quartär-Grenze eine der definierten Grenzen ist, für die ein >Global Stratotype Section and Point< (GSSP) festgelegt worden ist (Tab. 1).

Das **Altpleistozän** läßt sich in Norddeutschland nur an wenigen Stellen nachweisen. Wo es vorhanden ist, zeigt es eine Wechselfolge aus Sanden (z.B. der plio-pleistozäne Kaolinsand), Schluffen und geringmächtigen Braunkohlenflözen. Infolge fortschreitender Abkühlung kam es zur Bindung von Wasser als Festlandeis und damit zum Absinken des Meeresspiegels. Relativ rasch wechselten sich Kalt- (Glaziale) und Warmzeiten (Interglaziale) ab, wobei die klimatischen Unterschiede zunächst noch gering waren und hochglaziale Abschnitte fehlten. Dagegen steigern sich im **Mittel-** und fehlten. Dagegen steigern sich im **Mittel-** und **Jungpleistozän** die Unterschiede zwischen den Kalt- und Warmzeiten. Die wichtigsten Kaltzeiten stellen Eiszeiten mit weiträumiger Vergletscherung dar und werden im Alpengebiet anders benannt (Günz, Mindel, Riß, Würm) als in Nordeuropa (Tab. 2), wobei die Korrelation der einzelnen Abschnitte nicht umfassend geklärt ist.

So überzogen die **eiszeitlichen Gletscher** weite Teile Nordamerikas und Nordeuropas sowie ganz Antarktika mit einer Eisdecke von stellenweise mehreren 1000 m Mächtigkeit (Abb. 4). Vereisungszentren befanden sich außerdem im Bereich der Anden, der Alpen und des Himalaya. Die Flächen außerhalb des unmittelbaren Einflussbereiches der Gletscher und ihrer Schmelzwässer sind durch die **Lößgürtel** gekennzeichnet. Die Umgrenzungen der Eisvorstöße sind an den Endmoränenzügen zu erkennen. In den ehemals von Eis bedeckten Räumen finden sich deutliche Zeugen der Vereisung. Ein Gletscher bewegt sich nämlich sehr langsam. In der Nährregion kommt es durch die Kompaktion von Schnee zur Bildung von Gletschereis, welches horizontale Schichtung zeigt (Abb. 5). Der große Druck führt an der Gletschersohle zum Schmelzen und damit zur Gleitbewegung. Das unter dem Gletscher fließende Wasser tritt am Eisrand durch das sogenannte Gletschertor aus. Das Ende eines Gletschers, die Zehrregion, ist durch den größeren Anteil an abschmelzendem Eis gegenüber von oben nachrückendem gekennzeichnet. Durch diese zähe Fließbewegung werden von Gletschern überfahrene Erhebungen zu Buckeln abgeschliffen und durch die mitgeführten Gesteinsbrocken (**Geschiebe**) geschrammt (**Gletscherschliff**). Dies hinterläßt auch auf dem transportierten Material Spuren (**gekritztes Geschiebe**; Taf. I, Fig. 1). Täler erhalten durch Gletscher U-förmige Querschnitte.

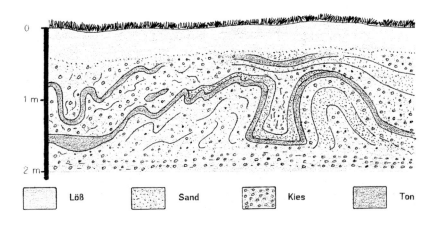

Abb. 7: Kryoturbation (aus LIENAU 1990b).

Tafel I (S. 14): Wirkung eiszeitlicher Kräfte:
1: Gekritztes Geschiebe, Quarzit; Präkambrium; Johannistal bei Heiligenhafen; Slg. Lienau; 1:1.
2: Windkanter, Quarzit; Präkambrium; Kiesgrube Braderup, Sylt; AGH Nr. G 108/1 (ehem. Slg. Kausch); Maßstab: 1 cm.

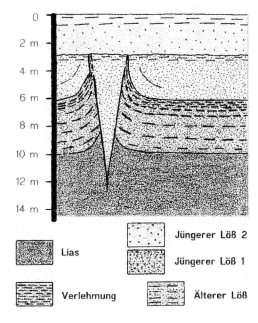

Abb. 8: Eiskeil (aus LIENAU 1990b).

Als **Nunatak** bezeichnet man eine Erhebung, welche nicht über-, sondern umfahren und an den Flanken abgeschliffen wurde. Gletschereis transportiert schiebend ohne das Material nach Härte oder Korngröße auszulesen und hinterlässt charakteristische Sedimente (**Moränen**), die deshalb aus unsortiertem Material bestehen (Abb. 6). Nach Abschmelzen des Gletschers bleibt der mitgeschleppte Schutt als Grundmoräne liegen. Die Grundmoräne besteht in der Regel aus kalkhaltigen, sandigen Tonen und wird in Norddeutschland in frischem, unverwittertem Zustand als **Geschiebemergel** bezeichnet. Dieser kann durch Oberflächenwässer später entkalkt werden (**Geschiebelehm**). Tunnelfüllungen im Gletscher können als Wall (**Oser**), Ausfüllungen von Vertiefungen auf oder zwischen den Gletschern als isolierte Hügel (**Kames**) erhalten bleiben. Stillstandszeiten des Gletschers führen zu parallel zur Eisfront angeordneten Erdwallbildungen, den **Endmoränen**, welche durch wechselndes Vor- und Rückweichen der Gletscherfront zur Stauchendmoräne umgewandelt werden können. Bei Abtransport des feineren Materials durch Schmelzwässer entstehen **Blockpackungen** aus grobem Geschiebematerial. Größere vom Gletscher ausgeschürfte Becken und abgetrennte Toteis-Blöcke hinterlassen beim Abschmelzen Vertiefungen (**Sölle**), die mit Wasser vollaufen können. So entstanden z.B. die Holsteiner und die Mecklenburger Seenplatten. **Sander** sind ausgedehnte Sandflächen, welche vom Schmelzwasser im Vorraum des Gletschers abgelagert wurden und bis zu den **Urstromtälern** reichen, in denen die Schmelzwässer zusammenflossen. Weitere Zeugen der ehemaligen Vereisung sind Bodenstrukturen, welche in den Sanden und Kiesen der Aufschlüsse Norddeutschlands immer wieder beobachtet werden können. Hierzu gehören unregelmäßige Verfaltungen oder schlierige Verknetungen oberflächennaher Bodenschichten (**Kryoturbationen**; Abb. 7) und sedimentgefüllte, sich nach unten zuspitzende keilförmige Spalten, die **Eiskeile** (Abb. 8). Beide entstehen durch den Wechsel von Gefrieren und Auftauen der oberen Bodenschichten im Vorfeld der Gletscher. Die kräftigen Fallwinde vor den Gletschern nahmen feinen Sand der Sander auf und erzeugten so auf größeren Steinen einen charakteristischen Windschliff, der meist an deutlichen Schliff-Facetten zu erkennen ist. Man bezeichnet solche Stücke deshalb als **Windkanter** (Taf. I, Fig. 2).

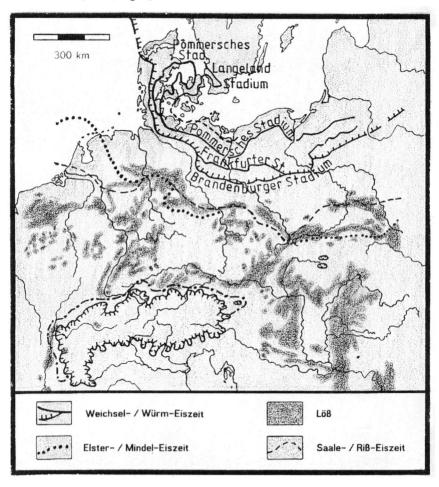

Abb. 9: Vereisungsgrenzen und Lößverbreitung in Mitteleuropa (aus LIENAU 1990b).

Die Bindung von Wasser als Gletschereis führte weltweit zum Absinken des Meeresspiegels (**Regression**), während es in den Warmzeiten durch teilweises

Schmelzen der Gletscher zum Vordringen der Meere (**Transgression**) kam. Deshalb kann man auch an den Küsten der nicht vergletscherten Regionen die Transgressionen der Warmzeiten und die Regressionen der Kaltzeiten durch die verschiedenen **Strandlinien** im Pleistozän nachweisen.

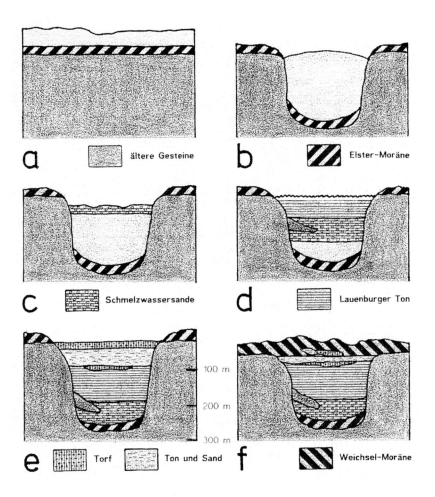

Abb. 10: Rinnen der Elster-Eiszeit in Schleswig-Holstein (aus LIENAU 1990b).
a   Flächenhafte Bedeckung durch die Elster-Gletscher.
b   Toteis in einer vom Gletscher erodierten Rinne.
c   Überdeckung des Toteises durch Schmelzwassersande.
d   Einbruch älterer Gesteine durch Rutschungen an den Flanken und Sedimentation von Gletschertrübe (Lauenburger Ton).
e   Holstein-Warmzeit mit Sedimentation von Torfen sowie von Tonen und Sanden eines vorwiegend kühlen Meeres.
f   Erosionstätigkeit der Weichsel-Gletscher und Sedimentation deren Moränenmaterials, in dem sich das erodierte Material als eingelagerte Schollen findet.

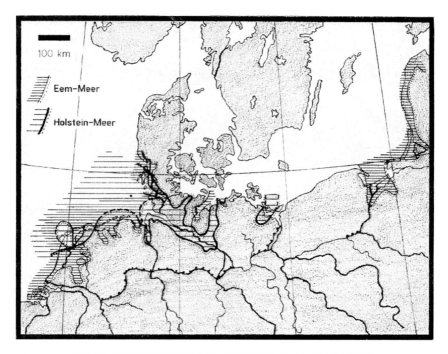

Abb. 11: Verbreitung des Holstein- und Eem-Meeres (aus LIENAU 1990b).

In **Norddeutschland** sind drei Vereisungen mit weiträumiger Vergletscherung von Bedeutung, die Elster-, die Saale- und die Weichsel-Eiszeit, welche durch die Holstein- und die Eem-Warmzeit getrennt werden (Tab. 2, Abb. 9).

Die Vergletscherung während der **Elster-Eiszeit** hinterließ als Sedimente hauptsächlich Grundmoränen sowie Schmelzwassersande. Diese werden bis 45 m mächtig und enthalten Geschiebe mit einer Zusammensetzung aus kristallinem Präkambrium, Sedimentärgeschieben des Kambrium bis Silur, Rhombenporphyr (Perm), Sedimentärgeschieben der Kreide und des Tertiär sowie Findlinge bis zu vielen Tonnen Gewicht. Man findet diese Sedimente bevorzugt in den subglazialen Rinnen (Abb. 10), wo sie vor der Abtragung (Erosion) geschützt waren. Darüber lagert ein bis 180 m mächtiger, dunkelgrauer Tonmergel ohne Fossilien, der Lauenburger Ton. Seine Ablagerung erfolgte als Gletscherstausee-Sediment.

In der **Holstein-Warmzeit** kamen im norddeutschen Küstenbereich ca. 35 m mächtige, dunkle Tone mit Mollusken zur Ablagerung (Abb. 11), während sich weiter landwärts Süßwassersedimente einschalteten, welche selten Wirbeltierreste (Fische oder Säugetiere) enthalten.

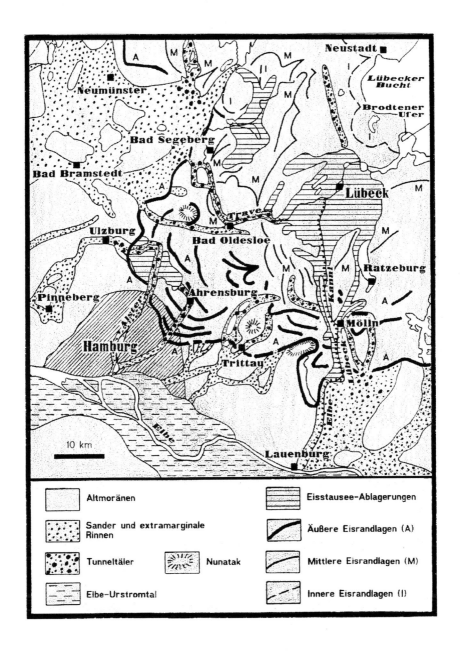

Abb. 12: Quartärgeologische Karte von Südostholstein (aus LIENAU 1990b).

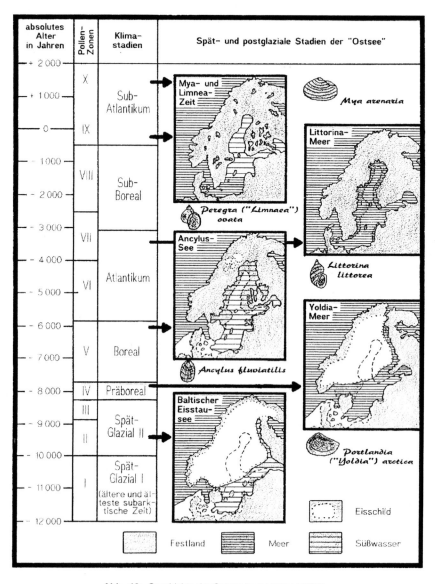

Abb. 13: Geschichte der Ostsee (aus LIENAU 1990b).

Die Gletscher der Saale-Eiszeit überfuhren meist die Endmoränen der Elster-Eiszeit. Ihre Geschiebe sind in Schleswig-Holstein durch die Anwesenheit silurischer Borealis- und devonischer Estherienkalke sowie Muschelkalk und oberoligozänem Sternberger Gestein gekennzeichnet. Die Eisvorstöße lassen sich in zwei Abschnitte (Drenthe- und Warthe-Stadium) mit dazwischen liegender wär-

wärmerer Rückzugszeit gliedern. Dabei weist das Drenthe-Stadium bei genauer Betrachtung zwei Phasen auf (Drenthe I und II).

Die **Eem-Warmzeit** war wärmer als das Holstein. Ihre marinen Sedimente finden sich etwa entlang der heutigen Nordsee-Küstenlinie (Abb. 11). Große Teile des Landes zeigen Torfe mit wärmeliebenden Floren und Faunen.

Die Gletscher der **Weichsel-Eiszeit** bedeckten zwar nur eine kleinere Fläche als die älteren Eisvorstöße, aber da sie das letzte glaziale und damit am wenigsten erodierte Element darstellen, sind ihre Auswirkungen am deutlichsten zu erkennen. Während der Früh- und Mittelweichselzeit erfolgte der Vorstoß der Gletscher nur bis zum Südrand Skandinaviens, so dass anfangs Schleswig-Holstein noch überwiegend eisfrei war.

Zu diesen Zeiten entstanden die Bildungen des Periglazialbereichs (z.B. Kryoturbationen, Eiskeile, Windkanter). Erst in der Jungweichselzeit erfolgte das Vorrücken der Gletscher bis an die Unterelbe (Abb. 9: Endmoränen des Brandenburger Stadiums). Zu dieser Zeit wurde auch der weichselzeitliche Löß abgelagert. Mit Abschmelzen der Gletscher gegen Ende der Jungweichselzeit entstand die Stillstandslage des Frankfurter Stadiums, während das Pommersche Stadium nach weiterer Rückzugszeit ein erneutes kurzes Vorrücken der Gletscher markiert. Den jüngsten Moränenzug stellt das Langeland-Stadium dar (Abb. 9). In Schleswig-Holstein, wo die weichselzeitlichen Eisrandlagen sehr eng beieinander liegen, wird in Anlehnung an GRIPP nur zwischen Äußeren (A), Mittleren (M) und Inneren (I) Eisrandlagen unterschieden (Abb. 12).

Das Abschmelzen des Weichsel-Eises führte einerseits zu einer Transgression im Bereich des Kattegat, während andererseits im Bereich der heutigen südlichen **Ostsee** der **Baltische Eissee** als Schmelzwasserbecken entstand (Abb. 13). Aus dem Baltischen Eissee bildete sich im Holozän durch das Eindringen des Meeres über Mittel-Schweden aufgrund des durch das Abschmelzen der Gletscher ansteigenden Meeresspiegels das **Yoldia-Meer** mit arktischen Faunen. Das Abschmelzen der Gletscher verringerte aber auch die Auflast auf dem fennoskandischen Kern, der sich daher aufzuwölben begann, was zur erneuten Abtrennung der Ostsee vom Meer und zur Aussüßung durch die wasserliefernden Flüsse zum **Ancylus-See** führte. Nach dem Überlaufen des Beckens durch den Belt machten sich wieder marine Einflüsse geltend; das **Littorina-Meer** mit dem höchsten Salzgehalt in der Geschichte der Ostsee entstand. Der immer noch andauernde Anstieg Fennoskandiens verengte den Verbindungsweg zur Nordsee wieder und bedingte in der **Limnea-Zeit** eine erneute Aussüßung bis zum heutigen Stand (**Mya-Zeit**).

3. Ursachen der Eiszeiten

Lange Zeit galt die Lehrmeinung, dass Findlingsblöcke und Moränenmaterial durch große Flutwellen an ihre jetzigen Fundorte verfrachtet worden seien. Dies stand auch im Einklang mit der Bibel: Alle Lebensformen sollen nach Sintfluten neu geschöpft worden sein (daher auch >Diluvium<). Der englische Geologe **CHARLES LYELL** veröffentlichte dann 1833 seine Theorie, dass die Findlinge in Treibeis eingefroren verdriftet worden seien.

Es ist aber überliefert, dass in den Schweizer Bergen schon viel früher die dortigen Bewohner der Ansicht waren, dass ihre Gletscher bedeutend größere Ausmaße gehabt hätten als zum damaligen Zeitpunkt (z.B. der Geistliche **BERNARD FRIEDRICH KUHN** 1787). Auch der schottische Geologe **JAMES HUTTON** sah bei seinem Besuch im Schweizer Jura 1794 in den Findlingen den Beweis für eine ehemalige umfassende Vergletscherung dieser Berge. Aber die Schweizer Wissenschaftler, die diese Theorie in der wissenschaftlichen Öffentlichkeit vertraten, waren nicht beharrlich und aggressiv genug, so dass die restlichen Geologen die Gletscher-Theorie ignorierten, während sie für viele einfache Schweizer Bergbewohner als ganz normale Tatsache galt.

Einen engagierten und couragierten Verfechter fand die Gletscher-Theorie erst als **LOUIS AGASSIZ** begann, sich mit diesem Thema zu beschäftigen. Er war ein junger, aber bereits so bekannter Fisch-Spezialist, dass er zum Präsidenten der >Schweizer Gesellschaft für Naturwissenschaften< gewählt worden war. Zur Überraschung aller Kollegen, die einen Bericht über neue Fischfunde erwarteten, hielt er 1837 auf der Jahresversammlung der >Schweizer Gesellschaft für Naturwissenschaften< in Neuchâtel einen Vortrag über die Eiszeit, wobei er die Existenz einer ehemaligen Eisbedeckung über ganz Europa bis zum Mittelmeer und ganz Nordamerika postulierte. Diese Rede führte zu einem wissenschaftlichen Disput, der über ein Vierteljahrhundert andauerte und auch die Öffentlichkeit erstmals mit diesem Thema konfrontierte. Bei AGASSIZ' Untersuchungen der Gletscherablagerungen Englands überzeugte er auch seinen Freund **Reverend Prof. BUCKLAND**, einen englischen Geologen, der fortan die Gletscher-Theorie in England vertrat. Im September 1846 fuhr AGASSIZ zu einem einjährigen Forschungsaufenthalt in die USA und stellte dort fest, dass bereits 2 Jahre nach seinem Vortrag in Neuchâtel die Gletscher-Theorie auch in der amerikanischen Literatur erwähnt, diskutiert und immer mehr anerkannt worden war. Als er ein finanziell lukratives Angebot bekam (Lehrstuhl in Harvard), blieb er bis zu seinem Tode im Jahre 1873 in den USA.

So waren etwa 30 Jahre nach der Rede in Neuchâtel in Europa und Amerika viele Wissenschaftler von der Gletscher-Theorie überzeugt und man kannte auch das Ausmaß der Eisbedeckung genauer. Es gab aber weiterhin eine Opposition gegen diese Theorie. In Deutschland erreichte die Gletscher-Theorie ihren

Durchbruch durch **OTTO TORELL**, als dieser 1875 einen Vortrag auf der Novembersitzung der >Deutschen Geologischen Gesellschaft< hielt, in dem er auf die Funde von Gletscherschrammen durch den Schweden **SEFSTROEM** 1836 im großen Muschelkalk-Steinbruch von Rüdersdorf SE' von Berlin hinwies, dort selbst gefundene geschrammte Muschelkalk-Fundstücke vorlegte und die diluvialen (heute: pleistozänen) Ablagerungen Norddeutschlands mit den ihm sehr gut bekannten Regionen Grönlands und Spitzbergens verglich.

Nach fast allgemeiner Anerkennung der Gletscher-Theorie sowie Untersuchung der eiszeitlichen Abläufe und ihrer Zeugnisse versuchte man natürlich eine **Erklärung** für die Entstehung der Vergletscherung zu finden. Viele Theorien wurden aufgestellt. Manche wurden durch neue Forschungsergebnisse widerlegt, manche wurden aufgegeben, da sie nicht nachprüfbar waren. Zur Lösung des Problems darf nicht außer Acht gelassen werden, dass Schwankungen der Eisschichten Teil eines globalen klimatischen Systems sind (Eisschichten - Ozeane - Atmosphäre).

So ist es nicht zu verwundern, dass der Pariser Mathematiker **JOSEPH ALPHONSE ADHÉMAR** bereits 1842 **astronomische Ursachen** für die Eiszeiten verantwortlich machte (**Präzession** der Erdachse). Er berechnete einen Eiszeit-Zyklus, der alle 11 000 Jahre abwechselnd auf der einen und dann auf der anderen Halbkugel auftrat. Nach ihm lag die Ursache für die Vereisung in der Veränderung in der Länge der warmen und kalten Jahreszeiten (falsch: Die Gesamtmengen der von beiden Halbkugeln im Laufe eines Jahres aufgenommenen Wärme sind immer gleich).

Die Idee einer astronomischen Ursache für die Entstehung von Eiszeiten wurde von **JAMES CROLL** wieder aufgegriffen. Er war ein schottischer Autodidakt, der sich als Mechaniker, Schreiner, Teeladenbesitzer, Produzent und Verkäufer elektrischer Geräte zur Linderung körperlicher Leiden und Schmerzen, Hotelbesitzer, Vertreter einer Lebensversicherung und als Hausmeister im >Andersonian College and Museum< in Glasgow betätigte, wo er nun Zugang zu einer großartigen wissenschaftlichen Bücherei bekam. Nach physikalischen Publikationen veröffentlichte er 1864 seine Arbeit über die Ursachen der Eiszeiten, die nach ihm in Veränderungen in der Erdbahn (**Umlaufexzentrizität**) zu suchen sind, einem astronomischen Faktor, den ADHÉMAR nicht berücksichtigt hatte. Wird die im Winter aufgenommene Menge des Sonnenlichtes verringert und so die Anhäufung von Schnee begünstigt, dann führt die Erhöhung der Schneemenge zu einer verstärkten Reflexion des Sonnenlichtes (**Albedo**) und damit zu erneuter Schneebildung. Außerdem erzeugt eine größere Eisdecke auf der einen Halbkugel eine Verstärkung der Passatwinde auf dieser Hemisphäre und dadurch eine Umlenkung der warmen Äquatorströme in allen Ozeanen zur anderen Halbkugel hin, so dass der Wärmeverlust weiter verstärkt wird. Insgesamt kommt er in seiner Theorie zu einer Kombination der Wirkungen von Präzession und Umlaufexzentrizität, wobei er zu dem gleichen Zyklus gelangte wie

ADHÉMAR (Beginn der letzten Eisperiode vor ca. 250 000 und Ende vor ca. 80 000 Jahren). Durch diese Arbeit wurde er zum angesehenen Wissenschaftler ohne je eine Universität besucht zu haben. Allerdings konnten die Amerikaner gegen Ende des 19. Jahrhunderts nachweisen, dass die Gletscher erst vor etwa 10 000 Jahren zurückwichen, so dass zuerst die Amerikaner und später auch die Europäer CROLL's Theorie endgültig ablehnten.

Wieder aufgegriffen wurde die Astronomische Theorie erst viel später durch den Jugoslawen **MILUTIN MILANKOVICH**, welcher in Wien studiert und fünf Jahre als Ingenieur gearbeitet hatte, bevor er 1909 einen Ruf an die Universität Belgrad als Professor für angewandte Mathematik annahm, da er sich geistig mit komplexeren Problemen beschäftigen wollte als der Konstruktion von Betondächern. Während einer feucht-fröhlichen Feier 1911 beschloss er nach Genuss einer Flasche Rotwein, eine mathematische Theorie zu entwickeln, mit der er heutige und vergangene Klimata von Erde, Mars und Venus beschreiben kann. Damals wusste er allerdings nicht, daß die Vollendung 30 Jahre dauern würde. Nach genauer Planung seiner Überlegungen ging er folgendermaßen vor:

1. Beschreibung der **Geometrie der Planetenbahnen** und Darstellung, wie diese Geometrie sich in vergangenen Jahrhunderten entwickelt hatte.
2. Berechnung, wieviel **Sonnenstrahlung** die Oberfläche eines jeden Planeten in jeder Jahreszeit und auf jedem Breitengrad aufnimmt.
   Nach der Publikation der Ergebnisse zu Teil 2 1920 erhielt er daraufhin Kontakt zu zwei deutschen Forschern, dem großen Klimatologen **WLADIMIR KÖPPEN** und dessen Schwiegersohn **ALFRED WEGENER**, woraus sich ein längerer fruchtbarer Gedankenaustausch entwickelte.
3. Mathematische Darstellung der **vergangenen Erdklimate**.
   Im Gegensatz zu ADHÉMAR und CROLL kam er durch Unterstützung von KÖPPEN zu der Ansicht, dass die **Verringerung der Wärme im Sommerhalbjahr** der entscheidende Faktor bei der Vereisung sei. Die erste Veröffentlichung seiner Strahlungskurven erfolgte 1924 in dem Buch >Klimate der geologischen Vergangenheit< von KÖPPEN und WEGENER.
4. Berechnung, wie stark die **Eisdecken** auf eine gegebene Veränderung in der Sonnenstrahlung reagieren würden.

1941 wurde die Zusammenfassung aller Ergebnisse unter dem Titel >Kanon der Erdbestrahlung und seine Anwendung auf das Eiszeitproblem< gedruckt.

Nun lag das Problem bei den Geologen, anhand der Feldfunde seine theoretischen Ergebnisse zu bestätigen oder zu widerlegen. Mit Entdeckung der **Radiokarbon-Zeitdatierung** 1950 begannen immer mehr Geologen von MILANKOVICH's Theorie Abstand zu nehmen, da die gemessenen Werte meist nicht mit seinen Angaben übereinstimmten. Allerdings waren bislang alle Untersuchungen recht einseitig nur an Land erfolgt und nicht auch in den Ozeanen. Aber auch diese Lücke wurde bald geschlossen, und zwar durch die Untersuchung von Kernen aus pleistozänen Tiefseesedimenten. Es entstand eine auf Foraminiferen basierende Chronologie mit klimatologischen Aussagen, die aber von vielen Geologen ignoriert wurden, da aus gleichem Sediment, zum Teil aus gleichem Kern genommene Proben nicht die gleiche Auswertung ergaben, wenn man Fossilschema und Isotopen-Temperaturmethode miteinander verglich. Es zeigte sich immer mehr, dass das Problem in der weltweiten exakten Korrelation lag. Mit der Entdeckung periodischer **Umpolungen des Erdfeldes**, die in magnetisierbaren Mineralen „eingefroren" sind, ergab sich nun eine neue Datiermöglichkeit. So konnte endlich weltweit der Beginn des Pleistozän auf 1,6 Millionen Jahren vor heute datiert werden.

1970 erfolgte dann über Datierungen mit der Magnetzeitskala der Nachweis eines asymmetrischen 100 000-Jahr-Pulses des Klimas, d.h. Perioden der Gletscherausdehnung mit einer durchschnittlichen Dauer von etwa 100 000 Jahren wurden von sehr schneller Entgletscherung abrupt beendet, wobei aber völlig unklar war, was diesen Zyklus bewirkte. Eine Modifizierung der Milankovich-Theorie durch **KENNETH MESOLELLA** und **GEORGE KUKLA** ergab indirekt über die Exzentrizität der Umlaufbahn in etwa diesen Zyklus. Wieder einmal mussten genauere Datierungsarbeiten erfolgen, um die theoretischen Voraussagen stützen oder widerlegen zu können. Aus diesem Grund wurde in den USA am 1.5.1971 ein großes interdisziplinäres, interinstitutionelles Projekt unter dem Namen **CLIMAP** gestartet, an dem nach einer gewissen Anlaufzeit nahezu 100 Forscher aus den USA, Dänemark, Frankreich, Großbritannien, Niederlanden, Norwegen, Schweiz und Deutschland mitwirkten. Erstes Ziel war die Rekonstruktion der Geschichte des Nordpazifiks und des Nordatlantischen Ozeans in der Brunhes-Epoche (Magnetskala: die letzten 700 000 Jahre). Als Ergebnis aller Arbeiten konnte am 10. Dezember 1976 von **J. D. HAYS, J. IMBRIE** und **N. J. SHACKLETON** in >Science< die Arbeit >Variations in the Earth's Orbit: Pacemaker of the Ice Ages< erscheinen und die modifizierte Astronomische Theorie von **MILANKOVICH** bestätigt werden.

Exzentrizität: 100 000-Jahr-Zyklus (Abb. 14a);
  Die Umlaufbahn der Erde verändert sich im Laufe eines Zyklus von einem fast vollkommenen Kreis zu einer länglichen Ellipse und wieder zurück zum Kreis, wobei die Entfernung zwischen Erde und Sonne um 18,15 Millionen km schwankt.

Schiefe der Ekliptik: 41 000-Jahr-Zyklus (Abb. 14b);
  Die Rotationsachse der Erde verläuft nie lotrecht zur Ebene ihrer Umlaufbahn um die Sonne, sondern in einem Winkel, der im Verlauf eines Zyklus zwischen 21,5 und 24,5° schwankt. Dadurch ändert sich die Intensität der auf jeden Punkt der Erde treffenden Sonnenstrahlung während der einjährigen, die Jahreszeiten verursachenden Umlaufzeit, d.h., wenn der Neigungswinkel am größten ist, kommt es auf der Nord- wie auf der Südhalbkugel zu den heißesten Sommern und kältesten Wintern.

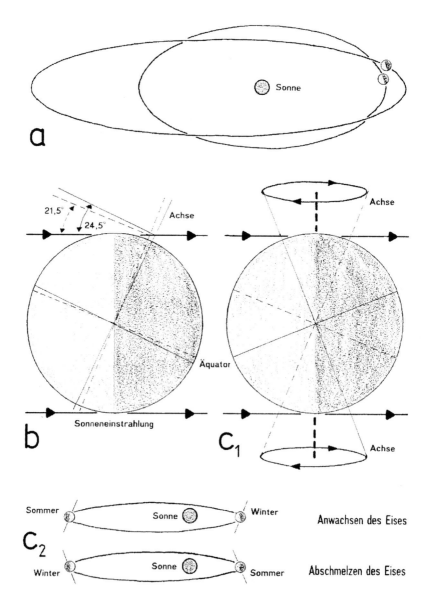

Abb. 14: Astronomische Ursachen der Eiszeiten (aus LIENAU 1990b).
a: Exzentrizität. **b:** Schiefe der Ekliptik. **c:** Präzession.

Präzession: 23 000- und 19 000-Jahr-Zyklen (Abb. 14c);
Die Erde vollführt eine langsame Kreiselbewegung im Raum, so dass ihre Achse einen Kreis beschreibt (Abb. 14c$_1$), den sie variierend alle 23 000 bzw. 19 000 Jahre vollendet, wodurch sich der Abstand zwischen Erde und Sonne in einer bestimmten Jahreszeit langsam verändert. So erreicht auf der Nordhalbkugel die Erde auf ihrer Umlaufbahn gegenwärtig den sonnennächsten Stand im Winter und den sonnenfernsten im Sommer, so dass milde Winter und kühle Sommer begünstigt werden, wobei ein Anwachsen des Eises die Folge in der Zukunft sein dürfte. Dagegen waren vor ca. 11 000 Jahren die Verhältnisse genau umgekehrt, was zum Abschmelzen des Eises auf der Nordhalbkugel führte (Abb. 14c$_2$).

Die Variationen im Laufe der Erdgeschichte in Bezug auf die Stärke der Kaltzeiten sind durch die verschiedenen **plattentektonischen Konfigurationen** bedingt, d.h. durch den Wechsel in der Verteilung von Land und Meer sowie in deren Ausdehnung. Ein weiterer terrestrischer Faktor sind die jeweils herrschenden **Reliefverhältnisse** (z.B. Zeiten großer Hebungen). Außerdem ist bislang nicht genau bekannt, wie stark sich Änderungen der Sonnenaktivität auswirken. Einen erst neu hinzugekommenen, ziemlich unberechenbaren **Klimafaktor** stellt der **Mensch** mit seinen Aktivitäten dar, wobei wahrscheinlich nicht die gesteigerte Kohlendioxyd-Emission die größte Bedrohung darstellt, sondern einerseits das Abholzen der letzten großen Urwälder, die wichtige Sauerstoff-Produzenten darstellen, und andererseits die zunehmende Schädigung der uns schützenden Ozonschicht.

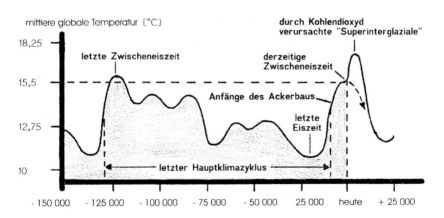

Abb. 15: Klimaentwicklung der letzten 150 000 und -prognose für die nächsten 25 000 Jahre (aus LIENAU 1990b).

Eine weitere genaue Erforschung der Klimaentwicklung vergangener Zeiten und vor allen der des Quartär sowie seiner Zeugnisse vor unserer Haustür ist unverzichtbare Grundlage umweltökologischer Untersuchungen, damit man einmal in der Lage sein wird, den Faktor „Mensch" aus natürlichen Klimageschehen herauszufiltern und geeignete Maßnahmen zur Rettung der Umwelt zu treffen. Was auf Grund der bisherigen Kenntnisse gesichert erscheint ist, dass wir uns in einer Zwischenwarmzeit befinden und die nächste Eiszeit zu erwarten ist. Durch die anthropogenen Einflüsse kann dieser Zeitpunkt eventuell um ca. 2000 Jahre verzögert werden, wobei die durch den sogenannten >**Treibhaus-Effekt**< bedingte Erwärmung zu einem Höchststand der Temperaturen im gesamten Quartär führen könnte (Abb. 15).

4. Biologie der Trilobiten

Für viele Geschiebesammler gehören Trilobiten zu den gesuchtesten Fossilien. Deshalb wird ihnen hier ein eigenes Kapitel gewidmet. Der größte Teil dieses Artikels und seine Abbildungen entstanden nach der GfG-Tagung in Schleswig und erschienen bereits in >Geschiebekunde aktuell< (LIENAU 1991). Neben kleinen Verbesserungen wurden in der vorliegenden Fassung vor allem im Text die systematischen Ergebnisse der letzten Jahre berücksichtigt, wie sie von RUDOLPH (1995) zusammengefasst wurden.

4.1. Einleitung: Arthropoda

Trilobiten gehören dem Bauplan nach zum Stamm **Arthropoda** (Gliederfüßer). Diese Tiere besitzen Körperanhänge wie Beine, Antennen, Scheren etc. aus gelenkig miteinander verbundenen Gliedern. Ihr Körper besitzt ein Außenskelett, welches in strenger Anlehnung an die innere Segmentierung aus einer chitinigen, gegliederten Hülle besteht, die oft durch Imprägnierung mit Kalziumkarbonat oder -phosphat gehärtet wird. Diese Härtung des Panzers hat aber den Nachteil für das lebende Tier, dass die Rüstung nicht mitwächst. Es muss also zu bestimmten Zeiten durch Häutung die zu enge Rüstung abgeworfen und eine neue gebildet werden. Für Fossiliensammler hat dies allerdings große Vorteile, da jeder auch **Exuvie** genannte Häutungsrest ein potentielles Fossil darstellt.

Arthropoden sind aus ursprünglichen Ringelwürmern (Stamm **Annelida**) entstanden. Diese Entwicklung muss schon im Präkambrium stattgefunden haben, da seit Beginn des Kambrium bereits hochdifferenzierte Vertreter aus verschiedenen Klassen dieses Stammes gefunden worden sind. Neben den **Trilobita** sind dies Chelicerata und Crustacea. Zu den **Chelicerata** (Fühlerlose) rechnet man die **Xiphosura** (Schwertschwänze, u.a. Pfeilschwanz„krebse"), die ausgestorbenen **Eurypterida** (Breitflosser) und die **Arachnida** (Spinnen und Skorpione). Die **Crustacea** (Krebstiere) umfassen u.a. die **Ostracoda** (Muschelkrebse), die **Cirripedia** (Rankenfüßer, z.B. Seepocken) und die **Malacostraca** (Höhere Krebse). Erst seit dem Mittel-Devon nachgewiesen sind die **Insecta** (Insekten) und seit dem Ober-Silur die **Myriapoda** (Tausendfüßer) (Abb. 16).

4.2 Trilobita: Bau, Lebensweise, Systematik und Auftreten

Der Name **Trilobita** (Dreilapper) stammt von der Dreiteilung des Panzers sowohl in der Quer- (Kopf = **Cephalon**, Rumpf = **Thorax**, Schwanz = **Pygidium**) als auch in der Längsrichtung (zentrale Achse mit beidseitig symmetrisch gebauten Bereichen) (Abb. 17a). Diese zentrale Achse wird in Thorax und Pygidium als Spindel oder **Rhachis** bezeichnet und geht im Cephalon in die Glabella über. Auf beiden Seiten der **Glabella** befinden sich die **Wangen**, beiderseits der Rhachis die **Pleuren**, welche im Pygidium miteinander verschmolzen sind. Die Segmente des Panzers sind im Cephalon und im Pygidium verschmolzen, während der Thoraxpanzer aus einzelnen Segmenten besteht, die gelenkig gegeneinander bewegt werden konnten. Bei frei auf dem Sediment lebenden Formen war eine vollständige Einrollung möglich, die zum Schutz der nicht gepanzerten Bauchregion führte. Diese Bauchregion lag nämlich frei, da der Panzer nur leicht von den Seiten her auf die Ventralseite umbog. Nur unter dem Beginn des Cephalons schützte das **Hypostom** Zentralnervensystem und Magenregion. Die zentrale Aufwölbung des Cephalons (Abb. 17b), die Glabella, ist meist durch Furchen untergliedert, welche Spuren der ehemaligen Segmentierung darstellen. **Gesichtsnähte** (Abb. 17c) trennen die Festwangen von den Freiwangen, welche sich bei der Häutung ablösen. Die Anordnung der Gesichtsnähte ist wichtig für die Systematik der Trilobitengruppen. Ein von der Glabella abgegrenzter Nackenring leitet zum Rumpf über. Glabella, Festwangen und Nackenring bilden das **Cranidium**. Die meisten Trilobiten besitzen recht leistungsfähige **Facettenaugen** aus maximal 15 000 Linsen, unter denen jeweils ein besonders reiner Calcit-Kristallkegel liegt (Abb. 17d), der optisch so ausgerichtet ist, dass keine Doppelbrechung auftritt. Trilobiten zeigen als einzige Gruppe im Tierreich solche Calcitlinsen.

Zu Beginn ihres Lebens durchlaufen die Trilobiten drei **Larvenstadien** (Abb. 18). Während des nach dem Schlüpfen aus dem Ei beginnenden **Protaspis**-Stadiums erfolgt die Ausbildung eines einheitlichen Schildchens, welches nur der Cephalon-Panzerung entspricht (**Anaprotaspis**; Abb. 18a: 1-3, Abb. 18c: 1). An dieses werden dann weitere Segmente angeschlossen, die ein Protopygidium bilden (**Metaprotaspis**; Abb. 18a: 4-5). Mit der Bildung einer Gelenkung zwischen dem Cephalon und dem Protopygidium beginnt das **Meraspis-Stadium**. (Abb. 18b, Abb. 18c: 2-7), welches durch die Ausbildung der Rumpfsegmente mittels Einschaltung von Segmenten am Vorderende des Protopygidiums gekennzeichnet ist. Diese Meraspis-Stadien werden nach der Bildungsanzahl der Rumpfsegmente durchnummeriert.

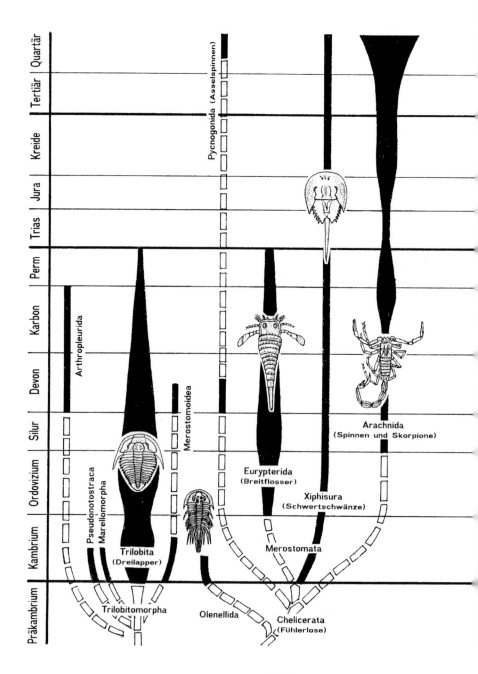

Abb. 16: Auftreten der Arthropoden (aus

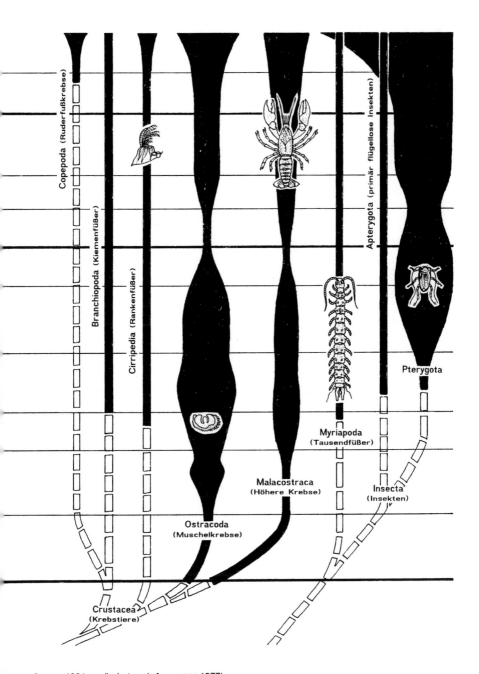

LIENAU 1991; verändert nach ANDREOSE 1977).

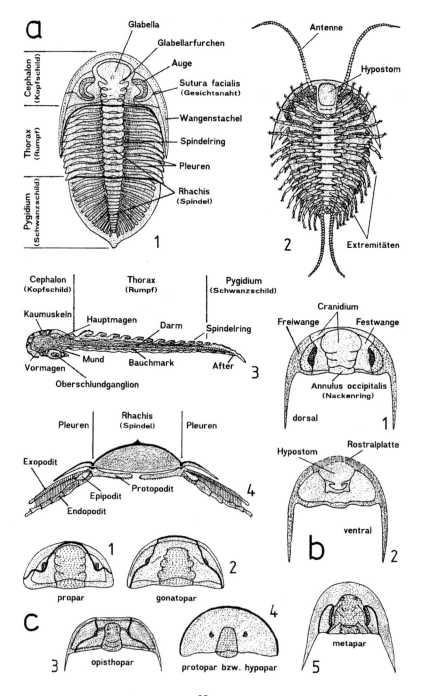

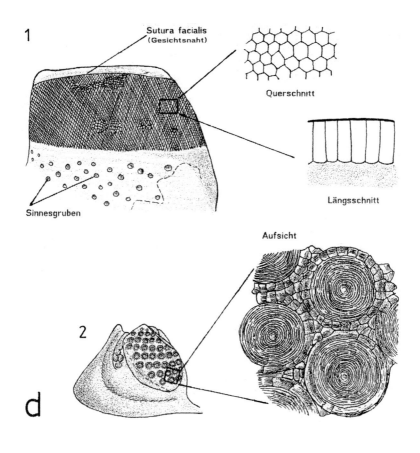

Abb. 17 (S. 32-33): Bauplan-Schemata der Trilobiten (aus Lienau 1991).
   a: Anatomie: 1: Dorsalansicht (umgezeichnet nach Hupé 1953).
                        2: Ventralansicht (umgezeichnet nach Brood 1982).
                        3: Längsschnitt (umgezeichnet nach Krumbiegel & Walther 1977).
                        4: Querschnitt (umgezeichnet nach Krumbiegel & Walther 1977).
   b: Cephalon von *Paradoxides* (verändert nach Lehmann & Hillmer 1988).
   c: Verlauf der Gesichtsnähte (umgezeichnet nach Lehmann & Hillmer 1988).
   d: Augen: 1: *Asaphus* (holochroal) (umgezeichnet nach Moore 1959).
                        2: *Phacops* (schizochroal) (umgezeichnet nach Moore 1959).

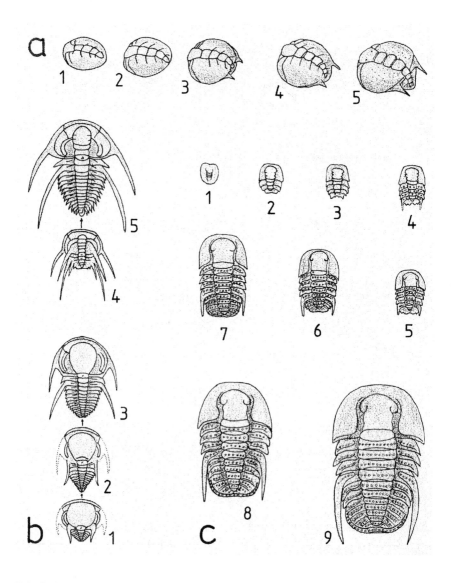

Abb. 18: Larvenstadien der Trilobiten (aus LIENAU 1991).
  a: Protaspis-Stadien von *Olenus* (umgezeichnet nach STØRMER 1942):
  1-3: Anaprotaspis. **4-5:** Metaprotaspis.
  b: Meraspis-Stadien von *Paradoxides spinosus* (**1-3**) und *?Paradoxides pinus* (**4-5**) (umgezeichnet nach HUPÉ 1953).
  c: Ontogenetische Stadien von *Shumarida pusilla* (umgezeichnet nach HARRINGTON et al. 1959): **1:** Protaspis. **2:** Meraspis-Stadium 0. **3-7:** Meraspis-Stadien 1-5. **8:** Holaspis.
  9: Holaspis mit zusätzlichem Segment im Pygidium.

Das Anfangsstadium nur mit Gelenkung noch ohne Rumpfsegment erhält die Nummer 0; die weiteren erhalten die der Anzahl ihrer Rumpfsegmente entsprechende Nummer. Das Meraspis-Stadium endet, wenn das vorletzte Rumpfsegment gebildet worden ist. Mit Bildung des letzten Rumpfsegmentes, durch welches die artkonstante Segmentzahl erreicht wird, spricht man vom **Holaspis-Stadium**. Hier findet nur noch eine Größenzunahme ohne Gestaltveränderung statt. Um dieses Wachstum zu ermöglichen, sind durchschnittlich 30 Häutungen notwendig, so dass die meisten Funde wohl Häutungsreste (Exuvien) darstellen dürften. Dies erklärt auch die Anreicherung von Kopf- und Schwanzschilden in manchen Schichten. Diese Reste wurden nämlich beim Zusammenspülen auf dem Meeresboden nicht so leicht beschädigt wie die Pleuren oder die Freiwangen. Manchmal erkennt man noch an der Lage der Exuvienteile die gerade vollzogene Häutung, wie sich dies z.B. in Form der sogenannten „**SALTER'schen Einbettung**" zeigt (Abb. 19).

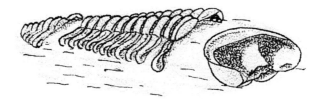

Abb. 19: Die SALTER'sche Einbettung (aus LIENAU 1991; umgezeichnet nach RICHTER 1937).

Die **Größe** schwankt bei den meisten Formen zwischen 3 und 8 cm. Das Minimum liegt bei 0,5 cm und das Maximum bei ca. 75 cm. Die Trilobiten waren vorwiegend auf dem **Meeresboden lebende Bewohner** küstennaher, gut durchlüfteter, flacher Meeresbereiche (Abb. 29). Nur wenige Formen lebten wühlend im Schlamm, was zur Reduzierung der Augen oder zur Bildung von Stielaugen führte. Trilobiten ernähren sich meist filtrierend von winzigen Organismen oder als Schlammfresser; einige Phacopiden lebten eventuell räuberisch.

Die **Blütezeit** der Trilobiten lag im Altpaläozoikum. Am Ende des Perm sterben sie ganz aus, nachdem vermehrte plattentektonische Bewegungen ihre Lebensräume nachhaltig veränderten. Im Prinzip stellen die modernen Krebse (Malacostraca) die ökologischen Nachfolger der Trilobiten dar, da sie vielfach seit der Trias deren Funktionen in den marinen Biotopen übernommen haben. Im folgenden sollen Auftreten (Abb. 20) und Hauptkennzeichen der einzelnen Ordnungen kurz besprochen werden, wobei die von RUDOLPH (1995) zusammengefassten neuen systematischen Veränderungen textlich erfasst, aber in der Übersichtsabbildung (Abb. 20) noch nicht umgesetzt werden konnten. Dies muss einer zweiten Auflage überlassen bleiben.

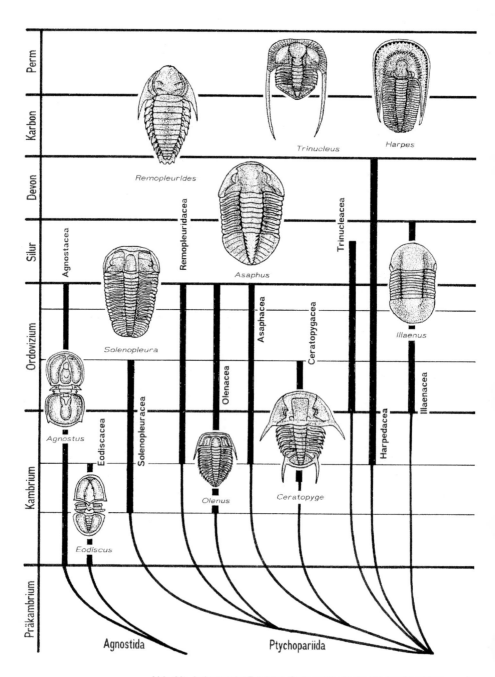

Abb. 20: Auftreten der Trilobiten-Ordnungen mit den für das Geschiebe

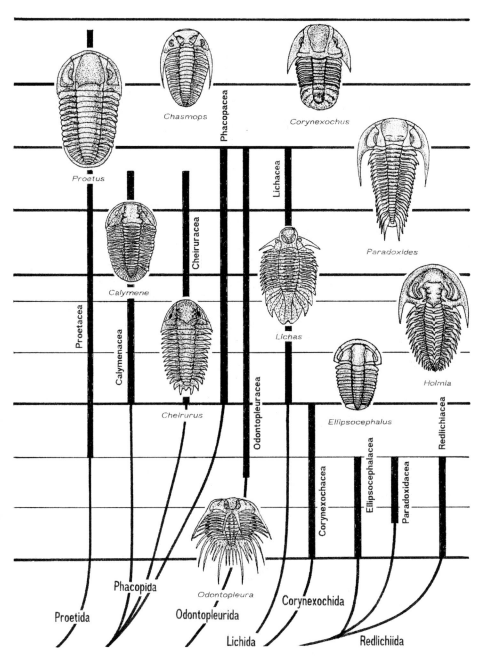

wichtigsten Oberfamilien; Beispiele unmaßstäblich (aus LIENAU 1991).

Die **Agnostida** (Unterkambrium bis Oberordovizium) sind sehr kleine, meist augenlose Formen mit ähnlich aussehendem Cephalon und Pygidium (Taf. II, Fig. 2), zwischen denen sich nur zwei bis drei Rumpfsegmente befinden. FORTEY (1990) hat ihre Zugehörigkeit zu den echten Trilobiten nachgewiesen.
Beispiele: *Agnostus* (Taf. VI, Fig. 2), *Condylopyge, Eodiscus, Geragnostus, Grandagnostus, Lejopyge, Triplagnostus* (Taf. II, Fig. 2).

Die **Redlichiida** (U- und Mittelkambrium) sind relativ große Trilobiten mit opisthoparer oder verwachsener Gesichtsnaht. Das Cephalon ist halbkreisförmig, besitzt häufig Wangenstacheln und eine deutlich segmentierte Glabella. Die Augen sind meist groß und halbkreisförmig. Das Pygidium ist sehr klein.
Beispiele: *Baltoparadoxides, Holmia, Kjerulfia, Paradoxides.*

Die **Corynexochida** (Unterkambrium bis Oberdevon) sind durch ein Hypostom charakterisiert, welches mit dem Vorderrand des Kopfschildes verbunden ist. Es ist eine Gruppe ähnlich der vorherigen; allerdings besitzen sie meist größere Pygidien und teilweise Rückendornen.
Beispiele: *Corynexochus, Illaenus, Raymondaspis, Stenopareia* (Taf. XIV; Taf. XV, Fig. 4).

Die **Ptychopariida** (U-Kambrium bis Oberdevon) besitzen meist opisthopare Gesichtsnähte und deutliche, rückwärtsgerichtete Glabellarfurchen.
Beispiele: *Acerocare, Ctenopyge, Ellipsocephalus* (Taf. II, Fig. 1; Taf. VI, Fig. 1), *Euloma, Eurycare* (Taf. VI, Fig. 3), *Harpes* (Taf. XV, Fig. 6), *Hartella, Isotelus, Jincella, Leptoplastus, Olenus, Parabolina, Parasolenopleura, Peltura, Solenopleura, Sphaerophthalmus.*

Die **Asaphida** (Mittelkambrium bis Obersilur) stellen die formenreichste Trilobiten-Gruppe im Geschiebe dar. Sie besitzen meist opisthopare Gesichtsnähte, rückwärtsgerichtete Furchen an den oft ausgeprägten Glabellen und eine mediane Sutur auf der Cephalonunterseite im Berührungsbereich beider Freiwangen, welche manchmal aber auch sekundär verschmolzen sind.
Beispiele: *Anomocare, Asaphus* (Taf. II, Fig. 5), *Ceratopyge, Globampyx, Megistaspidella* (Taf. II, Fig. 3; Taf. VIII, Fig. 3), *Megistaspis* (Taf. VIII, Fig. 1), *Mischynogorites, Neoasaphus, Nileus* (Taf. III, Fig. 2; Taf. IX, Fig. 1), *Niobella, Ogmasaphus* (Taf. X, Fig. 3), *Plesiomegalaspis, Proampyx, Pseudasaphus, Remopleurides, Symphysurus, Tretaspis* (Taf. XIII, Fig. 4, 6), *Trinucleus.*

Tafel II (S. 39): Trilobiten des Kambrium und Ordovizium (aus LIENAU 1991):
1: *Ellipsocephalus polytomus*; Ölandicus-Mergel, unt. M-Kambrium; Steinbruch von Kvarntorp bei Örebro, Närke, Mittelschweden; Slg. Lienau (Hamburg); Maßstab: 1 cm (Ausschnitt).
2: *Triplagnostus gibbus*; Exsulans-Kalk, M-Kambrium; Gislöfshamar, Schonen, Schweden; Slg.Brügmann (Hamburg); Maßstab: 1 cm (Ausschnitt).
3: *Megistaspidella extenuata*; mittl. Roter Orthocerenkalk, ob. U-Ordovizium; Hornsudden, Öland, Schweden; Slg. Brügmann (Hamburg); 1:1 (Ausschnitt).
4: *Paraceraurus* sp., Cephalon; ob. Grauer Orthocerenkalk, unt. M-Ordovizium; Geschiebe von Forst Hagen bei Ahrensburg nahe Hamburg; Slg. Brügmann (Hamburg); 1:1 (Ausschnitt).
5: *Asaphus expansus*; Expansus-Kalk, ob. U-Ordovizium; Ljungsbro bei Linköping, Östergötland, Mittel-Schweden; Slg. Lienau (Hamburg); 1:1 (Ausschnitt).

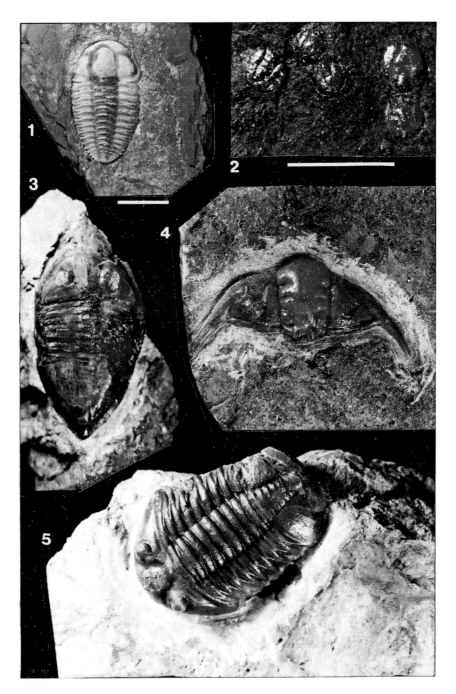

Die **Proetida** besitzen opisthopare Gesichtsnähte, schmale Festwangen neben der subkonischen bis subovalen Glabella, gefurchtete Pleuren und ein mittelgroßes bis großes Pygidium. Es sind die konservativsten Trilobiten. Sie lebten vom Oberkambrium bis ins Oberperm.
Beispiele: *Celmus, Proetus* (Taf. III, Fig. 6).

Die **Phacopida** besitzen propare oder gonatopare Gesichtsnähte, eine nach vorne verbreiterte Glabella und 8 bis 19 Rumpfsegmente. Sie lebten vom Unterordovizium bis ins Oberdevon.
Beispiele: *Acaste* (Taf. XIX, Fig. 2), *Calymene* (Taf. III, Fig. 5; Taf. XVII, Fig. 1-2), *Chasmops* (Taf. III, Fig. 1; Taf. X, Fig. 5-6), *Cheirurus* (Taf. XV, Fig. 1, 3), *Cybele, Cyrtometopus* (Taf. VII, Fig. 4), *Dalmanites, Encrinurus* (Taf. III, Fig. 4), *Erratencrinurus, Flexicalymene* (Taf. XIII, Fig. 5), *Holotrachelus, Paraceraurus* (Taf. II, Fig. 4), *Pliomera, Sphaerexochus* (Taf. XV, Fig. 2), *Sphaerocoryphe, Toxochasmops* (Taf. XI, Fig. 1-2).

Die **Lichida** sind teilweise sehr große Formen (z.B. *Uralichas* mit bis zu 75 cm Länge). Sie besitzen opisthopare Gesichtsnähte eine mehr oder weniger stark gekörnelte Glabella mit anormaler Segmentierung und Wangenhörner. Die mittlerweile hierzu gerechneten Odontopleuriden sind kleine Formen mit stark bestachelten Cephalon, Thorax und Pygidium. Sie lebten vom Mittelkambrium bis ins Oberdevon.
Beispiele: *Amphilichas* (Taf. XV, Fig. 5), *Conolichas* (Taf. III, Fig. 3; Taf. XI, Fig. 4), *Exallaspis, Hoplolichas* (Taf. IX, Fig. 4), *Kettneraspis, Leiolichas, Metopolichas, Odontopleura, Platylichas, Primaspis*.

Die **Olenellida** aus dem Unterkambrium wurden aufgrund der besonderen Ausbildung des Hinterleibes (kein Pygidium, sondern ein Telosoma aus bis zu 44 Segmenten) und auch wegen der fehlenden Gesichtsnähte nicht mehr zu den Trilobiten gestellt, sondern zur Verwandtschaft ursprünglicher Chelicerata gerechnet (LAUTERBACH 1980) (Abb. 16). Mittlerweile wird diese Interpretation aber von vielen Forschern wieder angezweifelt (RUDOLPH, persönl. Mitt. 2002).

Tafel III (S. 40): Trilobiten des Ordovizium und Silur (aus LIENAU 1991):
1: *Chasmops emarginata*, Cephalon: Aufsicht (**a**) und schräge Seitenansicht (**b**); Backsteinkalk, ob. M-Ordovizium; Geschiebe von Damsdorf, Holstein; Slg. Brügmann (Hamburg); Maßstab: 1 cm (Ausschnitt).
2: *Nileus armadillo*; Ludibunduskalk, ob. M-Ordovizium; Geschiebe von Kerteminde, Dänemark; Slg.Brügmann (Hamburg); 1:1 (Ausschnitt).
3: *Conolichas* sp., Cephalon; Ludibunduskalk, M-Ordovizium; Geschiebe von Tensfeld bei Bad Segeberg; Slg. Brügmann (Hamburg); 1:1 (Ausschnitt).
4: *Encrinurus punctatus*; Hemse-Mergel, unt. O-Silur; Mästermyr-Kanal, Gotland, Schweden; Slg. Brügmann (Hamburg); Maßstab: 1 cm (Ausschnitt).
5: *Calymene blumenbachi* und Pfennigkoralle *Palaeocyclus porpita*; Visby-Mergel, ob. U-Silur bis unt. M-Silur; Lusklint, Gotland, Schweden; Slg. Brügmann (Hamburg); 1:1 (Ausschnitt).
6: *Proetus* sp.; Hemse-Mergel, unt. O-Silur; Mästermyr-Kanal, Gotland, Schweden; Slg. Brügmann (Hamburg); Maßstab: 1 cm (Ausschnitt).

Alter		Geschiebe	Herkunft
Silur	Pridolium	Öved-Ramsåsa-Sandstein	Schonen, Bornholm
	Lludlowium	Beyrichienkalk Baltische Kalke	Gotland (submarin) Gesamtes baltisches Silurgebiet
	Wenlockium	Leperditiengestein	Gotland bis Saaremaa
		Graptolithengestein	Ostseeraum von Gotland bis Öland
	Llandowerium	Estonus-Kalk	Estland
Ordovizium	Ashgillium	Bodakalk	Dalarna
	Caradocium	Ostseekalk	Ostseeraum von Åland bis Estland
		Rollsteinkalk	Öland bis Estland
		Testudinaria-Kalk	Baltikum
		Backsteinkalk	Ostseeraum westlich Gotland, Nordschweden
		Ludibundus-Kalk	Östliches Schweden, Öland
	Llandeilium	Ob. Grauer Orthocerenkalk	Öland, Mittelschweden, Bornholm
		Ob. Roter Orthocerenkalk	
	Llanvirnium	Mi. Grauer Orthocerenkalk	
		Mi. Roter Orthocerenkalk	
	Arenigium	Unt. Grauer Orthocerenkalk	
		Unt. Roter Orthocerenkalk	
	Tremadocium	Ceratopyge-Kalk	Öland, Ostschonen, Västergötland
Kambrium	Ober-Kambrium	Stinkkalke	Västergötland, Östergötland, Schonen
	Mittel-Kambrium	Bituminöse Kalke	Süd- und Mittelschweden
		Tessini-Sandstein	Öland, Ostschonen
		Exsulans-Kalk	Öland, Schonen, Bornholm
		Ölandicus-Mergel	Öland, Närke
	Unter-Kambrium	Glaukonit-Sandstein	Estland, ?Nordschweden

Tab. 3: Trilobiten führende Geschiebetypen (verändert nach LIENAU 1991;

Auswahl wichtiger Trilobiten
Keine Trilobiten bekannt
Calymene, Acaste, Proetus, Encrinurus
Encrinurus
Calymene, Dalmanites, Proetus, Exallaspis, Kettneraspis, Odontopleura, Primaspis
Encrinurus
Stenopareia, Holotrachelus, Sphaerexochus, Amphilichas, Harpes, Cheirurus
Erratencrinurus, Isotelus, Tretaspis
Toxochasmops, Conolichas, Sphaerocoryphe
Toxochasmops, Platylichas, Leiolichas
Chasmops, Cybele, Hoplolichas
Ogmasaphus praetextus, Hoplolichas, Illaenus, Neoasaphus, Nileus, Hoplolichas
Pseudoasaphus, Mischynogorites, Paraceraurus, Hoplolichas, Neoasaphus, Illaenus
Neoasaphus platyurus
Megistaspis, Asaphus, Pliomera, Metopolichas, Celmus
Megistaspis
Megistaspis, Niobella, Raymondaspis, Globampyx
Ceratopyge forficula, Euloma, Symphysurus, Geragnostus
Agnostus, Olenus, Parabolina, Leptoplastus, Eurycare, Peltura, Sphaerophtalmus, Ctenopyge, Acerocare
Lejopyge laevigata, Jincella ("Solenopleura") brachymetopa, Anomocare, Proampyx, Grandagnostus
Paradoxides paradoxissimus
Hartella exsulans, Triplagnostus gibbus, Parasolenopleura aculeata
Baltoparadoxides oelandicus, Ellipsocephalus polytomus, Condylopyge regia
Holmia, Kjerulfia

kombiniert nach HUCKE & VOIGT 1967, LIENAU 1990b und RUDOLPH 1990, 1995).

4.3 Trilobiten im Geschiebe

Trilobiten gehören bei vielen Sammlern zu den gesuchtesten Fossilien, sei es nun aus dem Anstehenden oder dem Geschiebe. Daher war auch die erste Jahrestagung der GfG mit Schwerpunkt-Thema ihnen gewidmet. Dass sich auch viele Amateur- und Berufs-Paläontologen mit den Geschiebe-Funden dieser Gruppe beschäftigen, zeigen die vielen Arbeiten im >Geschiebesammler<, in >Geschiebekunde aktuell<, im >Archiv für Geschiebekunde< und in weiteren Fachzeitschriften. Dabei führen vielfach Geschiebe-Funde zur Beschreibung neuer Arten und manchmal sogar neuer Gattungen.

Eine Übersicht über die Spannbreite der im Geschiebe möglichen Funde lieferte z.B. RUDOLPH (1990, 1995, 1997). Ihm ist auch die regelmäßig in >Geschiebekunde aktuell< erscheinende Artikel-Serie >Bestimmungshilfen für Geschiebesammler: Trilobiten< zu verdanken. Die hier gegebene Tabelle (Tab. 3) und die Fotos (Taf. II - III) können aufgrund dieser Formenvielfalt nur den Versuch darstellen, die häufigsten Trilobiten-Gattungen und die Geschiebetypen, in denen sie zu finden sind, aufzuführen. Weitere Abbildungen befinden sich im Geschiebeteil dieser Publikation (Kapitel 5). Auch die im Literaturverzeichnis aufgenommene Trilobiten-Literatur kann nur einen kleinen Ausschnitt über die Spannbreite an Publikationen liefern.

Die wichtigste Voraussetzung, um Trilobiten im Geschiebe zu finden, ist die Kenntnis der Trilobiten führenden Gesteine (Tab. 3) und ihr systematisches Aufklopfen mit dem Geologenhammer (LIENAU 1995e). Das genaue Mustern der aufgeschlagenen Gesteinsbruchfläche am besten mit einer Lupe (10-fach) kann dann die gewünschten Schalenreste zeigen. Klebt man die Stücke zu Hause in Ruhe wieder zusammen und präpariert man vorsichtig von außen herunter (LIENAU 1996a, b), so kann ein museumsreifes Fundstück zu Tage treten. Man muss allerdings die Morphologie der Trilobiten recht gut kennen, damit nicht wichtige Teile wegpräpariert werden.

Ein Glücksfall ist es, wenn beim Aufspalten bereits das Fossil auf einer Fläche liegt. Allerdings sollte man das Gegenstück auf alle Fälle mitnehmen und nicht im Gelände liegen lassen, damit eventuell fehlende Schalenreste aus dem Gegenstück übertragen werden können. Besonders wichtig ist dies bei vielen Asaphiden (Abb. 20), da diese Trilobiten-Gruppe z.T. recht hohe Stielaugen besitzt, die dann im Gegenstück verborgen sind.

Außerdem sollte man nicht vergessen, dass es eine Reihe recht kleinwüchsiger Trilobiten gibt, die leicht übersehen werden können. Gerade diese Formen treten öfter vollständig erhalten auf.

5. Nordische Geschiebe

5.1 Einleitung

Diese Übersicht kann natürlich nur eine vereinfachte Darstellung sein, die keinerlei Anspruch auf Vollständigkeit erhebt. Um dem Sammler, insbesondere den Anfängern auf diesem Gebiet, die Zuordnung eigener Funde zu erleichtern, wurden meist Handstücke in typischer Ausbildung abgebildet und nicht nur museumsreife „Sahnestücke". Die Auswahl der besprochenen Geschiebe erfolgte meist nach ihrer Fundhäufigkeit.

Eine detaillierte Darstellung der Sedimentär-Geschiebe findet man bei HUCKE & VOIGT (1967). Gute Informationen und Abbildungen liefern auch die beiden Sonderhefte 12 (RUDOLPH 1997) und 14 (RUDOLPH & BILZ 2000) der Zeitschrift >Fossilien< und die Arbeiten von NEBEN & KRÜGER (1971, 1973, 1979) in der >Staringia<. Die kristallinen Geschiebe werden durch HESEMANN (1975), KORN (1927) und ZANDSTRA (1988, 1999) ausgiebig beschrieben. Der beste Führer auf diesem Gebiet ist hier allerdings SMED & EHLERS (1994), den man immer im Gelände bei sich haben sollte. Ergänzend sind noch die Übersichtsarbeiten von OEKENTORP (1986), RICHTER et al. (1986), ROHDE et al. (1989), GRAVESEN (1993) und BILZ (1995-1998) zu empfehlen.

Der Anschluss an eine der vielen Geschiebesammler-Gruppen und der Besuch von VHS-Kursen erweitert nicht nur den eigenen Kenntnisstand, sondern verstärkt auch die Freude am Hobby durch den Kontakt zu vielen Gleichgesinnten. Über Zeitschriften-Abonnements und den Beitritt zur GfG bleibt man immer auf dem Laufenden.

5.2 Präkambrium

Das Präkambrium umfasst den Zeitraum von den ältesten nachgewiesenen Gesteinen (ca. 4,2 Milliarden Jahre) bis zum Beginn des Kambrium vor 540 Millionen Jahren. Während dieses Zeitraums bildeten sich die Urkontinente (Kratone), die durch starke tektonische Aktivitäten in den ersten 3 Milliarden Jahren der Erdgeschichte meist metamorph überprägt wurden. In den umgebenden Meeresgebieten überwogen submarine vulkanische Erscheinungen in Form von kissenförmigen Basalten (**Diabase**, „Pillow-Laven"). Die ersten Meeressedimente entstanden aus chemisch ausgefällter Kieselsäure (**Hornsteine**) oder Karbonaten (**Urkalke**). Zu dieser Zeit fand auch die Entstehung und Evolution des Lebens auf der Erde statt. Allerdings handelt es sich bei den präkambrischen Organismen um Lebensformen ohne Hartteilskelette, so dass Fossilien sehr selten sind. Eine Ausnahme bilden die Stromatolithe. Dies sind von Blaualgen (Cyanophyceae) abgeschiedene Kalkkrusten, die bis zu 30 m Mächtigkeit erreichen können und damit die ersten Riffbildner der Erdgeschichte darstellen. Im Geschiebe sind aber meines Wissens nach noch keine Funde nachgewiesen worden.

Präkambrium	Schweden
Eokambrium	Varegium mit Visingsöserie am Vätternsee; Tillite am Varangerfjord; Sparagmitium mit Sparagmiten in N-Schweden.
Dalslandium (900 - 1200 Mio. J.) [eventuell gleichaltrig mit dem Jotnium]	Spätdalslandische (svekonorwegische) Regeneration in SW-Schweden (ca. 950 - 1000 Mio. J.) mit Vergneisung und Granitintrusion (Bohus-Granit: 920 Mio. J.); Kappebo- und Dalserie über süddalslandischer Peneplain (1130 - 920 Mio. J.).
Jotnium (1200 - 1300 Mio. J.)	Jotnischer Dalasandstein mit Öje- und Åsby-Diabas (1200 - 1300 Mio. J.) über subjotnischer Peneplain. In N-Schweden Gävle- und Nordingrå-Sandstein. Almesåkra-Formation in SW-Schweden.
Gotium und Subjotnium (1400 - 1650 Mio. J.)	Obere Dalaserie mit Rapakiwigraniten, Dalaporphyren und Graniten (z.T. Subjotnium; ca. 1500 Mio. J.); Karlshamn-Granit (1420 Mio. J.); Småland-Porphyre und -Granite (z.B. Växjö-Granite); Digerberg-Sandstein. Untere Dalaserie: Saure Vulkanite mit Schiefer, Quarziten, Arkosen und Konglomeraten. Hälleflinta und Leptite (Vulkanite und Tuffe) in Mittelschweden. Noppi- und Loos-Serie. Z.T. Västervik-, Vetlanda- und Veståna-Serie (Quarzite und Konglomerate). Lina-Granit (1400 - 1500 Mio. J.) in Lappland. Åmal-Serie, Stora Le Marstrand-Serie in SW-Schweden.
Svekofennium und Karelium (1750 - 2100 Mio. J.)	Svekofennidische Regeneration: Sala- und Revsundgranit (1750 Mio. J.), Stockholmgranit (1800 Mio. J.), Fellingbrogranit (1850 Mio. J.), Uppsalagranit; Svekofennidische Faltung (1800 Mio. J.): Geosynklinale Mälar- und Larsbo-Serie, Grytthytteserie, Vargfors-Konglomerate, Maurliden und Elvabergserie. Lappländische Eisenerze in N-Schweden. In Lappland epikontinentales, vielleicht etwas jüngeres Karelium: Bälinge-Konglomerat; Vakko-, Pajala- und Kalix-Serie (Kalk und Dolomit), Haparanda-Granit (1700 - 1770 Mio. J.).
Prägotium (ca. 2500 Mio. J. oder älter)	Prägotische Gneise, älter als Gotium und Svekofennium in SW-Schweden.

Tab. 4: Präkambrium in Fennoskandia (verändert nach

Finnland und Karelien	Geschiebe
	Nexösandstein
	Bohus-Granit
Postjotnische Diabase Jotnischer Sandstein (1300 Mio. J.)	Dalasandstein
Rapakiwi-Granit (1600 Mio. J.)	Hälleflinta, Leptite Brauner, Roter Ostsee-Quarzporphyr Dalarna-Ignimbrite Digerberg-Sandstein, -Konglomerate Dala-Arkosen, -Konglomerate Rapakiwi-Granite Bredvads-Porphyr Småland-Porphyre (z.B. Påskallavik-P.) Småland-Ignimbrite Småland-Granite (z.B. Växjö-Granite)
Kareliden { Kalevium: Phyllit und Tonschiefer Jatulium: Quarzit und Dolomit Sariolium: Konglomerat vielleicht gleichaltrig mit den Svekofenniden { Ob. Serie: Tonige Sedimente Mittl. Serie: Sedimente und Vulkanite Unt. Serie: Grauwackenschiefer, Leptite	Sala-Granit Stockholmgranit Perniö-Granit Uppsala-Granit Urkalke
Bjelomoriden: Weißmeergranite und Granulite (= Marealbiden) in Kola (2100 – 1950 Mio. J.). Saamiden: Norwegosamiden in Kola (2870 – 2150 Mio. J.), Katarchische Gneise (3590 – 3250 Mio. J.) als Relikte der ältesten Kerne.	viele Gneise

LIENAU 1990b; dort verändert nach HUCKE & VOIGT 1967).

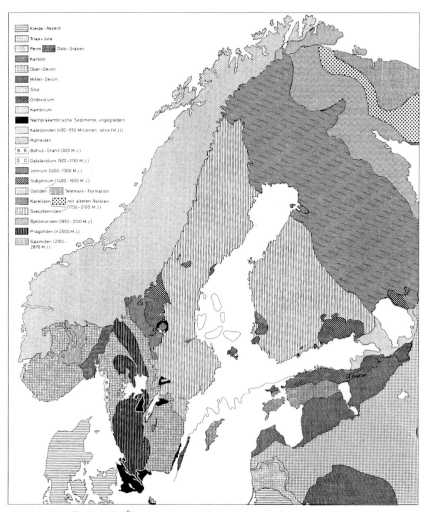

Abb. 21: Geologische Übersichtskarte von Fennoskandia und den angrenzenden Gebieten (aus HUCKE & VOIGT 1967).

Die meisten präkambrischen Geschiebe entstammen den finnischen und skandinavischen Regionen (Abb. 21-22, 26, 46, Tab. 4). Es sind meist **kristalline Geschiebe** wie die diversen Granite, die Dalarna- und Ostsee-Quarzporphyre, die Diabase sowie Gneise (Taf. IV, Fig. 2) und andere Metamorphite, z.B. die sogenannten **Urkalke**. Viele **Gneise** zeigen Hinweise auf partielle Aufschmelzungen und werden deshalb als **Migmatite** bezeichnet. Auch viele magmatische Gesteine zeigen eine leichte metamorphe Überprägung. Diese kristallinen Geschiebe bieten neben einigen Sedimentgesteinen die Fundmöglichkeit für in ihrer Kristallform ausgebildete (idiomorphe) Minerale (Taf. IV, Fig. 1) (LIERL 1989, LIERL & WITTERN 1996, MENDE 1999).

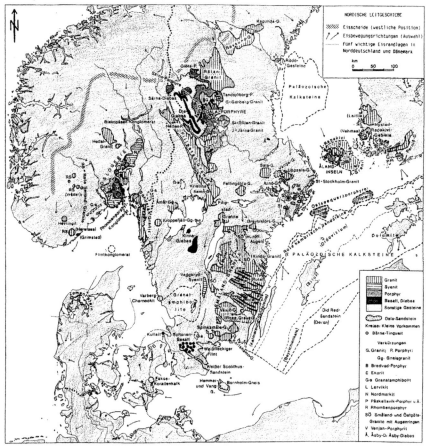

Abb. 22: Ursprungsregionen nordischer Leitgeschiebe (umgezeichnet nach SMED & EHLERS 1994).

Im Jungpräkambrium der Liefergebiete und damit auch im Geschiebe treten dann verstärkt Konglomerate sowie Sandsteine mit Rippelmarken und Schrägschichtung auf (z.B. **Dalasandstein** und **Nexösandstein**).

1. Urkalke: ca. 2100 - 1750 Millionen Jahre alt;
   schwach metamorphe Kalke und Dolomite (= Marmore, Kalksilikatfelse); meist hell (grau, grünlich oder rötlich-gelblich, selten rein weiß) mit Beimengungen von Epidot, Skarnerzen oder kohliger Substanz;
   hin und wieder mit Boudinage (Schichtzerreißungen durch Dehnung);
   Liefergebiet: SE' Schweden und Finnland (Bereich der Svekokareliden).

2. Uppsala-Granit: ca. 1950 Millionen Jahre alt;
von der petrographischen Untersuchung her genau genommen ein Hornblendebiotitgranodiorit;
mit blaugetönten Quarzen, bis dezimetergroßen, dioritischen, dunklen, feinkörnigen Einschlüssen und bis 2 cm großen Kalifeldspateinspenglingen;
Liefergebiet: innerhalb der Svekofenniden bei Uppsala großflächig verbreitet (Abb. 22);
gehört zu den häufigeren Geschieben Norddeutschlands.

3. Växjö-Granite: ca. 1700 Millionen Jahre alt;
Roter Växjö-Granit: mittel- bis grobkörnig, blaßrot-graublau gefärbt;
Grauer Växjö-Granit: gleichkörnig bei durchweg geringer Korngröße, mit erheblichem Anteil von Biotit und Hornblende, unklaren Korngrenzen und oft ausgeprägter Flaserigkeit;
Liefergebiet: Sammelbezeichnung für weiträumig verbreitete Gesteine innerhalb der Gruppe der Småland-Granite Südschwedens (Abb. 22);
Roter Växjö-Granit dominiert im Geschiebe mengenmäßig gegenüber dem Grauen.

4. Schwedische Ignimbrite: ca. 1700 - 1600 Millionen Jahre alt;
diese auch als „Schweißtuffe" bezeichneten Vulkanite erstarrten aus herabsinkenden Glutwolken und sind vor allem an flachgedrückten, manchmal glasig wirkenden Bimssteinschlieren zu erkennen. Daneben befinden sich in der extrem feinkörnigen Grundmasse an Porphyroblasten (Einsprenglingen) meist Feldspäte und seltener Quarz sowie Gesteinsbruchstücke, so dass die Ignimbrite leicht mit vielen Porphyren zu verwechseln sind;
Småland-Ignimbrite: Grundmasse rot- bis graubraun, Schlieren schwarz oder rötlich bis gelblich, nur wenige mm große Plagioklas- und Quarz-Porphyroblasten sowie häufig Quarzit- und Porphyr-Bruchstücke;
Dalarna-Ignimbrite: flintartige Grundmasse schwarzviolett bis schwarzbraun, Schlieren ebenfalls schwarz oder rötlich bis gelblich, aber deutlich weniger ausgeprägt, häufiger etwas größere, oft vierkantige Porphyroblasten aus Kalifeldspat (rosa bis hellbräunlich) und Plagioklas (weiß oder grünlich) sowie selten Gesteins-Bruchstücke;
manchmal schwer von den permischen Oslo-Ignimbriten zu unterscheiden;
Liefergebiet: Småland und Dalarna, wobei eine genauere Zuordnung oft von bestimmbaren Gesteins-Bruchstücken abhängt.

Tafel IV (S. 51): Präkambrium:
1: Granit-Pegmatit mit schwarzem Turmalin (Schörl); Kreis Bad Segeberg; AGH Nr. G 108/2 (GPIMH); Maßstab: 1 cm.
2: Gneis; Agathenburg bei Stade; AGH Nr. G 108/3 (GPIMH); Maßstab: 1 cm.

5. **Påskallavik-Porphyr**: ca. 1650 Millionen Jahre alt;
meist braunroter Porphyr, der leicht mit dem Rapakiwi-Granit zu verwechseln ist, wenn das Handstück nur wenig Grundmasse führt, da seine Feldspat-Porphyroblasten meist gerundete Kanten besitzen und zudem oft Zonierung aufweisen;
Liefergebiet: stellt innerhalb der Gruppe der Småland-Porphyre einen Ganggranitporphyr dar.

6. **Rapakiwi-Granite**: ca. 1600 Millionen Jahre alt;
Rapakiwi = finnisch für „Faulender Stein" (wegen der schnell verwitternden Feldspäte);
meist kräftig rot, grobkörnig, mit cm-großen roten Kalifeldspäten von angenähert kreisrundem Querschnitt, die von mehrere mm breiten Säumen aus hellgrauem bis grünlichem Plagioklas umgeben sind;
Liefergebiet: in Skandinavien, Grönland, Nordamerika und der Ukraine verbreitet, Herkunft der Geschiebefunde vorwiegend aus Südfinnland und Nordschweden (Abb. 22).

7. **Quarzporphyre (Rhyolithe)**: ca. 1600 Millionen Jahre alt;
Brauner Ostsee-Quarzporphyr: Grundmasse braun, graubraun bis grünlich, auffallend reich an tiefroten Kalifeldspateinsprenglingen von 1 bis 5 mm Durchmesser (gelegentlich bis 4 cm), Quarzeinsprenglinge sind seltener und kleiner;
Liefergebiet: wahrscheinlich Grund der Ostsee südlich der Åland-Inseln (Abb. 22);
als Geschiebe besonders häufig;
Roter Ostsee-Quarzporphyr: Grundmasse homogen rötlich, Feldspat-Porphyroblasten rötlich bis gelblich, von 0,5 bis 2, selten bis 5 mm Durchmesser, Quarzeinsprenglinge in der gleichen Größe und rauchgrau;
Liefergebiet: ähnlich wie der Braune (Abb. 22);
im Geschiebe etwas seltener als dieser.

8. **Hälleflinta, Leptite**: ca. 1600 bis 1400 Millionen Jahre alt;
meist mehrfarbige, helle, extrem feinkörnige Gesteine mit scharfkantig-muscheligem Bruch (ähnlich Flint) mit rhyolithischer bis andesitischer Zusammensetzung;
Übergang von Hälleflint zu Leptit fließend, Unterscheidung am besten nach der Korngröße;
Hälleflinta: extrem feinkörnig, makroskopisch keine Einzelkörner zu erkennen;
Leptite: etwas gröber, Einzelkörner gerade eben noch erkennbar;
Liefergebiet: Småland, Mittelschweden und Südfinnland.

9. Diabase: ca. 1350 bis 900 Millionen Jahre alt (ebenfalls im Paläozoikum; z.b. der Kinnekulle-Diabas des Silur);
basaltische Gesteine in Grünsteinfazies mit Mangel an makroskopisch erkennbaren individuellen Merkmalen;
Liefergebiet: treten in Skandinavien als Sills (plattenförmige, schichtparallele Lagergänge) und andere Gänge (oft über große Strecken) oder großflächig auf (Abb. 22);
zählen zu den häufigsten Geschieben.

10. Dalasandstein: ca. 1300 bis 1200 Millionen Jahre alt;
meist dunkelziegelroter, mittel bis grobkörniger Arkosesandstein (mehr als 25 % Feldspat) oder Quarzit mit Rippelmarken, Tongallen und Quarzgeröllen;
kann Entfärbungsringe zeigen;
Liefergebiet: großflächig anstehend im westlichen Dalarna (Mittelschweden) (Abb. 22).

5.3 Kambrium

Das Kambrium als ältestes System des Paläozoikum (Erdaltertum) dauerte etwa 40 Millionen Jahre. Sein Name leitet sich von der römischen Bezeichnung >Cambria< für Nordwales (Großbritannien) ab. Aufgrund ähnlicher Sedimente und relativ geringem Fossilinventar ist die Grenze zum Liegenden, dem Präkambrium, in den Liefergebieten schwer zu bestimmen. Allerdings führte die Entwicklung von Hartteilinnen- und -außenskeletten in vielen Organismengruppen zu einer immer besseren Fossilisierbarkeit. Die Individuenzunahme sowie die Artenvielfalt macht sich dann im mittleren und oberen Kambrium bemerkbar, wobei nicht nur in Skandinavien sondern auch weltweit die **Trilobiten** die dominierende Tiergruppe in den Meeren darstellen. Das Land war noch nicht besiedelt.

Sowohl die Zonen des Kambrium als auch die Grenze zum Hangenden, dem Ordovizium, kann man mit Trilobiten als Leitfossilien gut definieren (Tab. 5).

Wie auch im Jungpräkambrium überwiegen im unteren Kambrium Sandsteine, da sich das Vordringen des Meeres über den Rand von Skandinavien und Finnland fortsetzte (Abb. 23). Diese können **Spurenfossilien** enthalten wie z.B. der sehr häufige Skolithossandstein oder seltener auch andere Sandsteine mit *Monocraterion, Diplocraterion, Plagiogmus* u.a. (Abb. 24).

Im mittleren Kambrium setzen dann die für ihren Fossilreichtum bekannten paläozoischen Sedimentärgeschiebe ein. Hierher gehören der **Ölandicusmergel** (selten) und der **Tessinisandstein** (häufiger). Sie enthalten lagenweise angereichert Schill von Trilobiten (z.B. *Paradoxides*), Brachiopoden und selten andere kalkschalige Fossilien.

Kambrium [Mio.J.]		Zonen	Unterzonen	Estland	Öland
[500]	Ober-Kambrium (Olenus-Serie)	6 *Acerocare* und *Parabolina*	23 Unterzonen		
		5 *Peltura*, *Sphaerophthalmus* und *Ctenopyge*			
		4 *Leptoplastus* und *Eurycare*			
		3 *Parabolina spinulosa* und *Orusia lenticularis*			
		2 *Olenus*			
		1 *Agnostus pisiformis*			
	Mittel-Kambrium (Paradoxides-Serie)	3 *Paradoxides forchhammeri*	3 *Lejopyge laevigata* 2 *Solenopleura brachytometopa* 1 *Triplagnostus lundgreni* und *Goniagnostus nathorsti*	A_1d Tiskre-Schichten	Exporrecta-Konglomerat mit *Oligomys exporrecta*
		2 *Paradoxides paradoxissimus* (= *P. tessini*)	4 *Ptychagnostus punctuosus* 3 *Hypagnostus parvifrons* 2 *Tomagnostus fissus* und *Ptychagnostus atavus* 1 *Triplagnostus gibbus*		Tessini-Sandstein
					Acrothele-Konglomerat
		1 *Paradoxides oelandicus*	2 *Paradoxides pinus* 1 *Paradoxides insularis*		Ölandicusmergel
	Unter-Kambrium (Holmia-Serie)	5 *Protolenus*		A_1c Eophyton-Sdst.	Kalksdst. m. Ph. Glaukon. Sdst.
		4 *Strenuella linnarssoni*			
		3 *Holmia kjerulfi*			Tonschiefer u. Sandstein
		2 *Holmia torelli* und *Kjerulfia lundgreni*		$A_1b_2\beta$ Blauer Ton (*Volborthella*, *Holmia mickwitzi*, u. *Platysolenites*)	Kongl. m. Ph.
		1 *Mobergella* [*Discinella*] *holsti*		$A_1b_2\alpha$ ob. Laminarites Sdst.	toniger grauer Skolithos-Sdst.
[540]		Tiefes Unter-Kambrium oder Eokambrium		A_1b_1 Laminarites-Sch. A_1a Gdow-Schichten	Quarzkongl. u. Sandstein

Tab. 5: Kambrium (verändert nach LIENAU 1990b;

Schonen	Bornholm	Väster- und Östergötland, Dalarna	Geschiebe
Alaunschiefer mit Stinkkalk-Konkretionen			Alaunschiefer und Stinkkalk-Konkretionen verschiedenen Alters, daraus Anthrakonit Phosphorit führende Konglomerate
Alaunschiefer mit Stinkkalk Andrarum-Kalk			Stinkkalk m. *L. laevigata* Andrarum-Kalk Exporrecta-Konglomerat
Alaunschiefer mit Stinkkalk Tessini-Sandstein Kalk mit *Ctenocephalus exsulans*			Tessini-Sandstein Exsulans-Kalk und Acrothele-Konglomerat
		Ölandicusmergel	Ölandicusmergel
Phosphoritischer Kalk	Phosph. Sdst. Pyritkonglomerat	Phosph. Konglomerat	Diverse Quarzite, Sandsteine und Konglomerate (z.B. Tiger-sandstein, Fucoidensandstein und Chiasmasandstein)
Grauwacken-Schiefer	?	Linguliden-Sdst.	Sandstein m. *H. kjerulfi*
Rispebjerg-Sandstein			Rispeberg-Sandstein
Ob. Hardeberga-Sdst. (Glaukonit-Sandstein)	Grüne Schiefer	Mickwitzia-Sdst.	Sdst. m. *Orthotheca degeeri* Volborthellensandstein Mickwitzia- = Eophyton-Sandstein
Skolithossandstein			Skolithos-, Hardebergsdst.
Unt. Hardeberga-Sandstein (s. str.)	Balka-Quarzit	Mobergella-Sdst. Kalmarsundsandstein	Glauk. Sdst. m. *M. holsti* Kalmarsundsandstein
z.T. Arkose, Konglomerat	Nexösandstein	Visingsöserie	Nexösandstein

dort verändert nach HUCKE & VOIGT 1967).

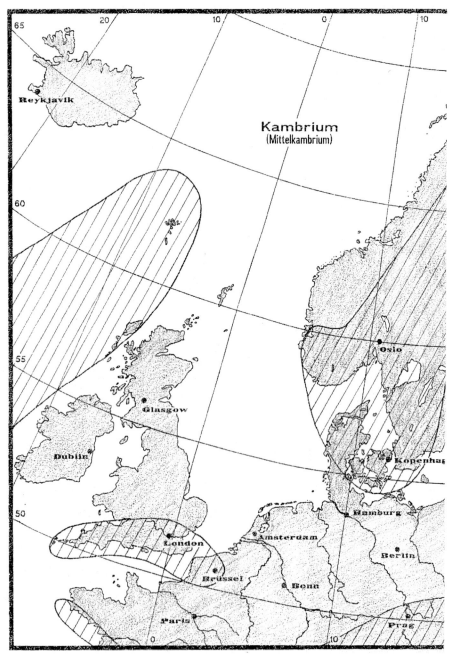

Abb. 23: Paläogeographie des nordeuropäischen

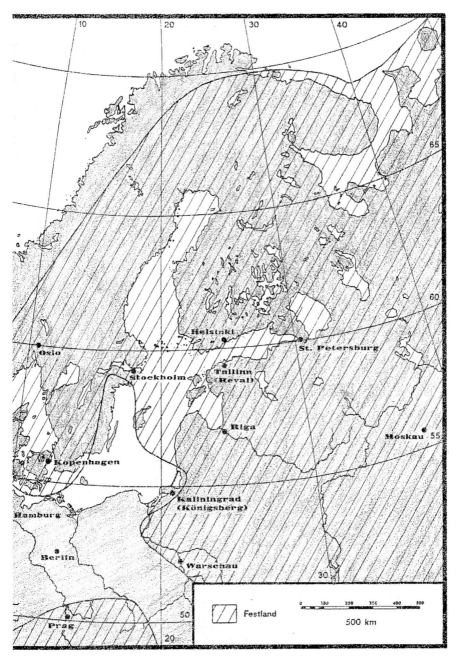

Mittelkambrium (aus LIENAU 1992c).

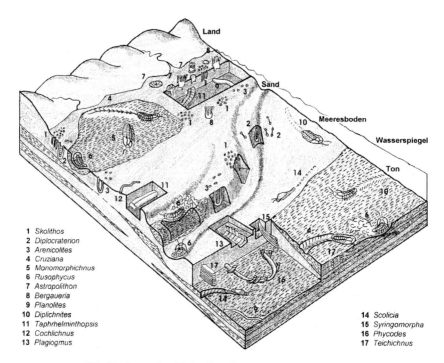

1 Skolithos
2 Diplocraterion
3 Arenicolites
4 Cruziana
5 Monomorphichnus
6 Rusophycus
7 Astropolithon
8 Bergaueria
9 Planolites
10 Diplichnites
11 Taphrhelminthopsis
12 Cochlichnus
13 Plagiogmus
14 Scolicia
15 Syringomorpha
16 Phycodes
17 Teichichnus

Abb. 24: Spuren benthischer Bewohner unterkambrischer Meere (verändert nach CRIMES & HARPER 1977).

Abb. 25: Meer des Oberkambrium (aus LIENAU 1990b).

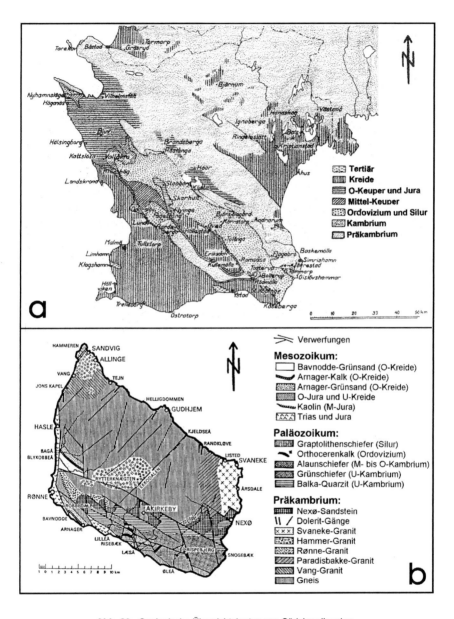

Abb. 26: Geologische Übersichtskarten von Südskandinavien.
a: Schonen (umgezeichnet nach HUCKE & VOIGT 1967; dort nach BROTZEN 1960).
b: Bornholm (verändert nach RYING 1981; dort nach CALLISEN und GRY).

Mit dem oberen Mittelkambrium beginnt dann eine Tiefwasserfazies, die durch stark bituminöse, meist schwarze Kalkkonkretionen, die sogenannten >Stinkkalke<, gekennzeichnet ist. Diese reichen bis ans Ende des Oberkambrium (Abb. 25) und enthalten lagenweise angereichert Kopf- und Schwanzschilde von Trilobiten; ganze Trilobiten und andere Fossilien sind allerdings selten.

1. **Nexösandstein**: „Eokambrium" bis unterstes Unterkambrium;
hell bis weinrot oder rotgrau gefärbter, fossilfreier arkoseartiger Sandstein mit kaolinigem Bindemittel und blaßgelben Entfärbungsflecken;
der hohe Feldspatanteil, den jede Arkose besitzt (mehr als 25 %), ist hier zumeist deutlich zu erkennen, da es sich teilweise um recht große Kristalle oder Kristallbruchstücke handelt;
das Ablagerungsgebiet war wattähnlich, was durch Rippelmarken und Schrägschichtung angezeigt wird;
Liefergebiet: Bornholm (Abb. 26b).

2. **Kalmarsundsandstein** (Taf. V, Fig. 2): unterstes Unterkambrium;
ein Sandstein, dessen Schichtung durch wechselnd helle, rötliche (Eisen) oder grünliche (Glaukonit) Bereiche deutlich erkennbar ist, wobei ausgeprägte Schräg- bis Kreuzschichtung vorliegen kann;
selten findet man den schlosslosen Brachiopoden *Mobergella holsti*;
Liefergebiet: im Kalmarsund zwischen Öland und dem schwedischen Festland anstehend (Abb. 22, 36).

3. **Spurenfossilien (Ichnia)**: Unterkambrium;
Da Spurenfossilien wichtige Indizien zur Interpretation fossiler Lebensräume sind und sie im Unterkambrium die vielfach einzigen, oft sogar recht häufigen Funde stellen, soll hier etwas intensiver auf sie eingegangen werden (Abb. 24). Man findet sie meist in festen, quarzitähnlichen Sandsteinen mit kieseligem Bindemittel.
Skolithossandstein (Taf. V, Fig. 3): tritt gewöhnlich in kastenförmigen Stücken mit abgerundeten Kanten auf;
mit senkrecht zur Schichtung stehenden, parallelen, zylindrischen, meist 1 bis 3 mm, selten bis 7 mm dicken, stengelförmigen Körpern, die entweder als Wohnbauten oder Grabgänge eines wurmförmigen Organismus (*Skolithos*) bislang unbekannter systematischer Stellung oder vereinzelt auch als anorganische Bildungen gedeutet werden, wobei letzteres eher unwahrscheinlich ist;

Tafel V (S. 61): U-Kambrium:
1: *Plagiogmus arcuatus* (Lebensspur von Borstenwürmern?); Sandstein; Brodtener Ufer bei Travemünde; AGH Nr. G 108/4 (ehem. Slg. Kausch); Maßstab: 1 cm.
2: Kalmarsundsandstein; Brodau bei Grömitz; AGH Nr. G 108/5 (GPIMH); Maßstab: 1 cm.
3: *Skolithos linearis* (Spurenfossil); Skolithossandstein; Winsen/Luhe; AGH Nr. G 108/6 (GPIMH); Maßstab: 1 cm.
4: Quarzit mit Spurenfossilien; Brodtener Ufer bei Travemünde; AGH Nr. G 108/7 (ehem. Slg. Kausch); Maßstab: 1 cm.

sie unterscheiden sich im Material nicht wesentlich vom Sandstein, sind aber oft härter (Verklebung der Sandkörner durch Körpersekret) und treten dann bei Verwitterung besonders gut heraus;
Liefergebiet: vermutlich Schweden, besonders Südschweden, sind aber auch von Estland bekannt (Abb. 22, 38);
gehört zu den häufigsten und bekanntesten Geschieben.

Monocraterion: keilförmige Sackungstrichter, die weiter auseinander stehen als *Skolithos* und auf der Sedimentoberfläche bei guter Erhaltung mehrere konzentrische Ringe zeigen;
Liefergebiet: z.B. Schonen und Bornholm (Abb. 26).

Diplocraterion: U-förmige, senkrecht stehende Spreitenbaue, die auf der Sedimentoberfläche hantelförmige Vertiefungen hinterlassen und massenhaft ungerichtet durcheinander, aber sich nicht berührend, auftreten können (LIENAU 1995c: 27);
Liefergebiet: z.B. Balka-Quarzit von Bornholm (Abb. 26b).

Plagiogmus (Taf. V, Fig. 1): zopfförmig auf der Sedimentoberfläche verlaufende Spur, die von kriechenden Trilobiten oder Borstenwürmern erzeugt worden sein könnte;
Liefergebiet: unbekannt, bislang nur aus dem Geschiebe nachgewiesen;

Syringomorpha: verschieden orientiert ins Sediment gerichtete bogenförmige Gänge vergleichbaren Durchmessers wie bei *Skolithos*, welche oben spitz zusammenlaufen, während sie auf der Gesteinsoberfläche in einer Linie angeordnete, 4 bis 6 zackenförmige Eintiefungen hinterlassen;
Liefergebiet: Schonen (Abb. 26a).

Xenusion auerswaldae (Abb. 27): Ruhespur eines Borstenwurmes, die Körper- und Extremitätenbau recht deutlich erkennen läßt (KRUMMBIEGEL 1992);
Liefergebiet: eventuell Kalmarsundsandstein (Abb. 22, 36);
gehört aufgrund seines Alters, seiner Erhaltung und Seltenheit (nur 2 gesicherte Funde) zu den wissenschaftlich wichtigsten Geschiebefossilien und wurde deshalb zum Wappentier der GfG erkoren (Abb. 27).

Abb. 27: Emblem der GfG

Tafel VI (S. 62): M- und O-Kambrium:
1: *Ellipsocephalus polytomus* (Trilobiten-Kopfschilde) zwischen Schill des Trilobiten *Paradoxides oelandicus*; Ölandicusmergel, unteres Mittelkambrium; Brodtener Ufer bei Travemünde; AGH Nr. G 108/8 (ehem. Slg. Kausch); 1:1 (Ausschnitt).
2: *Agnostus pisiformis* (Trilobiten-Kopf- und -Schwanzschilde); oberkambrischer Stinkkalk der Zone 1; Weißenhaus, Hohwachter Bucht; AGH Nr. G 108/9 (ehem. Slg. Kausch); Maßstab: 1 cm (Ausschnitt).
3: *Eurycare latum* (Trilobiten-Kopfschilde); oberkambrischer Stinkkalk der Zone 4; Johannistal bei Heiligenhafen; AGH Nr. G 108/10 (GPIMH); 1:1 (Ausschnitt).

4. Tigersandstein = Leopardensandstein: Unterkambrium (selten ähnliche Sandsteine im Mittelkambrium und Obersilur);
hellgelber, meist ziemlich mürber Sandstein, der durch eisen- und manganreiche, dunkelbraune Flecken gekennzeichnet ist;
selten mit Trilobitenfragmenten und anderen Fossilien;
Liefergebiet: vermutlich Bornholm und Schweden (Abb. 26);
recht häufiges Geschiebe.

5. Ölandicusmergel (Taf. II, Fig. 1; Taf. VI, Fig. 1): unteres Mittelkambrium; harte, plattige, grünlich graue Mergel mit bräunlich sich abhebenden Resten des Trilobiten *Baltoparadoxides oelandicus*, wobei ganze Kopfschilde selten sind, während Kopschilde oder auch ganze Exemplare des kleineren Trilobiten *Ellipsocephalus* häufiger sind;
Liefergebiet: anstehend von Mittelschweden (z.B. Närke) und Öland (Abb. 31) bekannt;
recht seltenes Geschiebe.

6. Acrothele-Konglomerat: mittleres Mittelkambrium;
brachiopodenführender Aufarbeitungshorizont mit Phosphoritengeröllen bis mehrere cm Größe und kleinen Glaukonitschuppen;
benannt wurde das Gestein nach dem flach gewölbten, inartikulaten Brachiopoden *Redlichella [Acrothele] granulata*;
Liefergebiet: Öland (Abb. 31).

7. Exsulans-Kalk: mittleres Mittelkambrium;
sehr fossilreiche, dunkelgraue Kalkkonkretionen mit dem Trilobiten *Hartella exsulans*, Agnostiden und Brachiopoden;
Liefergebiet: Schonen und Bornholm (hier glaukonitisch) (Abb. 26);
sehr seltenes Geschiebe, auch im Anstehenden nur geringmächtig und schlecht aufgeschlossen.

8. Tessini-Sandstein: mittleres Mittelkambrium;
quarzitischer, z.T. braunfleckiger, oft etwas kalzitischer, plattiger Sandstein mit bräunlicher Verwitterungsrinde;
charakterisiert durch meist lagenweise angeordnete, bräunliche, deutlich sich vom helleren Gestein abhebende Fragmente des Trilobiten *Paradoxides tessini* (heute: *P. paradoxissimus*);
andere Fossilien wie *Ellipsocephalus*, Agnostiden, Brachiopoden, Ostrakoden oder Hyolithen sind selten;
Liefergebiet: anstehend finden wir diese Gesteine auf der Insel Öland und in Ostschonen (Abb. 26a, 31).

9. Exporrecta-Konglomerat: oberes Mittelkambrium;
brachiopodenführender Aufarbeitungshorizont mit Phosphoriten, der nur selten bituminös ist;
namengebend ist der orthide Brachiopode *Oligomys exporrecta*, neben dem von den inarticulaten Vertretern vor allem die Gattung *Acrothele* und seltener verschiedene Lingulellen auftreten;
Liefergebiet: Öland (Abb. 31).

10. Andrarum-Kalk: oberes Mittelkambrium;
sehr harte, splittrige, mitunter muschelartig brechende, dunkelgraue bis schwärzliche Kalke, die aber nie bituminös sind, also beim Anschlagen nicht stinken wie die Stinkkalke;
neben verschiedenen Trilobiten finden sich die inartikulaten Brachiopoden *Acrothele* und *Acrotreta*, wobei letztere höher ist als *Acrothele* und im Querschnitt spitz aufragende Klappen aufweist;
Liefergebiet: Schonen und Bornholm (Abb. 26).

11. Stinkkalke (Taf. II, Fig. 2; Taf. VI, Fig. 2-3): oberes Mittelkambrium bis Oberkambrium;
meist schwarze, kalkige Konkretionen der Alaunschieferfazies, die beim Anschlagen gewöhnlich einen bituminösen Geruch entwickeln;
oft lagenweise angeordnete Trilobiten wie *Lejopyge* (M-Kambrium), verschiedene Agnostiden (M- bis O-Kambrium) oder *Olenus, Parabolina, Leptoplastus* und *Peltura* (O-Kambrium);
Liefergebiet: Schonen, Kinnekulle, Väster- und Östergötland, Närke sowie Bornholm (Abb. 26).

12. Anthrakonit: oberes Mittelkambrium bis Oberkambrium;
meist strahlig gewachsene, schwarze Kristallaggregate der Alaunschieferfazies, die einen bituminös verunreinigten Calcit darstellen;
Liefergebiet: Schonen, Kinnekulle, Väster- und Östergötland, Närke sowie Bornholm (Abb. 26).

13. Oberkambrische Konglomerate: Oberkambrium;
verschiedene Phosphorit führende Konglomerate, bei denen aufgearbeitetes Mittelkambrium zusammen mit oberkambrischen Trilobiten vorkommt;
Liefergebiet: Schonen, Kinnekulle, Västergötland, Östergötland, Närke oder Bornholm (Abb. 26).

Ordovizium [Mio.J.]			Trilobiten-Zonen	Mittelschweden, Öland		Schonen, Bornholm
[435] Ober-Ordovizium (Harju-Serie)	Ashgillium	Dalmanitina-Serie	*Brongniartella platynota* *Dalmanitina mucronata* *Dalmanitina odini*	Dalmanitina-Lager		Dalmanitina-S.
				Boda-Kalk (Ob. Leptäna-Kalk)		
		Tretaspis-Serie	*Staurocephalus clavifrons*	Staurocephalus-Lager		Staurocephalus-Schiefer
			Tretaspis granulata	Tretaspis-Schiefer		Obere Dicellograptus-Sch.
Mittel-Ordovizium (Viru-Serie)	Caradocium	Chasmops-Serie		Slandrom-Kalk (Masur-Kalk)		Mittlere Dicellograptus-Schiefer
			Asaphus ludibundus	Macroura-Kalk		
				Cystoideen-kalk	Kullsberg-Kalk (Unt. Leptäna-Kalk)	
	Llandeilium		*Illaenus crassicauda* *Illaenus schroeteri* *Asaphus platyurus*	O.Gr. Oberer Roter Orthocerenkalk	Crassicauda-Kalk Schroeteri-Kalk Platyurus-Kalk	Untere Dicellograptus-Schiefer
Unter-Ordovizium (Öland-Serie)	Llanvirnium	Asaphus-Serie	*Megistaspis gigas* *Megistaspis obtusicauda* *Asaphus raniceps*		Vaginatenkalk Gigas-Kalk Obtusicauda-Kalk Raniceps-Kalk	Obere Didymograptus-Schiefer
	Arenigium		*Asaphus expansus* *Asaphus lepidurus*	U.Gr. Unterer Roter	Expansus-Kalk Lepidurus-Kalk	Komstad-Kalk Orthocerenk.
			Megistaspis lata *Megistaspis estonica* *Megistaspis dalecarlica* *Megistaspis planilimbata* *Megistaspis armata*	"Planil."-K.	"Limbata"-Kalk Estonica-Kalk Dalecarlica-Kalk Planilimbata-Kalk Armata-Kalk	Untere Didymograptus-Schiefer
[500]	Tremadocium	Ceratopyge-Serie	*Apatokephalus serratus* *Shumardia*-Zone	Ceratopyge-Kalk u. -Schiefer mit *Ceratopyge forficula* Dictyonema-Schiefer Obolus-Konglomerat		Ceratopyge-K. und -Schiefer Dictyonema-Schiefer

Tab. 6: Ordovizium (verändert nach LIENAU 1990b;

F. SCHMID			Ostbaltikum		Geschiebe	
F_2	Saarema	Lyckholm	Porkuni (Borkholm)		Öjlemyrflint Borkholmer Crinoidenkalk Boda-Kalk Paläoporellenkalk	Hornstein
F_{1c}	Saarema	Lyckholm	Pirgu		Jüngere Vermiporellenkalke Sadewitzer Kalk (z.T.) Lose, verkieselte Schwämme (z.T.) Hullerstad-Kalk	Lavendelblauer Hornstein / feuer-
F_{1b}	Saarema	Lyckholm	Vormsi			
F_{1a}		Kurnan	Nabala (Saunja)		Trinucleus-Kalk Ordovizischer Beyrichienkalk Masur-Kalk	
E		Kurnan	Rakvere (Wesenberg)		Paläoporellenkalk	
D_3		Kurnan	Oandu (Wasalemm)		Ostsee-Kalk, Cyclocrinus-Kalk	schiefer
D_2		Kurnan	Keila (Kegel)		Rollstein-, Macroura- oder Chasmopskalk	
D_1		Kurnan	Johvi (Jewe)		Mittlerer Graptolithenschiefer Älteste Vermiporellenkalke	
C_3			Idavere (Itfer)		Backsteinkalk, Ludibunduskalk	
C_2			Kukruse (Kuckers)		Kuckerscher Brandschiefer (Kuckersit)	
C_{1c} C_{1b} C_{1a}	Purtse	Tallinna	Uhaku Lasnamägi (Echinosphäritenkalk) Aseri Obere Linsenschicht		Echinosphäritenkalk	Orthocerenkalke / Graptolithen-

B_{3b}
B_{3a}
	Ontica		Kunda (Vaginatenkalk)
			Untere Linsenschicht
					{ Jentzschi-Konglomerat
					  Rogösandstein
					  Schwarzer Orthocerenkalk (Schonen)	

	Ontica		Wolchow	Expansus-Kalk	Rote und Graue	
B_{2b}			Latorp			

B_{2a}
B_1
$A_{2,3}$
	Iru		Glaukonitkalk
			Glaukonitsand Leetse (Maekula)
			    Dictyonema- Pakerort
			        Schiefer
			Obolen-
			Sandstein
					Ceratopyge-Kalk
					
					Dictyonema-Schiefer
					Obolus-Sandstein	

dort verändert nach HUCKE & VOIGT 1967).

Abb. 28: Paläogeographie des nordeuropäischen

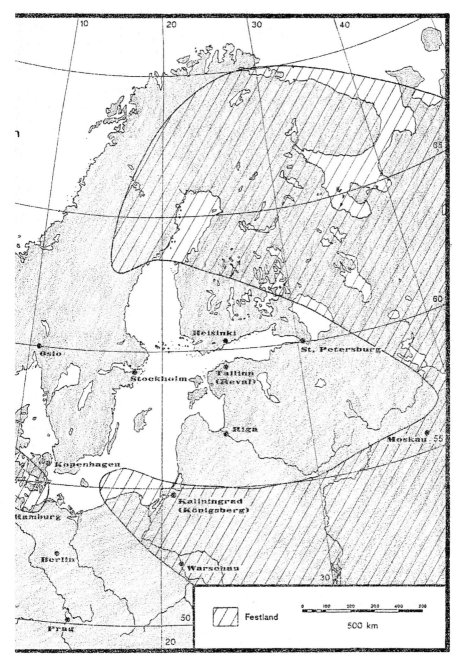

Mittelordovizium (aus LIENAU 1992c).

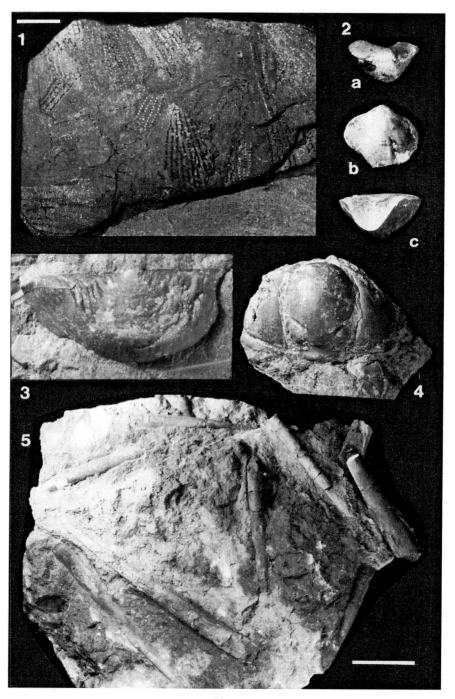

5.4 Ordovizium

Das Ordovizium erhielt seinen Namen ebenfalls aus Wales nach dem keltischen Stamm der >Ordovizier<. Es umfasst den Zeitraum von vor 500 bis 435 Millionen Jahren und wird vor allem mit den zu den Chordaten (hierzu gehören auch die Wirbeltiere) gestellten, koloniebildenden Graptolithen untergliedert (Tab. 6). Im Ordovizium dringt das Meer bis nach Südfinnland und Russland vor (Abb. 28). Außerdem kam es zur „explosionsartigen" Weiterentwicklung der erst im Kambrium „erfundenen" skeletttragenden Organismen (ordovizische Radiation). Deshalb gehören auch die ordovizischen Geschiebe wegen ihrer Fossilvielfalt zu den gesuchtesten und am meisten gefundenen Sedimentärgeschieben.

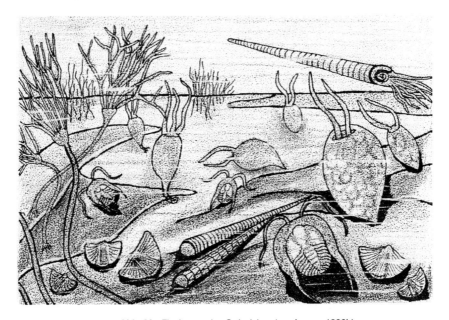

Abb. 29: Flachmeer des Ordovizium (aus LIENAU 1990b).

Tafel VII (S. 70): U- und M-Ordovizium:
1: *Rhabdinopora [Dictyonema] flabelliforme* (Graptolith); Dictyonemaschiefer, unteres Unterordovizium; Baltischport, Estland (anstehend); Paläont. Lehrslg. GPIMH; Maßstab: 1 cm (Ausschnitt).
2: *Triplesia* sp. (Brachiopoden): **a** Vorderansicht, **b** Blick auf die Armklappe eines zweiten Exemplares, **c** Hinteransicht eines dritten Exemplares; Ordovizium; Groß Hansdorf bei Hamburg; AGH Nr. G 108/11 (ehem. Slg. Kausch); 1:1.
3: *Leptaena rhomboidales* (Brachiopode); mittl. Grauer Orthocerenkalk, unt. Mittelordovizium; Hahnheide bei Trittau; AGH Nr. G 108/12 (ehem. Slg. Kausch); 1:1 (Ausschnitt).
4: *Cyrtometopus clavifrons* (Trilobiten-Kopfschild); unt. Grauer Orthocerenkalk, höheres Unterordovizium; Schönberg bei Sandesneben, Holstein; AGH Nr. G 108/13 (ehem. Slg. Kausch); 1:1 (Ausschnitt).
5: *Endoceras* sp. (gestreckte Cephalopoden); Roter Orthocerenkalk; Stensigmoos, Broager, Dänemark; AGH Nr. G 108/14 (ehem. Slg. Kausch); Maßstab: 1 cm (Ausschnitt).

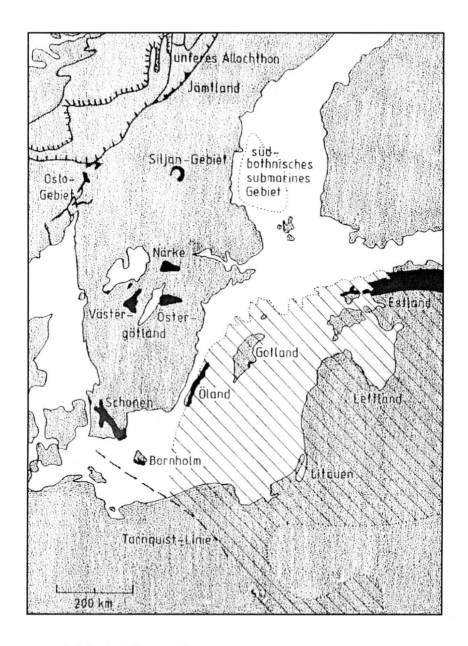

Abb. 30: Ordovizium in Fennoskandien (aus LIENAU 1989; umgezeichnet nach JAANUSSON 1982a).

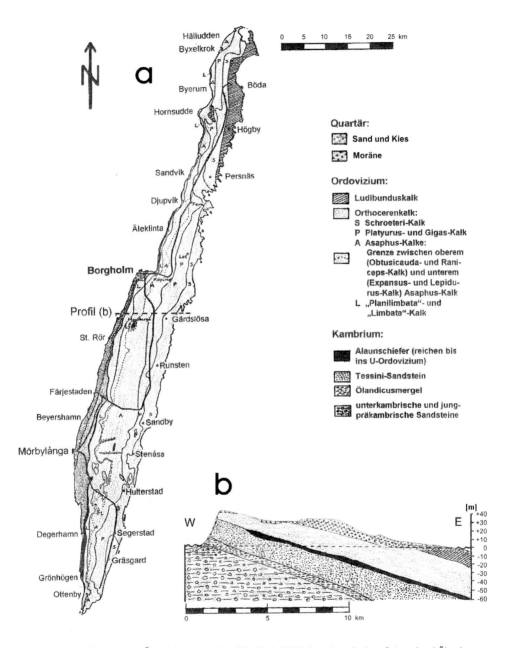

Abb. 31: Geologische Übersichtskarte (a) und Profilschnitt (b) der schwedischen Ostsee-Insel Öland (umgezeichnet nach REGNÉLL und POUSETTE & MÖLLER in MIKAELSSON & PERSSON 1986).

Im Ordovizium ist die bereits aus dem Kambrium bekannte Tiefwasserfazies durch die meist in kleinen, plattigen Stücken zu findenden **Graptolithenschiefer** vertreten (Tab. 6).

Es kommen aber wieder fossilreiche Flachwasserkalke im Ordovizium hinzu (Abb. 29). Hierher gehören u.a. die **Grauen** und **Roten Orthocerenkalke**, der **Backsteinkalk**, der **Rollsteinkalk** (auch Chasmops- oder Macrourakalk genannt), der **Echinosphäritenkalk** (*Echinosphaerites*: kugeliger, urtümlicher Stachelhäuter) und der **Paläoporellenkalk**, welcher fast nur aus Kalkalgen besteht. Die drei erstgenannten Geschiebe enthalten Trilobiten (meist Kopf- oder Schwanzschilde, selten ganze Exemplare von z.B. *Illaenus*, *Asaphus*, *Megistaspis*, *Chasmops*), Nautiloideen (z.B. „*Orthoceras*", *Endoceras*, *Lituites*), Brachiopoden, Schnecken und als wichtigste Mikrofossilien Ostrakoden. Der Paläoporellenkalk zeigt schon an, daß im Flachwasser ein neuer Faziestyp entsteht, die **Riffkalke**. Erste große Riffkörper treten in der Region des Siljan-Gebietes im nördlichen Mittelschweden (Dalarna) auf (Abb. 30) (LIENAU 1989).

1. **Graptolithenschiefer** (Taf. VII, Fig. 1): mehr oder weniger über das gesamte Ordovizium verteilte Vertreter der Tiefwasserfazies;

   dunkle Schiefer, die mit *Rhabdinopora [Dictyonema] flabelliforme* das Ordovizium einleiten (**Dictyonemaschiefer**) und danach nur zweizeilige Graptolithen führen;

   relativ selten sind auch Brachiopoden zu finden;

   Liefergebiet: während der Dictyonemaschiefer außer in Schweden, im Oslogebiet und auf Bornholm auch im Ostbaltikum vorkommt, findet man die jüngeren Graptolithenschiefer nur im westlichen Skandinavien, also in Schonen, im Oslogebiet und auf Bornholm (Abb. 26, 30);

   da es sich um feinplattige Schiefer handelt, die keine große Transportresistenz aufweisen, sind sie als Geschiebe dementsprechend selten.

Tafel VIII (S. 75): U- und M-Ordovizium:
1: *Megistaspis* cf. *limbata*. (Trilobiten-Schwanzschild); unt. Grauer Orthocerenkalk, höheres Unterordovizium; Sandesneben, Holstein; AGH Nr. G 108/15 (ehem. Slg. Kausch); Maßstab: 1 cm (Ausschnitt).
2: *Endoceras* sp. (gestreckter Cephalopode), durch Anwitterung den Sipho und Septen zeigend; Roter Orthocerenkalk; Boltenhagen, Mecklenburg; AGH Nr. G 108/16 (ehem. Slg. Kausch); Maßstab: 1 cm.
3: *Megistaspidella acuticauda* (Trilobiten-Schwanzschild); mittl. Roter Orthocerenkalk, ob. Unterordovizium; Damsdorfer Kreuz, Holstein; AGH Nr. G 108/17 (ehem. Slg. Kausch); Maßstab: 1 cm (Ausschnitt).

Tafel IX (S. 76): Ob. Grauer Orthocerenkalk, M-Ordovizium:
1: *Nileus armadillo* (Trilobit); Klein Waabs bei Eckernförde, Ostsee; AGH Nr. G 108/18 (ehem. Slg. Kausch); 1:1.
2: *Raphistoma obvallatum* (Schnecken); Steinburg bei Sandesneben, Holstein; AGH Nr. G 108/19 (ehem. Slg. Kausch); 1:1.
3: *Pleurotomaria elliptica* (Schnecke); Ahrensburg bei Hamburg; AGH Nr. G 108/20 (ehem. Slg. Kausch); 1:1.
4: *Hoplolichas tricuspidata* (Trilobiten-Kopfschilde); **a**: Aufsicht; **b**: Seitenansicht des selben Exemplares; **c**: zweites Exemplar; Sandesneben, Holstein; AGH Nr. G 108/21 (ehem. Slg. Kausch); 1:1.
5: *Receptaculites* sp. (Kalkalge?); Schönhagen bei Kappeln, Ostsee; AGH Nr. G 108/22 (ehem. Slg. Kausch); 1:1.

2. Obolus-Sandstein: unterstes Unterordovizium;
gelblich-brauner Sandstein mit meist schwarzen Schalen der inarticulaten Brachiopode *Obolus apollinis*, der in der Flachwasserfazies den Beginn des Ordovizium anzeigt;
Liefergebiet: Mittelschweden, Ingermanland und Estland (Abb. 30, 38), wobei im letztgenannten Land die phosphoritischen Brachiopodenschalen so dicht angereichert sind, dass sie wirtschaftliche Bedeutung erreichten und teilweise sogar untertage abgebaut wurden.

3. Ceratopyge-Kalk: unteres Unterordovizium;
häufig bunt gefärbter Kalk mit in die Matrix eingesprengeltem Glaukonit, was zur Bezeichnung Glaukonitkalk im Baltikum führte; während Brachiopoden wie *Orthis* häufiger sind, ist der namengebende Trilobit *Ceratopyge forficula* ebenso wie *Symphysurus angustatus* selten;
Liefergebiet: Mittelschweden, Schonen, Öland und Estland (Abb. 30-31, 38).

Tafel X (S. 77): M-Ordovizium:
1: *Echinosphaerites aurantium* (Cystoideen); Echinosphäritenkalk; Dwasieden, Rügen; AGH Nr. G 108/23 (ehem. Slg. Kausch); Maßstab: 1 cm.
2: *Echinosphaerites aurantium* (Cystoideen); Echinosphäritenkalk; Segrahner Berg, Holstein; AGH Nr. G 108/24 (ehem. Slg. Kausch); Maßstab: 1 cm.
3: *Ogmasaphus praetextus* (Trilobit); Ludibunduskalk; Brodtener Ufer bei Travemünde, Ostsee; AGH Nr. G 108/25 (ehem. Slg. Kausch); 1:1.
4: *Lesueuriella marginalis* (Schnecke); Backsteinkalk; Niederfinow bei Berlin; AGH Nr. G 108/26 (ehem. Slg. Kausch); 1:1.
5: *Chasmops muticus* (Trilobiten-Kopfschild mit einigen Pleuren); Backsteinkalk; Niederfinow bei Berlin; AGH Nr. G 108/27 (ehem. Slg. Kausch); Maßstab: 1 cm.
6: *Chasmops* sp. (Trilobiten-Schwanzschild); Backsteinkalk; Hoisdorf bei Hamburg; AGH Nr. G 108/28 (ehem. Slg. Kausch); Maßstab: 1 cm.
7: *Caryocystites granatum* (Cystoideen-Abdruck); Backsteinkalk; Plön, Holstein; AGH Nr. G 108/29 (ehem. Slg. Kausch); Maßstab: 1 cm.

Tafel XI (S. 78): Rollsteinkalk, ob. M-Ordovizium:
1: *Toxochasmops macroura* (Trilobiten-Kopfschild); Groß Hansdorf bei Hamburg; AGH Nr. G 108/30 (ehem. Slg. Kausch); Maßstab: 1 cm.
2: *Toxochasmops macroura* (Trilobiten-Schwanzschild); Brodtener Ufer bei Travemünde, Ostsee; AGH Nr. G 108/31 (ehem. Slg. Kausch); Maßstab: 1 cm.
3: *Diplotrypa [Monticulipora] petropolitana* (Bryozoe); Schulau bei Hamburg; AGH Nr. G 108/32 (ehem. Slg. Kausch); 1:1.
4: *Conolichas deflexa* (Trilobiten-Kopfschild); Groß Hansdorf bei Hamburg; AGH Nr. G 108/33 (ehem. Slg. Kausch); Maßstab: 1 cm.
5: *Discoceras* sp. (Cephalopode); Vasnaes Høved, Dänemark; AGH Nr. G 108/34 (ehem. Slg. Kausch); Maßstab: 1 cm.
6: *Cyclocrinus spaskii* (Cystoidee); Groß Hansdorf bei Hamburg; AGH Nr. G 108/35 (ehem. Slg. Kausch); Maßstab: 1 cm (Ausschnitt).

Tafel XII (S. 80): O-Ordovizium:
1: Roter Ostseekalk (= Wesenberger Kalk) mit Trilobitenfauna; unteres Oberordovizium; Segrahner Berg, Holstein; AGH Nr. G 108/36 (ehem. Slg. Kausch); 1:1 (Ausschnitt).
2: *Astylospongia praemorsa* (Schwamm); Lavendelblauer Hornstein, Oberordovizium; Schulau bei Hamburg; AGH Nr. G 108/37 (ehem. Slg. Kausch); 1:1.
3: *Streptelasma europaeum* (Einzelkoralle); Bodakalk (= jüngerer Leptänakalk), oberes Oberordovizium; Segrahner Berg, Holstein; AGH Nr. G 108/38 (ehem. Slg. Kausch); 1:1.
4: *Palaeoporella* sp. (Kalkalge); Paläoporellenkalk; oberes Oberordovizium; Segrahner Berg, Holstein; AGH Nr. G 108/39 (ehem. Slg. Kausch); Maßstab: 1 cm.

4. Orthocerenkalke (Taf. II, Fig. 3-5; Taf. III, Fig. 3; Taf. VII, Fig. 2-5; Taf. VI-II-IX): Unter- bis Mittelordovizium;
Kalke mit oft bankiger Entwicklung, stylolithenartigen Bildungen, gelegentlich Glaukonit oder auch Phosphorit, außerdem Diskontinuitätsflächen mit Anlösungserscheinungen und Anbohrungen durch Organismen, was auf Sedimentationslücken schließen läßt;
Stylolithen sind säulenartige, längsgeriefte Strukturen senkrecht zur Schichtung, deren Entstehung auf Lösung unter Druck im festen Gestein zurückgeführt wird;
enthalten u.a. Cephalopoden, Trilobiten, Brachiopoden und Schnecken; man unterscheidet grob zwischen Unterem Roten, Unterem Grauen, Oberem Roten und Oberem Grauen Orthocerenkalk sowie dem seltenen Schwarzen Orthocerenkalk (Tab. 6), wobei neuerdings der untere Graue und der obere Rote nochmals aufgeteilt werden (Tab. 3);
Liefergebiet: während der Schwarze und die Roten nur aus Schweden bekannt sind, stammen die Grauen außer aus Schweden auch aus dem Ostseeraum (z.B. Bornholm) und dem Baltikum (z.B. Estland) (Abb. 30-31, 38);
recht häufige Geschiebe.

5. Echinosphäritenkalk (Taf. X, Fig. 1-2): Mittelordovizium;
meist dunkel graue bis schmutzig grüne, plattige Kalke mit den kugeligen Gehäusen von *Echinosphaerites*, einem ursprünglichen Stachelhäuter (Echinodermata) aus der Gruppe der Cystoideen (Beutelstrahler) mit Rauten auf den Platten;
da die kugeligen Gehäuse, wenn sie im Gestein zu finden sind, meist gehäuft auftreten, ähnelt dieses seltenere Geschiebe manchmal einem Konglomerat;
Liefergebiet: Ostbaltikum und Mittelschweden (Abb. 30, 38).

6. Backsteinkalk (Taf. III, Fig. 1; Taf. X, Fig. 4-7): Mittelordovizium;
verkieselter Kalk, der in Form und Farbe der porösen Verwitterungsrinde an einen alten Ziegelstein erinnert;
der unverwitterte Kern ist ein graugrünes, zähes, kieseliges Kalkgestein, in dem kalkige Fossilien wie Trilobiten, Kalkalgen, Brachiopoden und eine Reihe von Mikrofossilien zu finden, aber meist nur durch Flusssäure (extrem gefährlich, nur in Speziallabors unter strengen Sicherheitsvorkehrungen zu benutzen!) herauszulösen sind;
Liefergebiet: liegt entweder auf dem schwedischen Festland oder in der Ostsee nördlich und nordwestlich der Insel Gotland (Abb. 22, 30, 36);
häufige und weit verbreitete Geschiebeart.

7. Ludibunduskalk (Taf. III, Fig. 2; Taf. X, Fig. 3): Mittelordovizium;
dichter, meist dunkelgrauer, oft grobkristalliner Kalk mit vielen Fossilien wie z.B. die Trilobiten *Asaphus (Neoasaphus) ludibundus* oder *Ogmasaphus praetextus*;
Liefergebiet: Mittelschweden (z.B. Siljan-Gebiet) (Abb. 30).

8. Rollstein-, Macroura- oder Chasmopskalk (Taf. XI): oberstes Mittelordovizium;
meist größere, rundliche, ungeschichtete Blöcke mit gelblicher Verwitterungsrinde, unter der das etwas erdige, graublaue Gestein oft von dunkel grünlichen, gewundenen, als Grabgänge gedeuteten Wülsten durchsetzt ist; Fauna formenreich (u.a. Trilobiten, Schnecken, Cephalopoden, Brachiopoden), aber meist schlecht erhalten;
Liefergebiet: Heimat Öland und das Gebiet unmittelbar östlich bzw. nordöstlich (Abb. 22, 30-31, 36).

9. „Leptänakalk" (Abb. 32; Taf. XII, Fig. 3; Taf. XIII-XVI): oberes Mittelordovizium oder oberes Oberordovizium;
Riffkalke, welche die vor allem aus dem Silur bekannte Entwicklung einer Riff-Fazies einleiten;
bei näherer Untersuchung hat es sich gezeigt, dass unter diesem nach der Brachiopode *Leptaena* (Abb. 32; Taf. XV, Fig. 6) benannten Begriff zwei Riffkomplexe verborgen sind, nämlich der **Kullsbergkalk** des oberen Mittelordovizium und der **Bodakalk** des oberen Oberordovizium (Tab. 6);
diese Riffkalke sind vor allem durch ihre vielfältige Trilobitenfauna bekannt geworden, man kann u.a. aber auch Brachiopoden, Cephalopoden, Crinoiden, Cystoideen, Muscheln und Schnecken finden (Abb. 32) (LIENAU 1989);
eine Unterscheidung beider Riffkomplexe in Geschiebehandstücken ist nicht immer möglich, so dass für die insgesamt recht seltenen Geschiebefunde der Überbegriff „Leptänakalk" beibehalten werden sollte;
Stücke aus den Flanken dieser Riffe (Taf. XVI, Fig. 1-3) ähneln außerdem Handstücken aus dem Silur von Gotland, so dass zur exakten Bestimmung fraglicher Funde Mikrofossil-Untersuchungen unerlässlich sind;
Liefergebiet: anstehend vom Siljan-Gebiet (Dalarna, Mittelschweden) bekannt (Abb. 30).

Tafel XIII (S. 83): Fossilien aus dem anstehenden Ordovizium des Siljan-Gebietes (aus LIENAU 1989):
1: Crinoidenstielglieder; Kullsbergkalk (= älterer Leptänakalk), oberes Mittelordovizium; Unskarsheden; Slg. Lienau (Hamburg); 1:1.
2: Crinoidenstielglied; Kullsbergkalk (= älterer Leptänakalk), oberes Mittelordovizium; Unskarsheden; Slg. Lienau (Hamburg); 1:1.
3: *Tormoblastus* sp. (Blastoidee); Kullsbergkalk? (= älterer Leptänakalk), oberes Mittelordovizium; Osmundsberget; Slg. Mattiessen (Kiel); 1:1.
4: *Tretaspis seticornis* (Trilobit); Tretaspis-Schiefer, mittleres Oberordovizium; Amtjärn; Slg. Fanz (Kiel); 1:1.
5: *Flexicalymene planimarginata* (Trilobiten-Kopf- und -Schwanzschild); Tretaspis-Kalk, mittleres Oberordovizium; Amtjärn; Slg. Lienau (Hamburg); 1:1.
6: *Tretaspis seticornis* (Trilobiten-Kopfschild): **a** Seitenansicht, **b** Aufsicht; Tretaspis-Kalk, mittleres Oberordovizium; Amtjärn; Slg. Lienau (Hamburg); 1:1.

Tafel XIV (S. 84): Fossilien aus dem anstehenden Ordovizium des Siljan-Gebietes (aus LIENAU 1989):
1: Riffkalk-Handstück mit Kopf- und Schwanzschilden des Trilobiten *Stenopareia oviformis*; Bodakalk (= jüngerer Leptänakalk), oberes Oberordovizium; Osmundsberget; Stratigr. Lehrslg. GPIMH; 1:1.

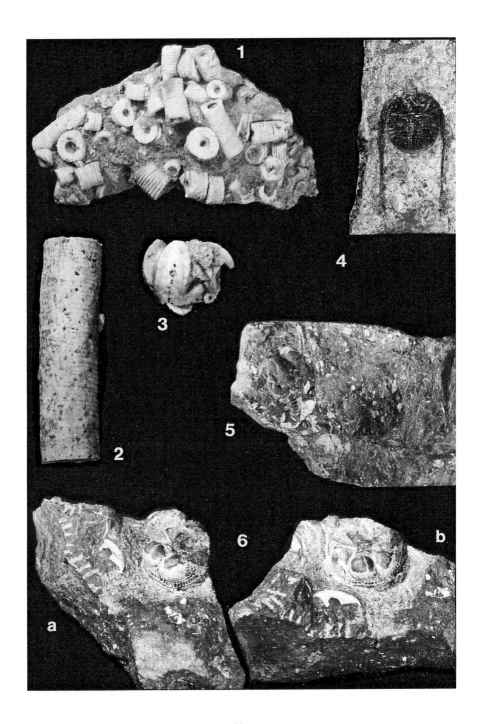

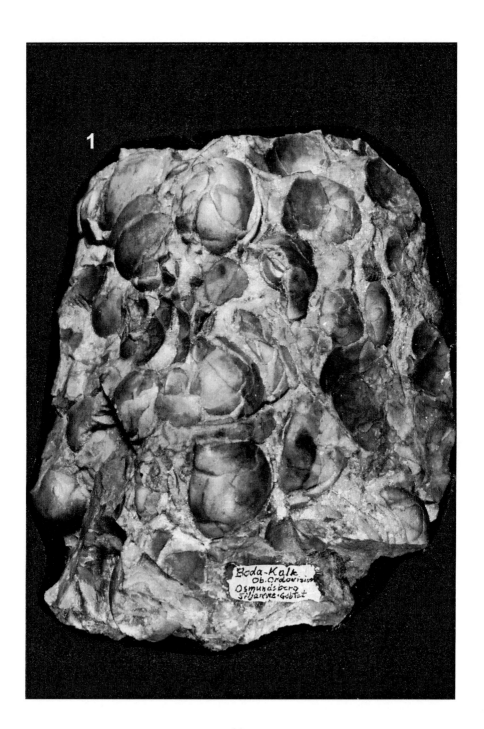

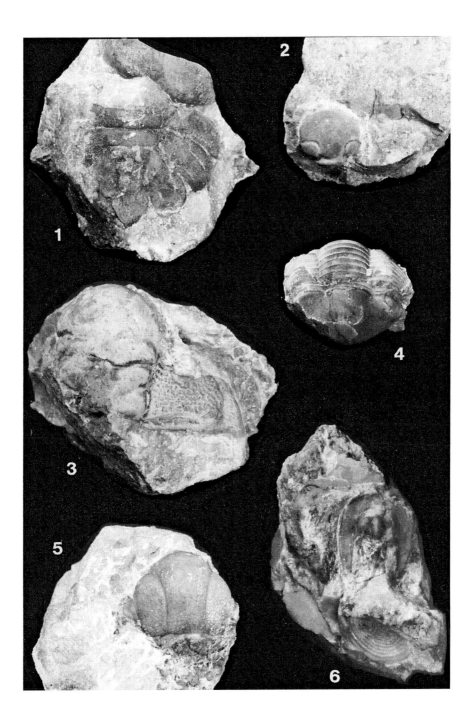

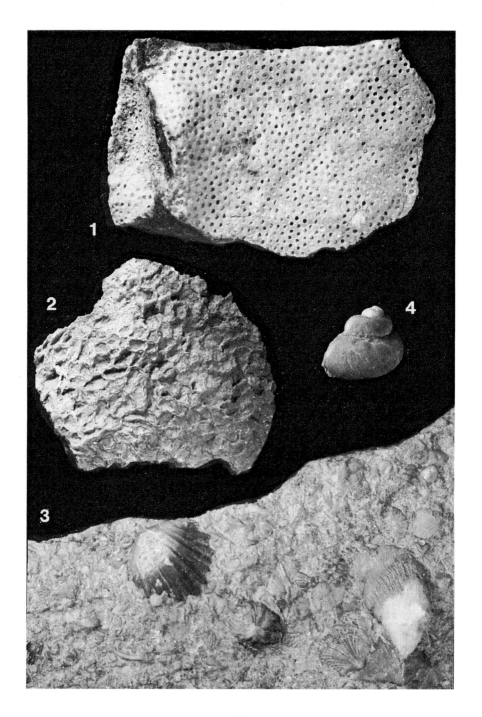

10. Ostseekalk (Taf. XII, Fig. 1): unteres Oberordovizium;
heller, teilweise mit rötlichen Zonen durchsetzter, kieseliger Kalk mit muscheligem Bruch von erheblicher Härte und Dichte;
Fossilien in ihm sind selten, dann aber meist gut erhalten;
Liefergebiet: im Gebiet der Ålandsinseln verbreitet, wobei ungeklärt ist, ob es sich bereits um glazial transportierte Schollen oder um anstehendes Gestein handelt; von dort über den Boden der Ostsee bis nach Estland (Wesenberger Kalk) streichend (Abb. 22, 30, 36).

11. Paläoporellenkalk (Taf. XII, Fig. 4): Oberordovizium;
dichter, meist weißlicher oder hellgrauer, auch dunkelgrauer, blaßroter bis dunkelroter Kalk, durchsetzt von röhrenförmigen Algengerüsten und oft mit stylolithenartigen Bildungen mit grüner, toniger Substanz auf den Absonderungsflächen;
andere Fossilien (u.a. Trilobiten, Brachiopoden, Bryozoen, Ostrakoden) selten;
Liefergebiet: graue Typen in Teilen des Bodakalkes bekannt, größter Teil allerdings anstehend unbekannt und vermutlich vom Untergrund der Ostsee N' von Gotland stammend (Abb. 22, 30, 36).

12. Lavendelblauer Hornstein (Abb. 33; Taf. XII, Fig. 2): oberes Mittelordovizium bis Obersilur;
hell bläulich bis blaugraue verkieselte Konkretionen oder Fossilien, wobei der Schwerpunkt dem Ordovizium entstammt, während silurische nur untergeordnet vertreten sind;

Tafel XV (S. 85): Fossilien aus dem anstehenden Ordovizium des Siljan-Gebietes (aus LIENAU 1989):
1: *Cheirurus* sp. (Trilobiten-Schwanzschild); Bodakalk (= jüngerer Leptänakalk), oberes Oberordovizium; Unskarsheden; Slg. Bilz (Kiel); 1:1.
2: *Sphaerexochus* sp. (Trilobiten-Kopfschild); Bodakalk (= jüngerer Leptänakalk), oberes Oberordovizium; Unskarsheden; Slg. Bilz (Kiel); 1:1.
3: *Cheirurus* sp. (Trilobiten-Kopfschild); Bodakalk (= jüngerer Leptänakalk), oberes Oberordovizium; Unskarsheden; Slg. Lienau (Hamburg); 1:1.
4: vollständiger, eingerollter Trilobit *Stenopareia oviformis* (Schwanzschild und Pleuren); Bodakalk (= jüngerer Leptänakalk), oberes Oberordovizium; Unskarsheden; Slg. Lienau (Hamburg); 1:1.
5: *Amphilichas* sp. (Trilobiten- Kopfschild); Bodakalk (= jüngerer Leptänakalk), oberes Oberordovizium; Unskarsheden; Slg. Bilz (Kiel); 1:1.
6: *Harpes* sp. (Trilobiten-Kopfschild) und *Leptaena* sp. (Brachiopode); Bodakalk (= jüngerer Leptänakalk), oberes Oberordovizium; Unskarsheden; Slg. Lienau (Hamburg); 1:1.

Tafel XVI (S. 86): Fossilien aus dem anstehenden Ordovizium des Siljan-Gebietes (aus LIENAU 1989):
1: *Heliolites* sp. (tabulate Koralle); Flankenfazies des Bodakalk-Riffes (= jüngerer Leptänakalk), oberes Oberordovizium; Osmundsberget; Slg. Lienau (Hamburg); 1:1.
2: *Halysites* sp. (Kettenkoralle); Flankenfazies des Bodakalk-Riffes (= jüngerer Leptänakalk), oberes Oberordovizium; Osmundsberget; Slg. Lienau (Hamburg); 1:1.
3: Fazies-Handstück aus der Riffflanke; Bodakalk (= jüngerer Leptänakalk), oberes Oberordovizium; Osmundsberget; Slg. Lienau (Hamburg); 1:1 (Ausschnitt).
4: Schnecken-Steinkern; Bodakalk (= jüngerer Leptänakalk), oberes Oberordovizium; Osmundsberget; Slg. Lienau (Hamburg); 1:1.

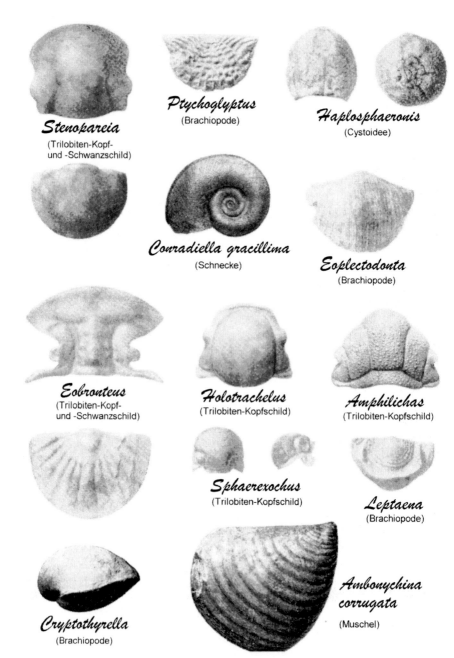

Abb. 32: Einige Fossilien aus dem „Leptänakalk"; unmaßstäblich (verändert nach THORSLUND o.J.a).

an Fossilien überwiegen Schwämme (Taf. XII, Fig. 2), aber auch Korallen, Schnecken, Brachiopoden, Trilobiten, Cephalopoden und sogar Fischreste (Abb. 33) sind zu finden (VON HACHT 1985, 1987, 1990).
Liefergebiet: Grund der Ostsee zwischen Gotland und Estland (Abb. 22, 36).

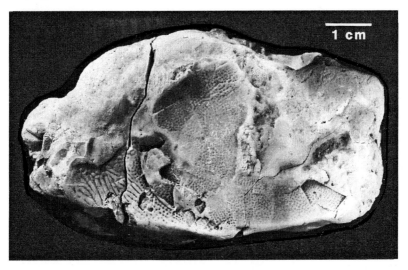

Abb. 33: Abdruck von cf. *Archegonaspis* (Heterostraci, Agnatha); Lavendelblauer Hornstein; Braderup, Sylt; AGH Nr. G 48/1 (leg. U. von Hacht) (aus LIENAU 1990a).

5.5 Silur

Der ebenfalls keltische Stamm der >Silurer< in Shropshire (Großbritannien) gab dem von vor 435 bis 410 Millionen Jahre reichenden Silur den Namen. Die Gliederung erfolgt wie im Ordovizium nach Graptolithen (Tab. 7). Im Laufe des Silur nimmt die Meeresausbreitung immer mehr ab (Regression) (Abb. 34). Allerdings erleben Riffbildner wie Stromatoporen, Korallen, Seelilien (Crinoiden) oder Bryozoen (Moostierchen) ihren ersten Höhepunkt im Laufe der Erdgeschichte (Abb. 35).

Das Silur besitzt ebenfalls einen Vertreter der Tiefwasserfazies, das **Grünlichgraue Graptolithengestein**, in dem neben den Graptolithen selten auch Brachiopoden, Nautiloideen und andere Kalkschaler zu finden sind.

Zur Flachwasserfazies gehören u.a. der **Borealiskalk**, die **Leperditiengesteine** (*Leperditia*: bis bohnengroßer, glattschaliger Ostrakode) und der **Beyrichienkalk** (*Beyrichia*: meist 2 - 3 mm großer, stark skulptierter Ostrakode) sowie die brachiopodenreichen (*Chonetes*, „*Rhynchonella*") **Baltischen Kalke**. Beim Auflösen mit Essigsäure erhält man, oft vor allem aus dem Beyrichenkalk, eine umfangreiche Fauna an Fischresten (Thelodontier, Acanthodier).

[Mio.J.] Silur		Schonen, Bornholm		Mittelschweden, Öland	Gotland	
[410]					Beyrichienkalk (submarin)	
Ober-Silur	Pridolium	Öved-Ramsåsa-Serie	Öved-Sandstein	Orsa-Sandstein (Dalarna)		
	Ludlowium		Bjärsjölagård-Kalke und Mergel	Kinnekulle-Diabas	Sundre-Kalk	[R]
					Hamra-Kalk	[R]
					Burgsvik-Sandstein und -Oolith	
					Eke-Gruppe	[R]
			Colonus-Schiefer		Hemse-Gruppe	[R]
					Klinteberg-Gruppe	[R]
Mittel-Silur	Wenlockium	Cyrtograptus-Schiefer	Flemingi-Schichten		Mulde-Mergel	[R]
					Halla-Kalk	
					Slite-Gruppe	[R]
					Tofta-Kalk	
			Retiolites-Schichten	Bumastus-Kalk } Dalarna Styggforsen-Kalk	Högklint-Gruppe	[R]
				Cyrtograptus-Schiefer	Obere Untere Visby-Mergel	
Unter-Silur	Llandoverium		Rastrites-Schiefer	Rastrites-Schiefer		
[435]					[R = Riffbildung]	

Tab. 7: Silur (verändert nach LIENAU 1990b;

Verstärkt tritt nun im Silur die Rifffazies hinzu (**Korallen-** und **Crinoidenkalke**), die sich anstehend von Gotland bis Estland erstreckt (Abb. 22, 36-39). Einige Fossilien der silurischen Riff- und Flachwasserkalke kann man auch herausgewittert finden (Brachiopoden, Crinoidenstielglieder, rugose Einzelkorallen, tabulate Korallen wie z.B. *Favosites* oder *Halysites*).

Mit Ende des Silur macht sich das Entstehen des Old-Red-Kontinentes bemerkbar, d.h. sandige Schüttungen treten vermehrt auf (**Leperditiensandsteine**, **Öved-Ramsåsa-Sandstein**).

1. **Grünlichgraues Graptolithengestein** (Taf. XVII, Fig. 1): Vertreter der Tiefwasserfazies des oberen Mittelsilur bis unteren Obersilur;
   oft faust- bis kopfgroße, feinkörnige, meist ungeschichtete, recht feste, im frischen Zustand bläulich-graue, gelegentlich auch schwach verkieselte, mehr oder weniger mergelige Kalkkonkretionen mit meist körperlich erhaltenen, schwarzen einzeiligen Graptolithen (*Monogaptus*);

F. SCHMID	Ostbaltikum			Geschiebe	
K₄	Obere	Ösel-Gruppe	Ohesaare-Schichten	Grauer und Roter Beyrichienkalk	Baltische Kalke / Illionia-prisca-Gestein / Lependblauer Hornstein / Lavendblauer Hornstein und Crinoidenkalke / Koralleh-
K₃ᵦ			Kaugatuma-Schichten	Öved-Ramsåsa-Sandstein	
			Graue und rote Kalke		
K₃ₐ			Kuressaare-Schichten	Kinnekulle-Diabas	
			Kalk und Dolomit	Sphärocodienkalk	
K₂			Paadla-Schichten	Phacitenoolith / Colonus-Schiefer	
K₁			Rootsiküla-Kaarma-Schichten (Eurypterus-Dolomit)	Eurypterus-Dolomit	
J₂	Untere		Pangarnagi-Jaagarahu-Kalke		
J₁			Jaani-Mergel	Grünlichgraues Graptolithengestein (von Basis Wenlock bis U-Ludlow)	
H			Adavere (Pentamerus-estonus-Bank)	Estonus-Kalk	
G₃			Raikküla-Schichten	Rastrites-Schiefer	
G₂	Juuru-Sch.		Pentamerus-borealis-Bank	Borealis-Kalk und -Dolomit	
G₁			Jordensche Schicht		

dort verändert nach HUCKE & VOIGT 1967).

zusammen mit den Graptolithen können u.a. noch Cephalopoden und Brachiopoden gefunden werden, während Trilobiten sehr selten sind;
Liefergebiet: befindet sich wahrscheinlich auf dem Grunde der Ostsee zwischen den Inseln Gotland und Öland (Abb. 22, 36).

2. **Gotländer Korallenkalk** (Taf. III, Fig. 4-6; Taf. XVII, Fig. 2; Taf. XVIII, Fig. 1-4): mittel- bis obersilurischer Vertreter der Riffkalkfazies;
dichte, graue bis weiße, kristalline, z.T. zuckerkörnige, oft in großen Blöcken auftretende Kalke, die vor allem Korallen (Taf. XVIII, Fig. 1-4), aber z.B. auch Stromatoporen und Brachiopoden führen;
seltener sind die mergeligen Handstücke aus dem Randbereich und den Wannen zwischen den Riffen (Taf. III, Fig. 4-6; Taf. XVII, Fig. 2).
Liefergebiet: vermutlich Gotland (Abb. 37), NW-Estland (z.B. die Insel Saaremaa = Ösel) (Abb. 38-39) und das Ostseegebiet zwischen beiden (Abb. 22, 36).

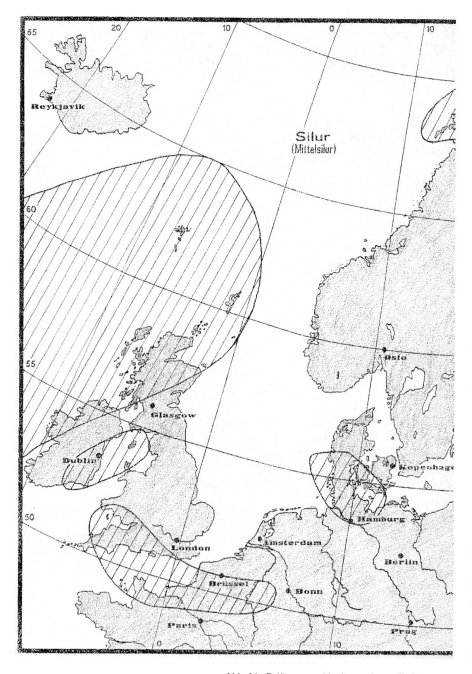

Abb. 34: Paläogeographie des nordeuropäischen

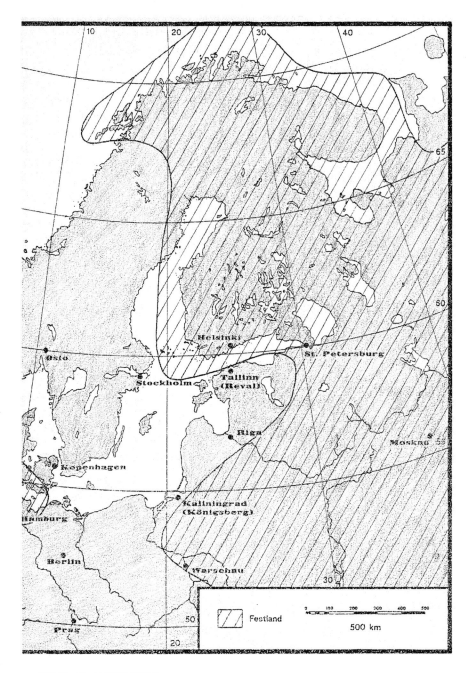

Mittelsilur (aus LIENAU 1992c).

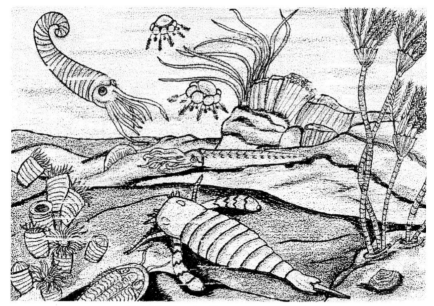

Abb. 35: Meer des Silur (aus LIENAU 1990b).

3. **Crinoidenkalke** (Taf. XVIII, Fig. 5): ebenfalls Vertreter der Riffkalkfazies, die vom Mittelsilur bis ins untere Obersilur (Ludlowium) reichen;
graue, gelbe, rötliche oder auch fleischrot gefleckte Kalke mit z.T. zahlreichen Bruchstücken oft recht dicker Crinoidenstielen, wobei die rötlichen Varianten vorwiegend dem höheren Ludlowium entstammen;
andere Fossilien sind mir aus diesem Geschiebe nicht bekannt;
Liefergebiet: Gotland (Abb. 37).

4. **Borealiskalk und -dolomit** (Taf. XVII, Fig. 3): Flachwasservertreter des Untersilur;
gelblich-weiße, plattige Kalke bis Dolomite mit häufig auftretenden Brachiopoden *Pentamerus borealis*, die besonders gut in angewitterten Partien durch ein charakteristisches medianes Septum in der Schloßregion zu erkennen sind;
andere Fossilien sind selten;
Liefergebiet: anstehend in Estland und auf der vorgelagerten Insel Hiiumaa (= Dagö) (Abb. 38-39).

Abb. 36 (S. 95): Geologische Übersichtskarte (a) und Profilschnitte (b) zum Baltischen Becken (verändert nach FLODÉN in BROOD 1982 und MANTEN 1971).

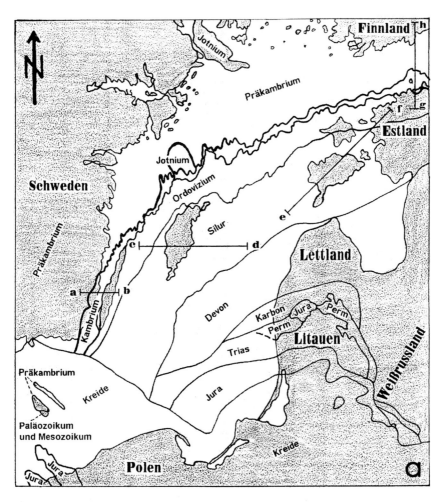
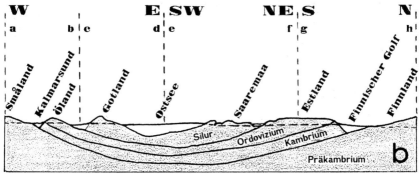

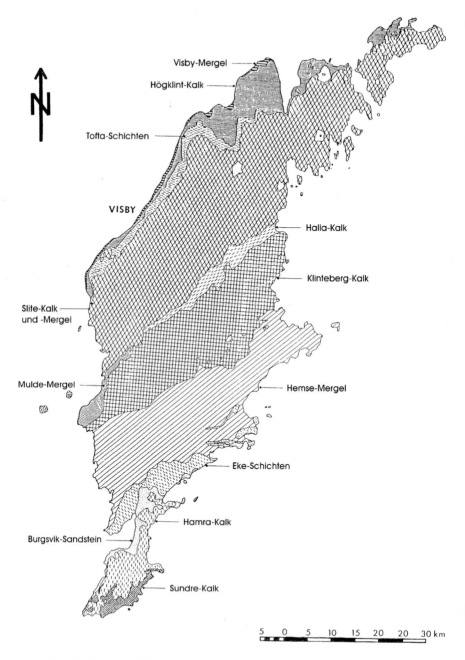

Abb. 37: Geologische Übersichtskarte der schwedischen Ostsee-Insel Gotland (umgezeichnet nach HEDE in BROOD 1982).

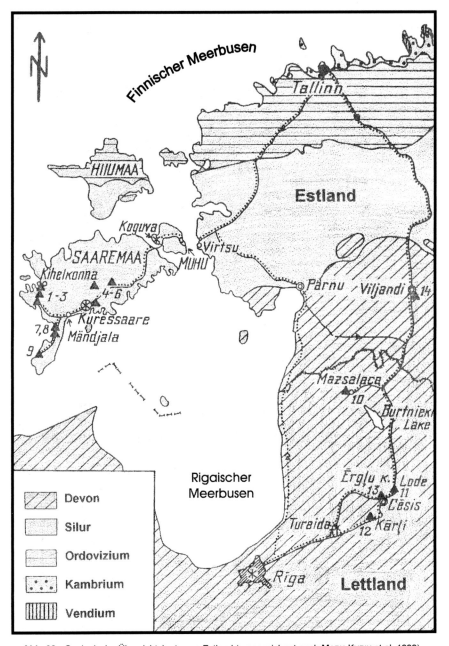

Abb. 38: Geologische Übersichtskarte von Estland (umgezeichnet nach MARK-KURIK et al. 1989).

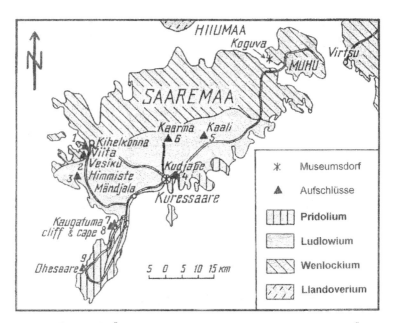

Abb. 39: Geologische Übersichtskarte der estnischen Ostsee-Insel Saaremaa (= Ösel) (umgezeichnet nach MARK-KURIK et al. 1989).

Abb. 40: Leperditienkalk; Brodtener Ufer bei Travemünde, Holstein; Slg. Lienau (Hamburg).

5. **Leperditiengesteine** (Abb. 40): fast das gesamte Silur umfassende Vertreter der Flachwasserfazies;
Zusammenfassung verschiedenaltriger Geschiebetypen mit den erbsen- bis bohnengroßen Ostrakoden der Gattung *Leperditia* (Abb. 40) und seltenen Funden von Trilobiten und Brachiopoden;
Liefergebiet: Gotland und Estland (Abb. 36-39).

6. **Baltische Kalke** (Taf. XIX, Fig. 1-2, 4-6): obersilurische Flachwasserkalke;
Unter diesem neuen Terminus fasse ich den größten Teil der früher zum Beyrichienkalk gestellten Handstücke zusammen, da mir meine Besuche in Estland gezeigt haben, dass dieser Geschiebetyp früher zu weitläufig gefasst wurde. So ist der meiste Teil der „Beyrichienkalk"-Funde mit Handstücken aus den Kuressaare- und Kaugatuma-Schichten (Tab. 7) vergleichbar und damit also älter als der echte Beyrichienkalk.
manche Stücke bestehen fast nur aus dem massenhaft auftretenden Brachiopoden *Protochonetes* (Taf. XIX, Fig. 1), aber auch die Rhynchonellide *Microspaeridiorhynchus [Camarotoechia] nucula* ist in einigen Stücken oder auch isoliert häufiger zu finden (Taf. XIX, Fig. 4);
außerdem sind u.a. Ostrakoden und Brachiopoden (Taf. XIX, Fig. 6) sowie Trilobiten (Taf. XIX, Fig. 2), Schnecken und Bryozoen enthalten (Taf. XIX, Fig. 5);
Fischreste sind eher selten;
Liefergebiet: anstehend von Estland bekannt, allerdings dürfte der größte Teil der Geschiebe aus dem Ostseegebiet zwischen Estland und Gotland sowie südlich von Gotland stammen (Abb. 22, 36-39);
eine der häufigsten, fossilreichsten und bekanntesten Geschiebearten.

Tafel XVII (S. 100): Silur:
1: *Monograptus uncinatus* (Graptolith) und *Calymene* sp. (Trilobiten-Kopf- und -Schwanzschild); Grünlichgraues Graptolithengestein, Mittel- bis Obersilur; Vierbergen bei Hamburg; AGH Nr. G 108/40 (ehem. Slg. Kausch); **a:** 1:1; **b:** vergrößerter Ausschnitt (x 2) mit *Calymene*-Kopf- (unten) und -Schwanzschild (oben), Maßstab: 5 mm.
2: *Calymene tentaculata* (Trilobiten-Kopfschild); Grünlichgraues Graptolithengestein, höheres Untersilur; Pätz; AGH Nr. G 108/41 (ehem. Slg. Kausch); 1:1.
3: *Pentamerus borealis* (Brachiopoden); Borealis-Kalk, unteres Untersilur; Segrahner Berg, Holstein; AGH Nr. G 108/42 (ehem. Slg. Kausch); Maßstab: 1 cm.

Tafel XVIII (S. 101): Silur (Segrahner Berg, Holstein):
1: *Halysites catenularia* (Kettenkoralle); AGH Nr. G 108/43 (ehem. Slg. Kausch); **a:** Aufsicht, 1:1; **b:** vergrößerter Ausschnitt (x 2,5) aus der Aufsicht des selben Exemplares, Maßstab: 2 mm; **c:** Seitenansicht eines zweiten Exemplares, 1:1.
2: *Palaeofavosites* sp. (Koralle); AGH Nr. G 108/44 (ehem. Slg. Kausch); Maßstab: 1 cm (Ausschnitt).
3: *Syringopora bifurcata* (Koralle); AGH Nr. G 108/45 (ehem. Slg. Kausch); Maßstab: 1 cm.
4: *Syringophyllum organum* (Koralle); AGH Nr. G 108/46 (ehem. Slg. Kausch); Maßstab: 1 cm.
5: *Crotalocrinites* sp. (Seelilien-Stielglieder); Crinoidenkalk; AGH Nr. G 108/47 (ehem. Slg. Kausch); Maßstab: 1 cm.

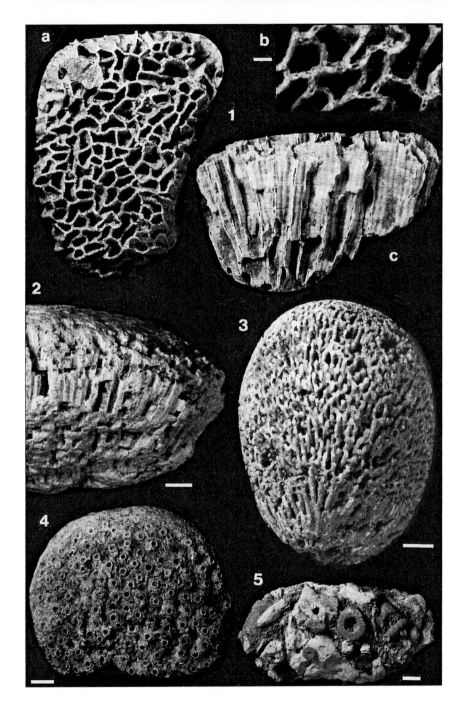

7. **Beyrichienkalk** (Abb. 41; Taf. XIX, Fig. 3): dieser Flachwasservertreter gehört ins obere Obersilur;
grauer bis bläulich-grauer, feinkörniger Kalk in meist kleinen, flachellipsoidischen Stücken, die sehr häufig beyrichiomorphe Ostrakoden (frühere Sammelgattung *Beyrichia*) enthalten, welche sich oft durch eine kakaobraune Farbe vom Gestein abheben;
weitere Ostrakoden und Brachiopoden kommen häufiger vor, während Trilobiten, Schnecken oder Bryozoen seltener sind;
durch Auflösen mittels Essigsäure erhält man eine vielfältige Fischfauna (LIENAU 1980), die aus Hautschuppen, Zähnen und Flossenstacheln besteht (Abb. 41) und den kieferlosen Thelodonti (Hautschuppen) sowie den basalen Knochenfischen Acanthodii (Hautschuppen, Zähne, Flossenstacheln) zuzurechnen ist;
Liefergebiet: sehr ähnliche Gesteine sind anstehend vom Süden Gotlands, von Schonen und den estnischen Inseln bekannt, allerdings dürfte der größte Teil der Geschiebe aus dem Ostseegebiet zwischen Estland und Gotland sowie südlich von Gotland stammen (Abb. 22, 26a, 36-39);
sehr selten ist der anstehend bislang unbekannte Rote Beyrichienkalk, dessen Fischfauna bereits in das unterste Unterdevon gehören soll (GROSS 1967a), während die Ostrakoden noch oberstes Silur anzeigen (HANSCH, persönl. Mitt. 1990).

8. **Öved-Ramsåsa-Sandstein**: oberstes Silur;
Muschelsteinkerne und seltener Leperditien führende rote Sandsteine, welche die beginnenden Regressionen zu Ende des Silur anzeigen;
Liefergebiet: Schonen (Abb. 26a).

9. **Kinnekulle-Diabas** (Taf. XX, Fig. 1): Obersilur;
Während HUCKE & VOIGT (1967: 72) und SMED (1988: 114) von einem permischen Alter ausgehen, spricht HESEMANN (1975: 170) von einer obersilurischen Bedeckung auf Oberem Graptolithenschiefer, was durch WELIN (1980) aufgrund der radiometrischen Bestimmung von Bentonitlagen (Ton-

---

Tafel XIX (S. 102): höheres O-Silur:
1: *Protochonetes striatellus* (Brachiopoden); Baltische Kalke; Schulau bei Hamburg; AGH Nr. G 108/48 (ehem. Slg. Kausch); 1:1 (Ausschnitt).
2: *Acaste dayiana* (Trilobiten-Schwanzschild); Baltische Kalke; Schulau bei Hamburg; AGH Nr. G 108/49 (ehem. Slg. Kausch); 1:1 (Ausschnitt).
3: *Nodibeyrichia tuberculata* (Ostrakode); Beyrichienkalk; Segrahner Berg, Holstein; AGH Nr. G 108/50 (ehem. Slg. Kausch); Maßstab: 1 mm (Ausschnitt).
4: *Microspaeridiorhynchus nucula* (Brachiopoden): a Blick auf die Armklappe, b Blick auf die Stielklappe eines zweiten Exemplares; Baltische Kalke; Elbufer zwischen Wittenbergen und Schulau bei Hamburg; AGH Nr. G 108/51 (ehem. Slg. Kausch); Maßstab: 5 mm.
5: *Ptylodictya lanceolata* (Bryozoe); Baltische Kalke; Schulau bei Hamburg; AGH Nr. G 108/52 (ehem. Slg. Kausch); Maßstab: 1 cm (Ausschnitt).
6: *Craniops antiqua* (Brachiopoden); Baltische Kalke; Kalabrzy (Kolberg), Polen; AGH Nr. G 108/53 (ehem. Slg. Kausch); 1:1 (Ausschnitt).

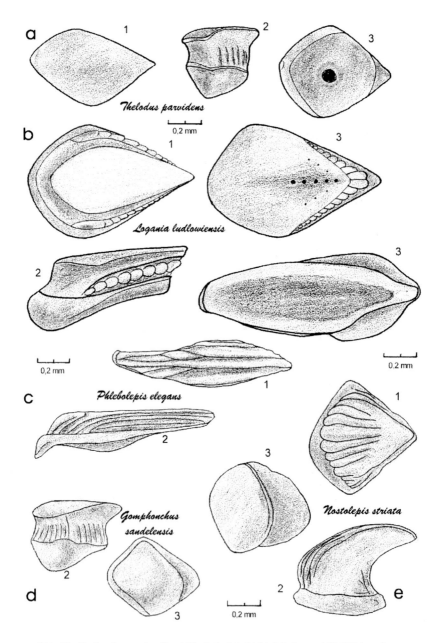

Abb. 41: Fischreste aus dem Beyrichienkalk. **1** Aufsicht. **2** Seitenansicht. **3** Unterseite. **d:** Aufsicht wie bei a. **a – c**: Thelodonti , **d – e**: Acanthodii.

gestein aus stark verwitterten vulkanischen Gesteinen und Aschen) bestätigt wurde. Leider setzt sich diese Erkenntnis trotz meiner Recherchen (LIENAU 1990b: 54) nicht in der neueren Literatur durch (SMED & EHLERS 1994: 126, RUDOLPH 2001a).

feinkörniger Olivindiabas mit cm-großen, diffus umgrenzten, hellen Flecken im angewitterten Zustand, wodurch die Oberfläche oft höckerig und rauh erscheint;
Liefergebiet: anstehend als großflächige, 30 - 40 m mächtige Ergussdecken in Västergötland (Mittelschweden) (Abb. 22).

5.6 Devon

Das von vor 410 bis 355 Millionen Jahre reichende Devon erhielt seinen Namen nach der südwestenglischen Grafschaft Devonshire. Während im Unterdevon mit Brachiopoden (vor allem Spiriferen) gegliedert wird, stellen im Mittel- und Oberdevon die zu den Cephalopoden gehörenden Goniatiten (paläozoische Ammonoideen) die Leitfossilien (Tab. 8). An Mikrofossilien sind besonders Tentakuliten und Conodonten von Bedeutung. Das Devon ist das Zeitalter des großen Nordkontinentes, des **Old-Red-Kontinentes**. Nur hin und wieder kommt es zur Transgression seiner Randbereiche, so daß devonische Meeresfossilien im Geschiebe zu den absoluten Raritäten gehören.

Abb. 42: Süßwasser des Devon (aus LIENAU 1990b).

Devon [Mio.J.]		marine Leitfossilien (Brachiopoden, Goniatiten)	Gliederung	Old Red Kontinent	
				Leitfossilien (Fische)	
[355] Ober-Devon	Famennium	Wocklumeria / Clymenia / Platyclymenia / Cheiloceras	Farlovium (Oberes Old Red)	Phyllolepis	Remigolepis / Holoptychius / Bothriolepis
	Frasnium	Manticoceras		Psammosteus falcatus / megalopteryx / meandricus	
				Psammolepis undulata / paradoxa	Asterolepis
Mittel-Devon	Givetium	Maenioceras	Orcadium (Mittleres Old Red)	Pycnosteus / Schizosteus	Byssacanthus
	Eifelium	Anarcestes			
Unter-Devon	Emsium	Euryspirifer paradoxus / pellicoi	Breconium (Unteres Old Red)	dunensis (cornubica)	Drepanaspis
	Siegenium	Acrospirifer primaevus		Pteraspis (s. l.) leachi	
	Gedinnium	Delthyris dumontiana / elevata	Dittonium (Unteres Old Red)	crouchi / rostrata / leathensis / Traquairaspis	Cephalaspis
[410]					

Tab. 8: Devon (verändert nach LIENAU 1990b; dort kombiniert

Old Red Kontinent — Russische Tafel — Podolien (bis Eifelium)/Baltikum (ab Givetium)			Geschiebe	
h	Sandsteine "Bunte Serie"		Estherienkalke und -dolomite	
g	Dolomite (kontinental – lagunär – marin)		Dolomit mit *Platyschisma*	
f	Sandsteine und Tone			
e		Pamushi-Lovat-Ammul	marine Kalke und Dolomite mit Brachiopoden (meist Spiriferen)	
d		Buregi		
c		Shelon-Ilmen		
b_{2-4}		Pskow-Tchudow		
b_1		Snetogor	Geschiebe mit Salzmalen	
a_4		Podsnetogor (Amata)		
a_3		Gauja (Oredesch)		
a_2		Burtniki / Arakula } Tartu-Luga	Sandsteine, Mergel und Dolomite der Old-Red-Fazies	Kugelsandsteine
a_1		Narowa / Pernau (Pärnu)		
Lopushan-Schichten				
Dnjestr-Serie			Kalksandstein-Geschiebe mit Psilophyten	
Ivane-Chortkov-Schichten			Konglomerat-Geschiebe mit Fischresten	
Borshchov-Schichten				

nach BRINKMANN & KRÖMMELBEIN 1977 und HUCKE & VOIGT 1967).

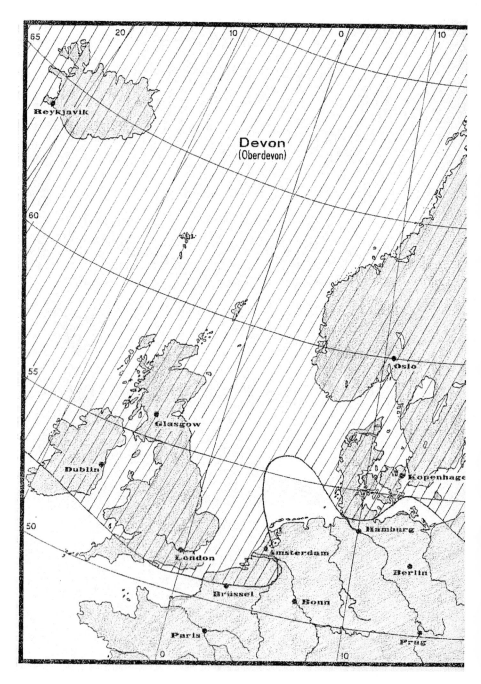

Abb. 43: Paläogeographie des nordeuropäischen

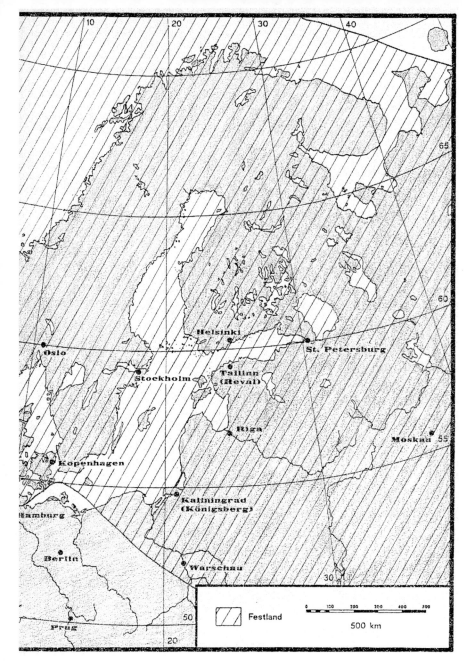

Oberdevon (aus LIENAU 1992c).

Da der Old-Red-Kontinent den größten Teil der Liefergebiete einnimmt (Abb. 43), sind auch die devonischen Geschiebefunde durch vorwiegend **Sandsteine** gekennzeichnet. Diese seltenen, altersmäßig nur schwer zu bestimmenden Sandsteine (Taf. XX, Fig. 3) wurden auf dem Land und in Seen abgelagert (Abb. 42). Sie enthalten selten **Süßwasserfischreste** wie Panzerfische (Taf. XX, Fig. 2; Taf. XXII, Fig. 2), Lungenfische oder Quastenflosser und manchmal lagenweise angereicherte **Conchostraken** (Blattfußkrebse) wie *Asmussia* und *Preleaia* (Taf. XXI, Fig. 4). **Marine Kalke** mit Brachiopoden (Taf. XXI, Fig. 1; Taf. XXII, Fig. 1) oder Schnecken (Taf. XXI, Fig. 2-3) sind noch viel seltener.

1. Kugelsandsteine (Taf. XX, Fig. 4): Mitteldevon;

weiße, graue, rotbraune oder grünliche Konkretionsbildungen aus Old-Red-Sandsteinen, die durch Kalzium-, Magnesium- oder Eisenkarbonat infiltriert wurden, wobei um 5 mm große Kugeln dieser Minerale entstanden, die vereinzelt oder zu Gruppen verbunden auftreten;

Liefergebiet: Old-Red-Kontinent (Abb. 22, 36, 38, 43).

2. Estherienkalke und -dolomite (Taf. XXI, Fig. 4): Oberdevon;

dichte, leicht mergelige, graue Kalke oder Dolomite mit lagenweiser Anhäufung von Estherien-Schalen (millimetergroße Blattfußkrebse, die im Süßwasser leben);

Liefergebiet: sehr ähnliche Gesteine sind anstehend von Lettland bekannt (Abb. 38);

aus dem Geschiebe bislang nur aus der Umgebung von Hamburg und Berlin nachgewiesen.

Tafel XX (S. 111): O-Silur bis M-Devon:
1: Kinnekulle-Diabas; Obersilur; Heiligenhafen, Ostsee; AGH Nr. G 108/54 (GPIMH); 1:1.
2: Sandstein mit Panzerfischresten; Mitteldevon; Fundort unbekannt; AGH Nr. G 108/55 (GPIMH); 1:1.
3: Sandstein; Devon; Vastorf bei Lüneburg; Slg. Lienau (Hamburg); Maßstab: 1 cm (Ausschnitt).
4: Kugelsandstein; Mitteldevon; Süseler Baum, Holstein; AGH Nr. G 108/56 (ehem. Slg. Bücher); 1:1.

Tafel XXI (S. 112): O-Devon:
1: Brachiopoden-Steinkerne; Groß Pampau bei Schwarzenbek, Holstein; Leihgabe Slg. Brügmann (Hamburg); Maßstab: 1 cm.
2: *Murchisonia* sp. (Schnecken-Steinkerne); Vastorf bei Lüneburg; Slg. Brügmann (Hamburg); Maßstab: 1 cm.
3: *Platyschisma kirchholmiensis* (Schnecken-Steinkerne); Vastorf bei Lüneburg; Slg. Brügmann (Hamburg); 1:1 (Ausschnitt).
4: *Asmussia membranacea* und *Preleaia* sp. (Conchostraken); Estherienkalk; Schulau bei Hamburg? (Fundort nach Erinnerung, Etikett-Verlust durch den Krieg); AGH Nr. G 108/57 (GPIMH); **a** Ausschnitt; **b** vergrößerter Ausschnitt (x 2,5) mit *Preleaia* sp.; Maßstab: 2 mm.

Tafel XXII (S. 113): O-Devon:
1: *Cyrtospirifer* sp. (Brachiopoden); Schulau bei Hamburg; AGH Nr. G 108/58 (GPIMH); Maßstab: 1 cm.
2: *Bothriolepis* cf. *panderi* (Panzerfischrest): **a** Innenabdruck mit Knochenresten; **b** Knocheninnenseite mit Abdrücken der Oberflächenskulptur des Knochens; Brodtener Ufer bei Travemünde, Ostsee; AGH Nr. G 108/59 (GPIMH); 1:1 (Ausschnitte) [Original zu GROSS 1965].

[Mio J.]	Karbon			Leitfossilien		
			Goniatiten	Productiden	Pflanzen	
[295]		C	*Schistoceras* — *Uddenites*			
	Stephanium	B	*Prouddenites*		*Sphenophyllum verticillatum*	*Callipteridium pteridium*
		A	*Eothalassoceras*	*Productus (Linop.) cora*	*Annularia stellata*	
Ober-Karbon (Silesium)		D	*Gastrioceras* — *Anthracoceras*		*Pecopteris polymorpha*	
	Westfalium	C			*Neuropteris ovata*	
		B			*Neuropteris attenuata*	
		A	*Hudsonoceras*		*Neuropteris schlehani*	
		C			*Mariopteris obliqua*	
	Namurium	B	*Reticuloceras*		*Mariopteris muricata*	
		A	*Eumorphoceras*		*Mariopteris acuta*	
					Florensprung *Sphenopteris adiantholdes*	
Unter-Karbon (Dinantium)	Viséum	CU III	*Goniatites* — *granosus* *striatus* *crenistria*	*Productus latissimus* *Gigantoproductus giganteus*		
		CU II	*Ammonellipstites*	*Productus hemisphaericus* *Productus (Pustula) mesolobus* und *Dictyoclostus semireticulatus*	*Asterocalamites* und Archaeopteridae	
	Tournaisium	CU I	*Gattendorfia*	*Productus (Avonia) niger*		
[355]						

Tab. 9: Karbon (verändert nach LIENAU 1990b; dort kombiniert nach BRINKMANN & KRÖMMELBEIN)

Fazies-Entwicklung			Geschiebe
NW-Europa	Rügen	Oslograben	
Red Beds (Rotsedimente)	Red Beds (Rotsedimente)		flözführendes Oberkarbon
paralisch und/oder Kohlen	paralisch und/oder Kohlen	marin mit fusuliniden Foraminiferen	
marin mit fusuliniden Foraminiferen	marin mit fusuliniden Foraminiferen		Karbonhornsteine (Lydit) oder Kohlenkalke mit Productiden

1977, KRUMBIEGEL & KRUMBIEGEL 1981, BERGSTRÖM et al. 1985 und HUCKE & VOIGT 1967).

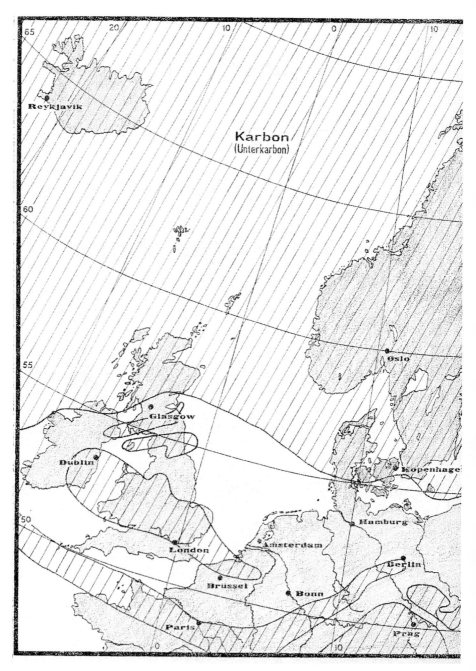

Abb. 44: Paläogeographie des nordeuropäischen

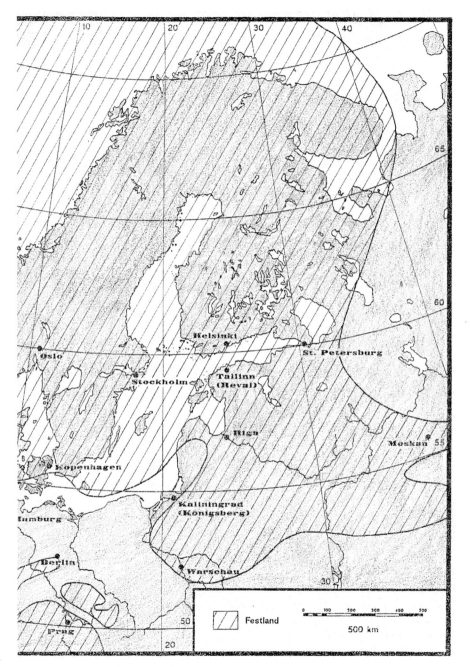

Unterkarbon (aus LIENAU 1992c).

5.7 Karbon

Das von vor 355 bis 295 Millionen Jahre reichende Karbon wird auch als **Steinkohlenzeit** bezeichnet. Als Leitfossilien werden im marinen Milieu Goniatiten und Conodonten, ergänzt durch Foraminiferen, Korallen, Trilobiten sowie Brachiopoden, und in Süßwasserablagerungen Pflanzen sowie Muscheln herangezogen (Tab. 9). So ist auch das Karbon in Nordeuropa durch festländische Bildungen gekennzeichnet. Nur die >**Königsberger Bucht**< im Unterkarbon (Abb. 44) und der Entwicklungsbeginn des **Oslograbens** (Abb. 47) im Oberkarbon lieferten extrem seltene Meeresfossilien (Abb. 45) – meist Brachiopoden (Armfüßer). Im Bereich der norwegischen Hauptstadt Oslo entstand nämlich ein kontinentales Rift-Valley (Anfangsstadium eines mittelozeanischen Rückens).

Früher galt das Vorkommen von Karbongeschieben als unwahrscheinlich. Seitdem aber anstehendes Karbon im Oslogebiet (Abb. 46) entdeckt worden ist (BERGSTRÖM et al. 1985), muss mit karbonischen Geschieben gerechnet werden (Tab. 9). Daher und aufgrund der Paläogeographie des Unterkarbon (Abb. 44) dürften auch die Funde des karbonischen Brachiopoden *Productus* (HUCKE & VOIGT 1967: 71, VOIGT 1968) echte Geschiebefunde darstellen (Taf. XXIII).

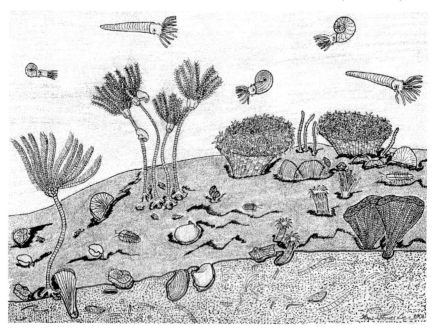

Abb. 45: Meer des Unterkarbon.

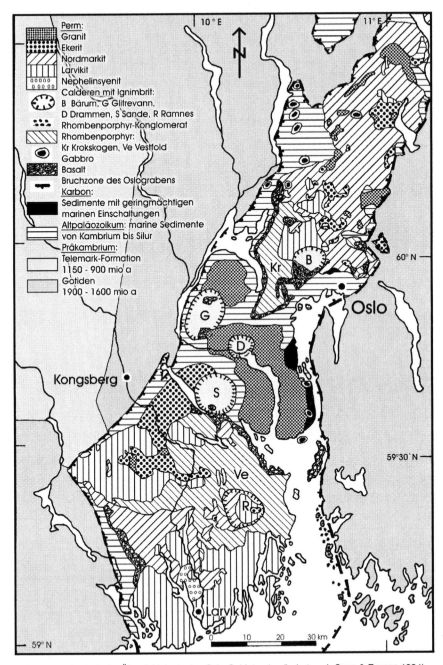

Abb. 46: Geologische Übersichtskarte des Oslo-Gebietes (verändert nach SMED & EHLERS 1994).

5.8 Perm

Der Name des von vor 295 bis 250 Millionen Jahre reichenden Perm stammt von einem russischen Gouvernement gleichen Namens, welches durch verschiedenste bunte Ablagerungen gekennzeichnet ist. Die Untergliederung in Rotliegend und Zechstein erfolgte im Mansfelder Revier (Sachsen-Anhalt). Im marinen Milieu stellen Foraminiferen, Ammoniten, Brachiopoden sowie Conodonten und an Land Pflanzen sowie Fährten von Amphibien und Reptilien die wichtigsten Leitfossilien. Das Perm ist vor allem eine Zeit der **Salzbildungen**.

Im unteren Perm, dem Rotliegenden, finden wir weiterhin kontinentale Bedingungen und damit kaum eindeutig zuordbare Sedimente. Die weitere Entwicklung des Oslograbens (Abb. 47) macht sich durch **Vulkanismus** bemerkbar (Rhombenporphyre, Ignimbrite). Daher ist das Perm im Geschiebe vor allem durch Vulkanite des Rotliegenden wie z.b. **Melaphyre, Oslo-Ignimbrite** und **Rhombenporphyre** vertreten (Tab. 10). Sedimentäre Geschiebe sind meist als Lokalgeschiebe auf die Nähe der Salzstöcke Norddeutschlands beschränkt. Ein Geschiebe unsicheren Alters, das **Postsilurische Konglomerat**, ist vermutlich in das höhere Perm oder eventuell auch in die Trias zu stellen. Die Entwicklung des Zechsteinmeeres (Abb. 48) mit seinen Salzfolgen hinterließ überwiegend in Wasser lösliche Gesteine (Salze), die deshalb im Geschiebe nicht zu finden sind.

1. Rhombenporphyre (Taf. XXIV, Fig. 1): Rotliegendes;
Porphyre mit feinkörnig-dichter, dunkelgrau bis leuchtend roter Grundmasse und bis cm-großen, zumeist spitzrhombischen Feldspateinsprenglingen aus Oligoklas bis Andesin, die mit Anorthoklas ummantelt und durchsetzt sein können;
Liefergebiet: Oslo-Graben (Abb. 46);
häufiges Geschiebe, wobei die Häufigkeit von West nach Ost soweit abnimmt, dass es in Vorpommern kaum gefunden wird.

2. Oslo-Ignimbrite: ob. Zechstein (ca. 250 Mio. J.);
diese auch als „Schweißtuffe" bezeichneten Vulkanite erstarrten aus herabsinkenden Glutwolken und sind vor allem an flachgedrückten, manchmal glasig wirkenden Bimssteinschlieren zu erkennen. Daneben befinden sich in der extrem feinkörnigen Grundmasse an Porphyroblasten (Einsprenglingen) meist Feldspäte und seltener Quarz sowie Gesteinsbruchstücke, so dass die Ignimbrite leicht mit vielen Porphyren zu verwechseln sind;

Tafel XXIII (S. 120): Karbon:
1: *Dictyoclos [Productus] semireticulatus* (Brachiopoden); Boberg bei Hamburg; AGH Nr. G 108/60 (ehem. Slg. Bücher); **a:** Aufsicht; **b:** Blick auf die Schlossregion des selben Exemplares; **c:** Aufsicht eines zweiten Exemplares; 1:1.
2: *Gigantoproductus* ex gr. *gigantoides* (Brachiopode); Sandesneben, Holstein; AGH Nr. G 108/61 (ehem. Slg. Kausch); **a:** Seitenansicht; **b:** Aufsicht; 1:1 (Abguss). [Original zu VOIGT 1968: Taf. 21]

Perm [Mio.J.]	Leitfossilien (Pflanzen)	Vulkanismus in Skandinavien (vorwiegend Oslograben)
[250] Ober-Perm (Zechstein)	*Pseudovoltzia* und *Ullmannia*	
Unter-Perm (Rotliegendes) — Saxonium / Autunium [295]	*Lebachia* / *Callipteris*	Rhyolite Trachyte Rhombenporphyre Alkalibasalte (Melaphyre)

Tab. 10: Perm (verändert nach LIENAU 1990b; dort kombiniert nach

Grundmasse graubraun, schwarz oder schwarzblau bis violett, Schlieren wenig ausgeprägt, dünn und meist hell, kantige Porphyroblasten aus Kalifeldspat (gelb bis hellbräunlich), Plagioklas (weiß) und seltener Quarz (grau) sowie Gesteins-Bruchstücke unterschiedlicher Menge und Größe;
oft schwer von den präkambrischen Schwedischen Ignimbriten zu unterscheiden;
Liefergebiet: Oslo-Graben (Abb. 46).

3. **Postsilurische Konglomerate** (Taf. XXIV, Fig. 2): Alter unsicher, entweder höheres Perm oder Obertrias;
leicht zerfallendes, dunkelrotbraunes, Quarzkörner führendes Gestein mit eckigen bis gut gerundeten, bis zu ca. 20 cm großen Geröllen aus u.a. Sandstein, Quarzit, Tonschiefer, Quarzporphyr, Diabas, Gneis und Rotem Beyrichienkalk;
Bindemittel nur aus Kalzit, wobei dieser aber durch Toninfiltration und darauf folgende Eisenhydrolyse rötlich bis bräunlich gefärbt sein kann;
Liefergebiet: nicht bekannt.

4. **Achate**: Alter unsicher;
da die meisten Achate des Anstehenden dem Rotliegenden angehören, sollen die Geschiebe-Achate auch an dieser Stelle genannt sein, obwohl es sich gezeigt hat, dass eine sedimentäre Entstehung vieler Geschiebe-Achate wahrscheinlicher ist (v. HACHT, persönl. Mitt. 1990).

Fazies-Entwicklung (N-Deutschland, Dänemark, z.T. Oslograben)			Geschiebe
Z 4	Aller-Folge	Kalke, Dolomite, Anhydrite und Salze der 4 Eindampfungszyklen	Oslo-Ignimbrite
Z 3	Leine-Folge		
Z 2	Staßfurt-Folge		
Z 1	Werra-Folge	Basis: { Kupferschiefer / Zechstein-Konglomerat	Postsilurische Konglomerate?
marines Rotliegend mit Anhydrit und Steinsalz			
rote Sandsteine mit Pflanzenresten und Fischen, in die von N her eingewehter Wüstenstaub und hin und wieder auch Salze eingeschaltet sind			Rhombenporphyre Achate?

BRINKMANN & KRÖMMELBEIN 1977 und HUCKE & VOIGT 1967).

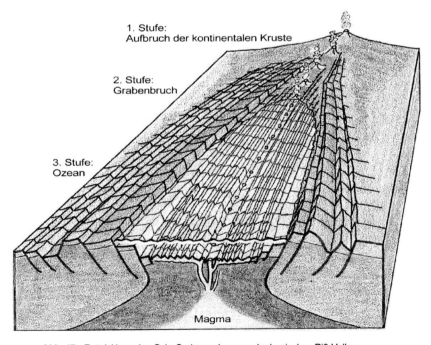

Abb. 47: Entwicklung des Oslo-Grabens als permo-karbonisches Rift-Valley.

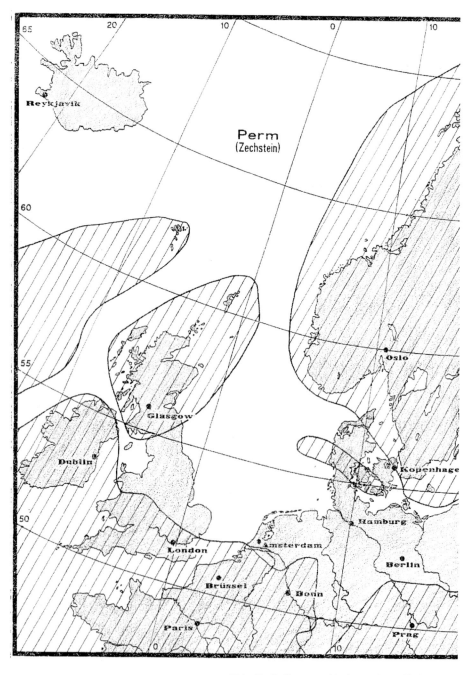

Abb. 48: Paläogeographie des nordeuropäischen

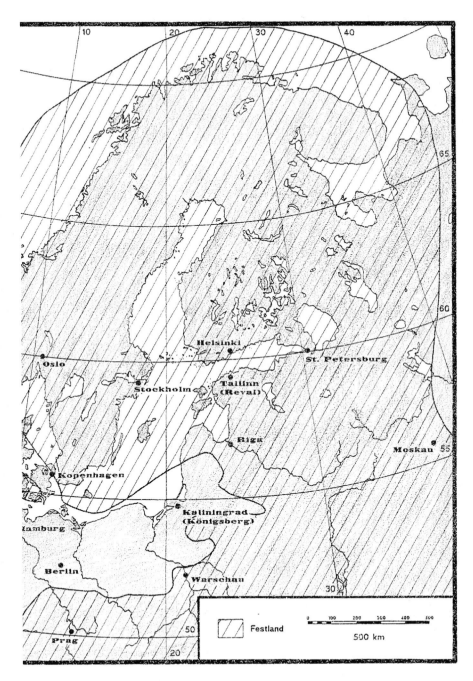

Zechstein (aus LIENAU 1992c).

5.9 Trias

Mit der Trias beginnt das Mesozoikum (Erdmittelalter). Sie reicht von vor 250 bis 203 Millionen Jahre und erhielt ihren Namen nach der Dreiteilung der Sedimente in der sogenannten Germanischen Ausbildung wie sie auch in den Liefergebieten unserer Geschiebe zu finden ist. Diese stark kontinental beeinflusste Fazies gliedert man in Buntsandstein, Muschelkalk und Keuper. Dazu werden als Leitfossilien Muscheln, die zu den Ammonoideen gehörenden Ceratiten und seltener auch Pflanzen sowie bei den Mikrofossilien Conodonten und Ostracoden herangezogen.

Die Verlandung der Flachwasserbecken hatte in Nordeuropa bis in den **Buntsandstein** Bestand (Abb. 49). Erst im **Muschelkalk** erfolgten erneute Transgressionen bis nach Norddeutschland (Abb. 50) unter Bildung übersalzener, epikontinentaler Flachmeere, die durch extrem spezialisierte Faunen gekennzeichnet sind (Abb. 51), welche sehr selten im Geschiebe nachgewiesen werden können. Der **Keuper** ist regressiv geprägt; typische Meeressedimente fehlen daher im Geschiebe.

Abb. 49: Landschaft des Buntsandstein (aus LIENAU 1990b).

Tafel XXIV (S. 126): Perm:
1: Rhombenporphyr; Rotliegendes; Ahrensburg bei Hamburg; AGH Nr. G 108/62 (GPIMH); Maßstab: 1 cm.
2: Postsilurisches Konglomerat; Zechstein?; Ahrensburg bei Hamburg; AGH Nr. G 108/63 (GPIMH); Maßstab: 1 cm.

[Mio.J.]	Trias			Leitfossilien (Ceratiten, Muscheln u.a.)		Schonen
[203]						
Keuper	Oberer (ko) (Rhätium)		Rhätium	*Rhaetavicula contorta*		Gruv-Schichten (mit Steinkohlen)
						Vallåkra-Schichten (Tone mit Toneisenstein-knollen und grünliche Sdst.)
	Mittlerer (km)	4	Norium			Kageröd-Schichten (rote Konglomerate, Arkosen, Sandsteine, Tone und Schiefertone)
		3				
		2	Karnium	*Costatoria goldfussi* (häufig)		
		1				
	Unterer (ku)					
Muschelkalk	Oberer (mo)	3	Ladinium	*Discoceratites*		
		2		Ceratites: *nodosus similis enodis / laevigatus spinosus evolutus compressus*		
		1		(*Paraceratites*) *robustus pulcher atavus*		
	Mittlerer (mm)			*Diplopora annulatissima*		
	Unterer (mu)	2	Anisium	*Judicarites* und *Neoschizodus orbicularis*		
		β		*Decurtella decurtata*		
		1		*buchi*	*Dadocrinus* und *Myophoria vulgaris*	
		α				
Buntsandstein	Oberer (so) (Rötium)	4	Skythium	*Beneckeia*		
		3				
		2		*tenuis*	*Costatoria costata*	
		1				
	Mittlerer (sm)			*Gervillia murchisoni*		
	Unterer (su)		[Alpine Trias]			
[250]						

Tab. 11: Germanische Trias (verändert nach LIENAU 1990b; dort kombiniert nach

Fazies-Entwicklung (Untergrund Schleswig-Holsteins)	Geschiebe
bunte, tonige Letten sowie graue Tone und Tonsteine mit Einschaltungen von Sandsteinbänken und mit einem schwarzen marinen Schiefer im Mittelrhätium	Rhätolias-Geschiebe (Sphärosiderite)
bunte, dolomitische, anhydritführende Tonsteine, Tonmergel oder Steinmergel mit bis zu 300 m mächtigem Steinsalzlager	Postsilurische Konglomerate?
bunte, teils dolomitische Tonsteine mit Einschaltungen von Anhydritknollen und Feinsandlagen	Steinmergelgeschiebe mit *Promathilda* Konglomeratischer Kalk mit Bonebed
grünlich-graue Tonmergel mit dünnen Feinsandlagen und glaukonitischen Kalksandsteinbänken	Trigonodus-Dolomit und andere Muschelkalkgeschiebe der Ceratitenschichten
rotgefärbte Mergel und blaugraue Tone mit Einschaltungen von Salz, Dolomit und Anhydrit oder Gips	
Wechsellagerung von grauen Kalksteinbänken und Mergelsteinlagen (Wellenkalk)	Muschelkalkgeschiebe des Wellenkalkes
roter Mergel mit knolligem Gips, Steinsalzpseudomorphosen und Einschaltungen von Salz	
ziegel- bis weinrote Mergelkalke und Tonmergel braunrote, glimmerhaltige Tongesteine und fein- bis mittelkörnige Sandsteine	
Sande und Tone mit feinen Rogensteinen im oberen Bereich und Einschaltungen von Anhydrit-Knauern	Rogensteine

BRINKMANN & KRÖMMELBEIN 1977, GRIPP 1964b und HUCKE & VOIGT 1967).

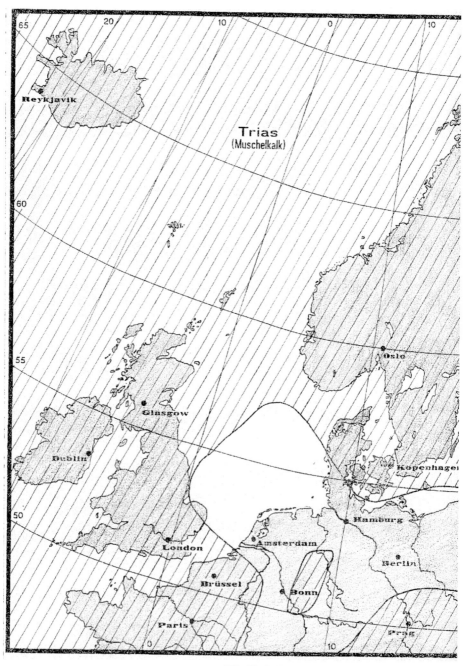

Abb. 50: Paläogeographie des nordeuropäischen

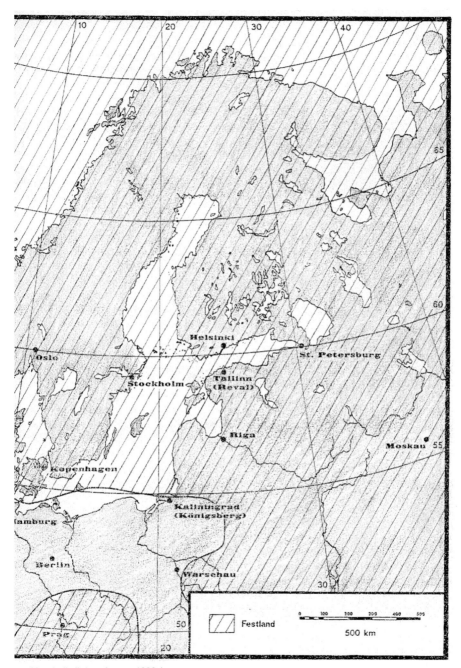

Muschelkalk (aus LIENAU 1992c).

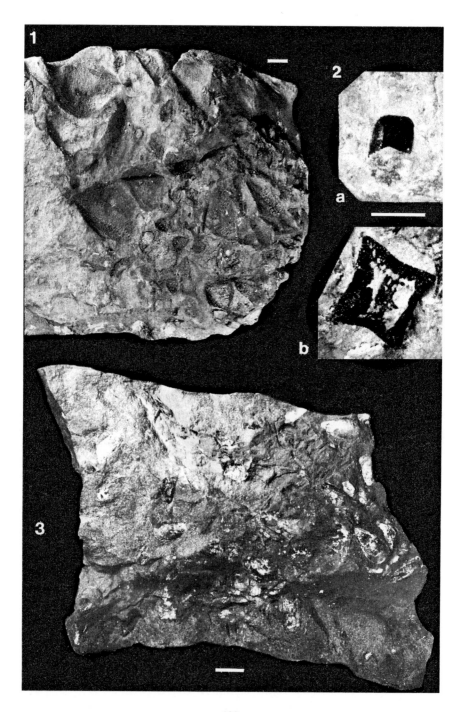

Triasgeschiebe sind meist selten, aber oft auch schwer zu erkennen. Die meisten Funde gehören in den Muschelkalk (Tab. 11). Die Fauna in den **Muschelkalkgeschieben** besteht aus Muscheln, Schnecken und Brachiopoden, die oft in Steinkernerhaltung vorliegen. Einige Stücke enthalten eine größere Menge kleinerer Wirbeltierreste wie Zähne und Schuppen von Fischen.

1. **Rogensteine**: unterer Buntsandstein;
oolithische Kalke mit bis zu 3 mm im Durchmesser erreichenden Ooiden;
Liefergebiet: Ostseeraum südlich Schonen und Bornholm (Abb. 36) oder die Flanken norddeutscher Salzstöcke;
verbreiteter Baustein, weshalb viele Funde mit Vorsicht zu bewerten sind.

2. **Muschelkalkgeschiebe** (Taf. XXV, Fig. 1-2): unterer u. oberer Muschelkalk;
mehr oder weniger dichte, meist graue, z.T. gelb verwitternde Kalke mit als Steinkern erhaltenen Muscheln und seltener Schnecken sowie mit der Brachiopode *Coenothyris vulgaris* in Schalenerhaltung;
ziemlich selten sind Handstücke mit Wirbeltierresten (vorwiegend Fischzähne und -schuppen), die dann oft gehäuft auftreten, aber meist erst durch Auflösen des Gesteins mittels Essigsäure zum Vorschein kommen;
einige Stücke besitzen eine große Ähnlichkeit mit den obersilurischen Baltischen Kalken;
Liefergebiet: Ostseeraum südlich Schonen und Bornholm (Abb. 36), eventuell auch von den Flanken der norddeutschen Salzdiapire.

3. **Rhätolias-Geschiebe** (Taf. XXV, Fig. 3): oberste Trias bis unterster Jura;
es sind dunkelbraune bis rötliche, sideritische Konkretionen (Sphärosiderite), die vermutlich hauptsächlich in Lagunen oder flachen Meeresbuchten entstanden sind;
sie enthalten Pflanzenreste und Muscheln, sehr selten auch Insektenreste (ANSORGE 1990);
Liefergebiet: vermutlich Schonen und Bornholm (Abb. 26).

Tafel XXV (S. 132): Trias:
1: *Myophoria* sp. (Muschelabdrücke); Muschelkalk; Reinbek bei Hamburg; AGH Nr. G 108/64 (GPIMH); Maßstab: 1 cm (Ausschnitt).
2: Fischreste: **a** Schuppe, **b** Wirbel; Muschelkalk; Katharinenhof, Fehmarn; AGH Nr. G 108/65 (GPIMH); Maßstab: 5 mm (Ausschnitte).
3: *Mytilus* sp. (Miesmuscheln); Rhätolias-Geschiebe; Dwasieden, Rügen; Slg. Lienau (Hamburg); Maßstab: 1 cm.

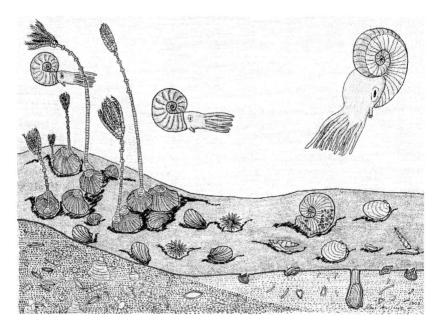

Abb. 51: Meer des Muschelkalk.

5.10 Jura

Der Schweizer Jura ist Namen gebend für den von vor 203 bis 135 Millionen Jahren reichenden Jura. Die Gliederung richtet sich vorwiegend nach der Ausbildung der Gesteine. So besteht der untere oder Schwarze Jura (Lias) aus vorwiegend dunklen Tonen, Mergeln und Kalken, der mittlere oder Braune Jura (Dogger) aus eisenschüssigen Sandsteinen, Mergeln und Kalken und der obere oder Weiße Jura (Malm) aus meist hellen Kalken. Als Leitfossilien dienen Ammoniten, Belemniten sowie Brachiopoden und bei den Mikrofossilien Foraminiferen und Ostrakoden.

Mit Beginn des **Lias** setzt wieder eine Transgressionsphase ein und die Küstenlinie wandert über Südskandinavien nordwärts. Liegen aus dieser Zeit vorwiegend sandige, küstennahe Sedimente mit eingeschwemmten Pflanzenresten vor, so lieferte die weitere Entwicklung fossilreiche Meeressedimente mit Ammoniten und anderen Salzwasserbewohnern (Abb. 52-53), die selten auch im Geschiebe zu finden sind. Der **Dogger** zeigt die meiste Zeit leichte Regressionstendenzen mit ausgeprägter Inselbildung im nördlichen Mitteleuropa (Abb. 54), während gegen Ende eine kurze, aber recht weite Transgression stattfand. Der Malm ist zwar in weiten Teilen Europas kontinental geprägt, aber Skandinavien wurde teilweise überflutet. Dabei entstanden auch Riffkomplexe, die aber nie so ausgeprägt wurden wie die süddeutschen (z.B. Altmühltal).

Abb. 52: Meer des Lias (aus LIENAU 1990b).

Abb. 53: Lebensbild des Lias der Ahrensburger Geschiebesippe (nach LIENAU 1997b; umgezeichnet nach LEHMANN 1976).

[Mio.J.]	Jura			Pommern, Mecklenburg		Bornholm	
				Lokalgliederung	Anstehend bei:		
[175]	Unter-Jura (Lias)	Toarcium	Oberes ζ		Lebbin (Wollin, Karziger Ufer)		
			Unteres ε	unbekannte Bohrungen in Bohrungen	Grimmen Dobbertin		
		Pliensbachium	Domerium δ		Dobbertin	Hasle-Formation	eisenschüssiger Hasle-Sandstein mit *Beaniceras centaurus bornholmiensis* (Myoconcha-Bank)
			Carixium γ				
		Sinemurium	Lotharingium β			Rønne-Formation	Schieferton, Ton und Sand mit Kohlen
			α₃				Sande und Tone
		Hettangium	α₂				
			α₁				Schichten mit *Cardinia follini* Thaumatopteris-Flora
[203]							

Tab. 12: Lias (verändert nach LIENAU 1990b;

Schonen: Serie	Schonen: NW- und Mittel-Schonen	Schonen: SE-Schonen	Geschiebe	
		eisenschüssiger Sandstein mit Siderit- und Chamosit-Oolith (bis Ende Dogger γ)	Radiosa-affinis-Oolith brauner, phophoritführender Kalksandstein mit *Grammoceras striatulum* graue Kalksandsteine mit *Gr. striatulum* (Jüngeres Fischgrätengestein)	
	Bröckeltone der Bohrung Wilhelmsfält		graue, sandige Mergelkalke mit *Dactylioceras commune* hellgraue Kalksandsteine mit Fischresten (Älteres Fischgrätengestein) fossilarmer "Ruinendolomit" Kalk-Konkretionen mit *Eleganticeras elegantulum* (Ahrensburger Liasknollen) graublaue und graugrüne Mergelkalke Kalk-Konkretionen mit *Tiltoniceras acutum*	
			Konkretionen mit *Pleuroceras spinatum*, *Pseudoamaltheus engelhardti* und Holzresten Kalksandstein mit *Pleuroceras spinatum* und *Pseudoamaltheus engelhardti* Sandstein mit *Amaltheus margaritatus*	
	Sandstein von Brandsberga und Kolleberga (Mittel-Schonen)		Sphärosiderit mit *Androgynoceras capricornu* Sphärosiderit mit *Beaniceras centaurus bornholmensis*	Rhätolias-Geschiebe
Katlösa-Serie	Aequivalvis-Zone Cypriniformis-Zone	Sandsteine und Tone mit *Uptonia jamesoni* Cardium-Bank	Sphärosiderit mit *Uptonia jamesoni* und *Avicula (Oxytoma) inaequalis*	
	Alveolatus-Zone Pankarpslager		eisenschüssiger Sandstein mit *Tancredia johnstrupi*	
Döshult-Serie	Myacid-Bank Ammonitenbank Avicula-Bank		Sphärosiderit mit *Arietites bucklandi* lose Funde von *Gryphea arcuata* Sphärosiderit mit Pflanzenresten und *Tancredia securiformis*	
Ob. Hälsingborg-Serie	enthält unter anderem: Ostrea-Bank Pullastra-Bank Cardinia-Bank		Sandstein mit *Ostrea (Liostrea) hisingeri*	
Untere Hälsingborg-Serie	Mytilus-Bank *Liostrea hisingeri* und Thaumatopteris-Flora	Sand und Ton mit Rodelsberg- und Munka-Tagarps-Flora	Sandstein mit *Pseudomonotis gregaria* Sandstein mit *Ostrea nathorsti*	
	Höör-Sdst. (Mittel-Schonen)		Höör-Sandstein und -Arkose	

dort verändert nach HUCKE & VOIGT 1967).

	Jura [Mio.J.]			Pommern, Mecklenburg		Bornholm
				Lokalgliederung	Anstehend bei:	
[135]		U-Purbeckium				
Ober-Jura (Malm)	Tithonium	ζ	Profil von Zarnglaff	Oolithische Kalke mit Hornstein Kalke und Mergel Aucellenbank Tonmergel	Schwanteshagen	
	Kimmeridgium	ε		sandige Tonmergel dolomitischer Grünsandstein	Bartin	
		δ				
		γ		Korallen- und Nerineenkalk oolitischer Kalk mit *Pteroceras oceani*; Natica-Mergel Pholadomyenkalk	Fritzow, Tribsow Schwenz (Schollen)	
	Oxfordium	β		Nerineenkalk mergeliger Kalk fester, gebankter Kalk		
		α		Sand-Oolith mit Kalk- und Tonbänken	Klemmen	
Mittel-Jura (Dogger)	Callovium	ζ		sandige Tone, Kalksandsteine	Popilany (Litauen)	
	Bathonium	ε		sandiger Ton und Sandstein	Schollen b. Soltin	Bagå-Formation: Tone mit Pflanzen Tone und Sande mit Kohle
	Bajocium	δ		sandiger Ton und Sphärosiderit	Kammin	
		γ		in Bohrungen bekannt		
	Aalenium	β				
[175]		α				

Tab. 13: Dogger und Malm (verändert nach LIENAU 1990b;

Schonen		Geschiebe
NW- und Mittel-Schonen	SE-Schonen	
Ton und Sand der Bohrung Katlösa	grüne, bröckelige Vitabäcktone mit brackisch-mariner Fauna	Serpulit-Geschiebe
		Portland-Geschiebe *Geschiebe vom Hirtshals-Typ*
		Hornstein-Geschiebe
		Geschiebe mit *Osognomon bouchardi* (Jütland)
	Glassand und Kaolin-Tone mit der Flora von Eriksdal	Kalkmergel mit *Exogyra virgula*
		weißer Kalk mit *Anisocardia parvula* und *Provirgatites compressodorsatus*
		graue Kalkmergel mit *Exogyra virgula* und *Rhynchonella pinguis*
		Sandstein mit *Cardioceras cricki*
		blaugrauer, poröser Kalk mit Glaukonit (Fritzower Kalk)
		oolithischer Kalk mit *Nerinea fasciata*
		oolithischer Kalk mit *Perisphinctes virgulatus*
		lose *Thamnasteria concinna*
		eisenreiche Sandsteine mit *Cardioceras alternans*
		eisenkarbonatische Sandsteine mit *Cardioceras cordatum*
		Sandsteine und Mergel-Konkretionen mit *Cardioceras tenuicostatum*
	Sand und Ton (kohleführend) mit der Flora von Kurremölla	Kelloway-Geschiebe (Auswahl):
		dunkle Mergel-Konkretionen und Sandstein mit *Quenstedtoceras lamberti*
		feinsandige Kalksandsteine mit Eisenooiden und *Kosmoceras lithuanicum*
		eisenoolithische Kalksandsteine mit *Kosmoceras castor*, Kalksdst. m. *K. jason*
		Kalksandstein mit *Macrocephalus*
	eisenschüssiger Sand	Aspidoides-Oolith und Eisenoolith mit *Pseudomonotis echinata*
		Sandstein mit *Parkinsonia*
		Sphärosiderit mit *Spiroceras bifurcati*
		Sphärosiderit mit *Garantiana garantiana*
		Sphärosiderit mit *Stephanoceras (Metaxytes)*
	eisenschüssiger Sandstein mit Siderit- und Chamosit-Oolith (ab Beginn Lias δ)	

dort verändert nach HUCKE & VOIGT 1967).

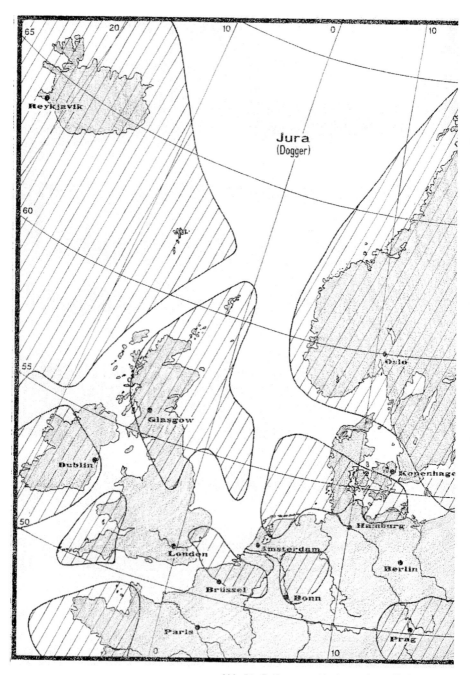

Abb. 54: Paläogeographie des nordeuropäischen

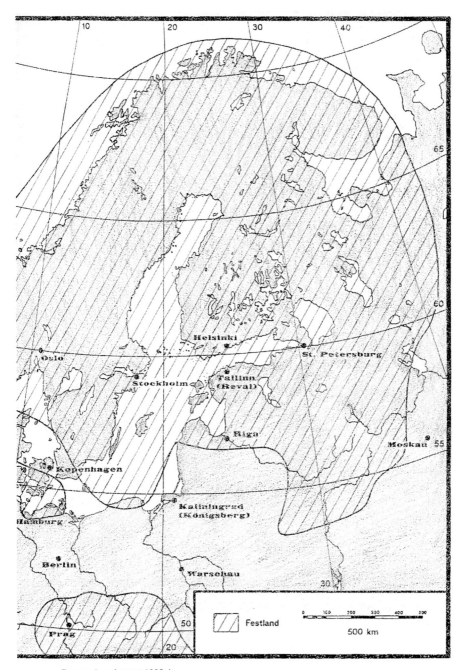

Dogger (aus LIENAU 1992c).

Recht selten und meist auch altersmäßig schwer zu bestimmen sind Sandsteine aus dem Übergangsbereich von Trias zu Jura (**Rhätolias-Geschiebe, Höörsandstein und -arkose**), die hin und wieder Pflanzen- und seltener Insektenreste führen. Die wohl bekanntesten Jurageschiebe (Tab. 12, 13) sind die **Liasknollen** aus der sogenannten **Ahrensburger Geschiebesippe** (Tab. 14) mit Ammoniten, Schnecken und Muscheln in Schalenerhaltung. Selten findet man in ihnen auch Wirbeltierreste, Pflanzenabdrücke und Insektenflügel. Sie sind heute leider kaum noch zu finden.

Mit etwas Glück findet man aber die **Kelloway-Geschiebe** des obersten Dogger mit ihrer reichen marinen Molluskenfauna (vor allem Muscheln und seltener Ammoniten).

Während des Malm herrschte in vielen Liefergebieten und in Norddeutschland kontinentale Entwicklung vor, so dass kaum Material abgelagert wurde und fossilführende Geschiebe oder die isolierten Reste der **Riffkoralle** *Thamnasteria* (Abb. 55) sehr selten sind.

1. **Ahrensburger Liasgeschiebe** (Taf. XXVI): Lias δ bis ξ, meist Lias ε;
als Ahrensburger Geschiebesippe (Tab. 14) bezeichnet man eine Vergesellschaftung aus sonst seltenen Lias- und Kreidegeschieben, die überwiegend auf die Region zwischen Ahrensburg und Sandesneben beschränkt ist;
Lias δ-Geschiebe umfassen die *Margaritatus*- und die *Spinatus*zone, wobei die Geschiebe im verwitterten Zustand meist rostbraune Farben besitzen;
Lias ε-Knollen sind im frischen Zustand blaugraue, meist gelblichbraun verwitternde Kalkkonkretionen mit Ammoniten in Perlmuttschalenerhaltung (*Eleganticeras*, seltener *Dactylioceras* oder andere) sowie hin und wieder Schnecken und Muscheln;
selten findet man auch Wirbeltierreste (LEHMANN 1971), Pflanzenabdrücke und Insektenflügel;
Lias ξ-Geschiebe sind entweder helle Kalksandsteine mit lose verstreuten Fischresten sowie anderen Fossilien oder schaumig-poröse Eisenoolithe mit geringer Fossilführung;
Liefergebiet: vermutlich aus dem südlichen oder südwestlichen Ostseegebiet;
heute kaum noch zu finden.

Tafel XXVI (S. 143): Lias:
1: Lias δ-Geschiebe: **a** Holzreste, **b** *Harpoceras* sp. (Ammonit); *Spinatus*zone; Ahrensburg bei Hamburg; AGH Nr. G 108/66 (ehem. Slg. Kausch); 1:1.
2: Lias ε-Knolle mit *Eleganticeras elegantulum* (Ammoniten) und *Inoceramus dubius* (Muschel); *Elegans*schichten; Groß Hansdorf bei Hamburg; AGH Nr. G 108/67 (ehem. Slg. Kausch); Maßstab: 1 cm.
3: *Eleganticeras elegantulum* (Ammoniten): **a** Makrokonch (♀), **b** Mikrokonch (♂); *Elegans*schichten, Lias ε; Groß Hansdorf bei Hamburg; AGH Nr. G 108/68 (ehem. Slg. Kausch); Maßstab: 1 cm.
4: *Dactylioceras athleticum* (Ammonit); Älteres Fischgrätengestein, *Bifrons*schichten, Lias ε; Groß Hansdorf bei Hamburg; AGH Nr. G 108/69 (ehem. Slg. Kausch); Maßstab: 1 cm (Ausschnitt).
5: Belemnit mit Phragmokon (gekammertes Innengehäuse); Jüngeres Fischgrätengestein, Lias ξ; Ahrensburg bei Hamburg; AGH Nr. G 108/70 (ehem. Slg. Kausch); Maßstab: 1 cm (Ausschnitt).

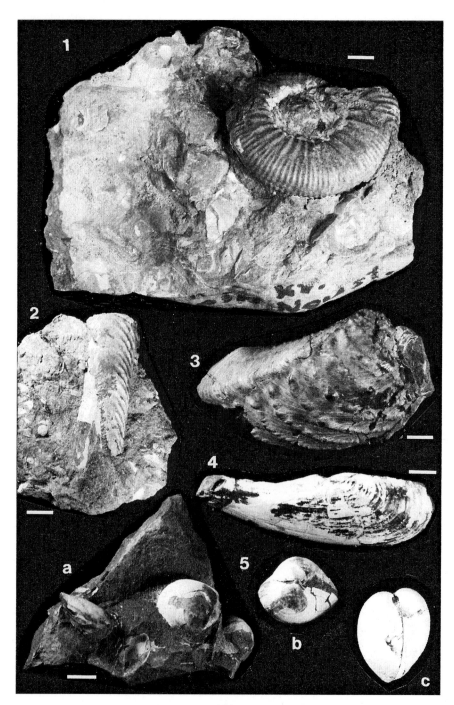

2. Kelloway-Geschiebe (Taf. XXVII, Fig. 1-3): Callovium (oberster Dogger); hellgraue, zähe, schwach eisenoolithische Kalksandsteine mit meist reicher Molluskenfauna und seltener auch Brachiopoden;
Liefergebiet: Boden des Skagerraks und der Ostsee zwischen Dänemark und Südskandinavien bis Pommern (Abb. 36); häufigstes Jurageschiebe.

3. *Thamnasteria concinna* (Abb. 55): Oxfordium (unterer Malm); kleinere, helle, meist abgerollte Bruchstücke einer Riffkoralle mit kleinen sternförmigen Kelchen inmitten eines massiven Grundgerüstes;
Liefergebiet: Teile Südskandinaviens bis Südfinnlands und der vorgelagerte Boden der Ostsee bis in den Skagerrak hinein;
seltene, gut bestimmbare Geschiebe.

Abb. 55: Bruchstück der Riffkoralle *Thamnasteria [Thamnastrea] concinna*; U-Malm; Misdroy, Insel Wollin, Polen; Slg. GPIMH (Hamburg); aus HUCKE & VOIGT 1967: Taf. 36, Fig. 7.

Tafel XXVII (S. 144): Dogger und Malm:
1: Perisphincter Ammonit; Kelloway-Geschiebe, O-Dogger; Carpin bei Neustadt, Holstein; AGH Nr. G 108/71 (ehem. Slg. Kausch); Maßstab: 1 cm.
2: *Pinna* sp. (Steckmuschel); Kelloway-Geschiebe, O-Dogger; Niederfinow bei Berlin; AGH Nr. G 108/72 (ehem. Slg. Kausch); Maßstab: 1 cm (Ausschnitt).
3: *Myophorella dollfussii* (Muschel); Kelloway-Geschiebe, O-Dogger; Hirtshals, N-Jütland, Dänemark; AGH Nr. G 108/73 (ehem. Slg. Kausch); Maßstab: 1 cm.
4: *Anatina* sp. (Muschel); Geschiebe vom Hirtshals-Typ, Malm; Hirtshals, N-Jütland, Dänemark; AGH Nr. G 108/74 (ehem. Slg. Kausch); Maßstab: 1 cm.
5: *Protocardia morinica* (Muscheln): **a** Handstück (Maßstab: 1 cm), **b** Aufsicht auf ein doppelklappiges Exemplar (1:1), **c** Seitenansicht eines anderen doppelklappigen Exemplares (1:1); Geschiebe vom Hirtshals-Typ, Malm; Hirtshals, N-Jütland, Dänemark; AGH Nr. G 108/75 (ehem. Slg. Kausch).

4. Geschiebe vom Hirtshals-Typ (Taf. XXVII, Fig. 4-5): höherer Malm;
harte graublaue Kalke mit Mollusken (Muscheln wie *Isognomon bouchardi*, selten perisphincte Ammoniten und Schnecken) in weißer, meist etwas mürber Schalenerhaltung;
Liefergebiet: Boden des Skagerraks;
vorwiegend auf Nordjütland (Dänemark) beschränkte Geschiebe.

5. Basalte: Oberjura bis Oberkreide;
oft völlig frische, feinkörnige Basalte von plagioklasreichen Typen bis hin zu Nepheliniten von dunkelgrauer bis schwarzer Färbung, wobei häufig glänzende Bruchflächen auftreten;
Liefergebiet: Schonen (Abb. 22);
seltenere, aber auffällige Geschiebe.

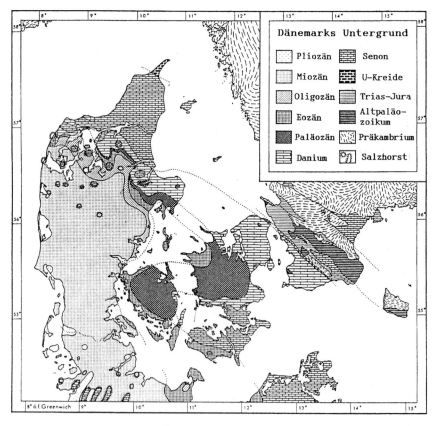

Abb. 56: Geologische Übersichtskarte von Dänemark (aus LIENAU 1988; umgezeichnet nach RASMUSSEN 1975).

Alter		Ahrensburger Geschiebe-Sippe
Kreide	Ober-Kreide	Brauneisenstein-Flintkonglomerat und Kalksandsteine mit bis 5 cm großen Geröllen aus häufig oolithischen Brauneisensteinen der Radiosa-Zone des Lias ζ, Flint- und Phosphoritgeröllen sowie abgerollten *Lamna*-artigen Hai-Zähnen; ähnliche Geröll-Lagen in der Ober-Kreide Litauens bekannt
	Albium	rote, an Foraminiferen reiche Mergel mit *Neohibolites minimus*
	Ober-Aptium	dunkler Grünsandstein mit phosphoritischem Bindemittel, Holz und Geröllen aus Quarz und sandigen Phosphoriten, wobei letztere u.a. die für das Apt leitenden Ammoniten *Douvilleiceras martini* und *Aconeceras nisoides* führen und auch als Gault-Phosphorite bezeichnet werden
	Barremium	quarzitische Sandsteine, die z.T. Wurzelböden mit den Abdrücken der Sandfarne *Hausmannia kohlmanni* und *Matonidium althausi* führen und östlicher Herkunft sind; vermutlich handelt es sich um Reste fossiler Dünen
	Hauterivium	jüngere Kalksandstein: hellgrau, teils Glaukonit führend, in großen Blöcken mit *Thetironia minor* und Simbirskiten; älterer Kalksandstein: mit *Aegocrioceras capricornu*, Simbirskiten und *Thetironia minor*, geht in Brauneisen-Konglomerate über
	Wealden	dunkle, meist bräunliche Sandsteine mit schlecht erhaltenen Muscheln der Gattung *Cyrena*, wobei die Zugehörigkeit zur Ahrensb.-G. fraglich ist
Jura	Malm, Dogger	nicht vorhanden
	Lias ζ	bräunlich verwitternder, schmutzig-grüner, eigentümlich schaumig-poröser Eisenoolith; relativ häufig, aber selten mit Fossilien, wobei die pfennigstück-große Muschel *Pecten pumilus* häufiger ist, während *Harpoceras affine*, *Dumortieria pseudoradiosa* und Belemniten-Hohlformen seltener sind
		Jüngeres Fischgrätengestein: heller Kalksandstein, der häufig reich an lose verstreuten Fischresten ist, aber auch den leitenden Ammoniten *Grammoceras striatulum*, Belemniten und Holzreste führt sowie Muscheln wie die besonders häufige feingestreifte, dünnschalige *Pseudomonotis substriata*
		Älteres Fischgrätengestein (Bifronsschichten): gelblich verwitternde, graue, sandige Kalke und plattige Kalksandsteine mit lagenweiser Anordnung der Fischreste, mit den Ammoniten *Dactylioceras commune* und *D.? holandrei* sowie den dünnschaligen Muscheln *Posidonomya bronni* und *Pseudomonotis substriata* und mit Holzresten
	Lias ε	Elegansschichten: frisch graue, angewittert graugelbe und außen fast braune Mergelkalke, die stets in rundlichen Knollen vorkommen und reich an Prachtstücken des Ammoniten *Eleganticeras elegantulum* sind, außerdem findet man die kleine, kugelige Schnecke *Coelodiscus minutus*, Insekten- und Holzreste sowie als Besonderheit einen Flossenstachel des Hais *Hybodus* und einen fast vollständigen Schmelzschuppenfisch *Lepidotes elvensis*
		Acutusschichten: Gestein ähnlich dem der Eleganzone, bisweilen etwas sandiger, mit den Ammoniten *Harpoceras acutum*, *H. costatum* und *Lobolytoceras siemense*, Saurierknochen (z.B. Ichthyosaurier), Pflanzenresten wie Koniferenzapfen und Schachtelhalmstücken sowie lagenweise angehäuften *Coelodiscus minutus*; außer diesen Konkretionen mit gut erhaltenen Fossilien kommen grau bis gelb und rostbraun gefärbte, plattige Mergelkalke und Kalksandsteine mit schlechten, flachgedrückten Fossilien des gleichen Horizonts vor
	Lias δ	Spinatuszone: rostbraun verwitternde Mergelkalkknollen, die reich an prachtvollen, häufig perlmutterglänzend erhaltenen Ammoniten (z.B. *Amaltheus spinatus*), Muscheln und Schnecken sind, zwischen denen oft Holzreste liegen; gleichaltrige plattige, glimmerhaltige Kalksandsteine führen dagegen nur eine schlecht erhaltene Fauna
		Margaritatuszone: feste, graugrüne Siderit-Sandsteine mit brauner Rinde, in denen Fossilien wie *Amaltheus margaritatus* selten sind

Tab. 14: Ahrensburger Geschiebesippe (nach W. ERNST 1938 in GRIPP 1964b).

[Mio.J.]	Kreide			Dänemark, Malmö-Gebiet, südl. Ostsee	Bornholm
[65]	Ober-Kreide	Senon	Maastrichtium	Oberes (Stevnsium)	Hartgrund (Stevns Klint)	
				Schreibkreide mit Feuerstein	
				Unteres (Moenium)		
			Campanium	Oberes	Kalke, Kalkmergel und Schreibkreide (z.T. mit sandigen Einlagerungen und Schichtlücken)	
				Unteres		
			Santonium	Oberes		
				Mittleres		Bavnodde-Grünsand mit Quarzitbänken
				Unteres		Arnager-Kalk
			Coniacium			
		Turonium				
		Cenomanium				Arnager-Grünsand
	Unter-Kreide	Albium			Jütländische Unter-Kreide	Konglomerat von Madsegrav
		Aptium				
		Barremium				
		Hauterivium				
		Valanginium				Jydegård-Formation
[135]		Berriasium / O-Purbeckium			Wealden (nur südl. Ostsee)	Robbedale-Formation / Rabekke-Formation

Tab. 15: Kreide (verändert nach LIENAU 1990b; dort kombiniert nach

	Schonen			Geschiebe
Ystad-Gebiet	Kristianstad-Gebiet	Båstad-Gebiet		
Mergel und Kalksandsteine mit Konglomeraten				verhärtete Schreibkreide (Hartgrund) Kieselgestein mit Orbitoiden
	Åhus-Sandstein			Åhus-Sandstein
Köpinge-Sandstein	Grobkreide von Balsvik			Köpinge-Sandstein
	Grobkreide von Hanaskog mit weißgeflecktem Feuerstein (auch andere Orte)	Trümmerkreide und Grobkreide von Båstad		"Harte Kreide" (= Toter Kalk)
Valleberga-Sandstein				schwedische Trümmerkreide mit weißgeflecktem Feuerstein
Tosterup-Konglomerat	Trümmerkreide und Grobkreide (z.B. Ifö und Ignaberga)			Tosterup-Konglomerat
				glaukonitischer Quarzit mit *Gonioteuthis quadrata*
Rödmölla-Konglomerat	Kåseberga-Gestein (Lokalmoräne)			
Westfalica-Konglomerat	?Festländische Sdst. u. Tone (Holma- u. Ryedal-Sdst., Alter?)	Gräseryd-Gestein (Lokalmoräne)		Holma-Sandstein? glaukonitische Mergelsandsteine Bavnodde-Quarzit und -Grünsand
				Arnager-Kalk
				Bandgestreifter Feuerstein
				Kalke u. Mergel m. *Inoceramus labiatus*
		Grünsand		Geschiebe mit *Schloenbachia varians, Serpula dameśli* etc.
				Arnager-Grünsand mit Phosphorit-Konglomerat von Madsegrav
				rote Foraminiferen-Mergel mit *Neohibolites minimus*
				Kalksandsteine und Phosphorite mit *Hoplites*
				Glaukonitsandsteine mit Gault-Phosphoriten
				quarzitische Sandsteine mit Farnen, Koniferenzapfen und Wurzelböden
				Kalksandsteine mit *Simbirskites*
				Brauneisenstein-Konglomerate
				Wealdengeschiebe mit *Cyrena*

BRINKMANN & KRÖMMELBEIN 1977 und HUCKE & VOIGT 1967).

5.11 Kreide

Die von vor 135 bis 65 Millionen Jahre reichende Kreide erhielt ihren Namen nach dem vorherrschenden Sediment. Gegenüber der vorwiegend aus Tonen und Sanden bestehenden Unterkreide setzt sich die Oberkreide vor allem aus hellen Kalken (meist Schreibkreide) zusammen. Ihre Gliederung erfolgt mit Ammoniten, Belemniten und Seeigeln sowie mit den zu den Muscheln gehörenden Inoceramen und Rudisten. Leitende Mikrofossilgruppen sind die Foraminiferen und erstmals die Coccolithen, wobei letztere zu 70 bis über 90% an der Bildung der Schreibkreide beteiligt sind (Abb. 59a).

Während des Beginns der Kreide setzten sich die kontinentalen Einflüsse fort (**Wealden-Fazies**), so dass Süßwasserbildungen mit Teichmuscheln oder Pflanzenresten überwiegen (Abb. 57). In der höheren Unterkreide kommt es zu einer ausgeprägten Transgression, deren Höhepunkt in der Entwicklung der **Schreibkreide-Fazies** der Oberkreide (Senon) gipfelt (Abb. 56, 58, 60). Im Kalkschlamm des Schreibkreidemeeres kam es zur Anreicherung von biogener Kieselsäure, die nach ihrer frühdiagenetischen Ausfällung als **Feuerstein (Flint)** mit ihren Fossilien (Abb. 59b) im Geschiebe prägend in Erscheinung tritt, da Flinte äußerst verwitterungsbeständig sind.

Unterkreidegeschiebe sind im allgemeinen selten (Tab. 15). Nur in der **Ahrensburger Geschiebesippe** (Tab. 14) waren sie häufiger und dort als Kalksandsteine mit Molluskenfauna (**Wealden-Geschiebe**) oder als glaukonitreiche Sandsteine mit Phosphoritgeröllen und Holzresten (**Gault-Phosphorite**) ausgebildet (Taf. XXVIII).

Von den diversen **Oberkreidegeschieben** sind nur die aus der Schreibkreidefazies der Oberkreide als häufig bis sehr häufig zu bezeichnen. So findet man u.a. isolierte Seeigel (z.B. *Galerites*, *Echinocorys*, *Phymosoma*), Brachiopoden, Muscheln (z.B. *Pycnodonte*, *Spondylus*, *Pinna*), Crinoidenstielglieder, Schwämme (z.B. *Aulaxinia*, *Porosphaera*) und Korallen (z.B. *Parasmilia*), die oft in **Feuersteinerhaltung** vorliegen. Die bekanntesten Fossilien der Oberkreide sind wohl die im Volksmund als >**Donnerkeile**< bezeichneten Belemnitenrostren.

Das Herausklopfen von Fossilien aus Feuerstein sollte man aber nur unter Wahrung größter Sicherheitsmaßnahmen (Schutzbrille!) vornehmen, da Flint äußerst scharfkantig springt und böse Verletzungen hinterlassen kann.

Tafel XXVIII (S. 151): U-Kreide:
1: *Cyrena* sp. (Muscheln); Wealdensandstein, untere Unterkreide; Stensigmoos, Broager, Dänemark; AGH Nr. G 108/76 (ehem. Slg. Kausch); Maßstab: 1 cm.
2: Holzreste; Wealdensandstein, untere Unterkreide; Havighorst bei Hamburg; AGH Nr. G 108/77 (ehem. Slg. Kausch); Maßstab: 1 cm.
3: Farn; quarzitischer Sandstein, Barremium; Ahrensburg bei Hamburg; AGH Nr. G 108/78 (ehem. Slg. Kausch); Maßstab: 1 cm.
4: Holzrest, angebohrt; Gault-Phosphorit, Oberaptium; Ahrensburg bei Hamburg; AGH Nr. G 108/79 (ehem. Slg. Kausch); Maßstab: 1 cm.
5: Krebsrest; Gault-Phosphorit, Oberaptium; Meiendorf bei Hamburg; AGH Nr. G 108/80 (GPIMH); Maßstab: 1 cm (Ausschnitt).

Abb. 57: Vegetation der höheren Unterkreide (aus LIENAU 1990b).

1. **Wealdengeschiebe** (Taf. XXVIII, Fig. 1-2): unterste Unterkreide; meist Kalksandsteine mit zerriebenem Muschelgrus oder auch sandige Kalke; die Faunen (Muscheln, Schnecken) und Floren sind eine Mischung von Brack- und Süßwasserformen;
Liefergebiet: entstammen dem englisch-norddeutschen-baltischen Sedimentationsraum.

2. **Glaukonitsandsteine, Gault-Phosphorite** (Taf. XXVIII, Fig. 4-5): Untergault (Oberaptium = höhere Unterkreide); dunkelgrüne, durch ein phosphathaltiges Bindemittel verkittete, kugelige bis ellipsoidische, glaukonitreiche Sandsteine mit Phosphoritgeröllen und Holzresten, seltener auch mit Ammoniten oder Krebsen;
Liefergebiet: vermutlich aus dem südlichen oder südwestlichen Ostseegebiet;
gehören zur Ahrensburger Geschiebesippe und waren dort recht häufig.

3. **Tosterup-Konglomerat** (Abb. 61): Campanium (mittlere Oberkreide); Konglomerat mit glaukonitischem, sandig-kalkigem Bindemittel und kantengerundeten Geröllen altpaläozoischer Schiefer, Sandsteine und Phosphoritknollen;
die nicht häufige Fauna besteht überwiegend aus Muscheln und Belemniten, ganz selten sind Haizahnfunde (Abb. 61);
Liefergebiet: vermutlich Mittelschonen (Abb. 26a);
im Geschiebe von Mecklenburg bis nach Holland verbreitet.

Tafel XXIX (S. 154): O-Kreide:
1: Schneckensteinkern; Gefleckter Feuerstein, Campanium; Groß Hansdorf bei Hamburg; AGH Nr. G 108/81 (ehem. Slg. Kausch); 1:1.
2: Belemniten- und Austernfragmente; Köpingesandstein, Obercampanium; Brodtener Ufer bei Travemünde, Holstein; AGH Nr. G 108/82 (ehem. Slg. Kausch); Maßstab: 1 cm.
3: *Galerites* cf. *vulgaris* (Flint-Steinkerne irregulärer Seeigel): **a** Blick auf die Unterseite, **b** Seitenansicht eines zweiten Exemplares, **c** Aufsicht auf ein drittes Exemplar; Senon; Segrahner Berg, Holstein; AGH Nr. G 108/83 (ehem. Slg. Kausch); 1:1.
4: *Galerites* cf. *wollemanni* (Flint-Steinkern eines irregulären Seeigels); Maastrichtium; Segrahner Berg, Holstein; AGH Nr. G 108/84 (ehem. Slg. Kausch); 1:1.

Tafel XXX (S. 155): Senon:
1: *Micraster* sp. (Flint-Steinkern eines irregulären Seeigels); Groß Hansdorf bei Hamburg; AGH Nr. G 108/85 (ehem. Slg. Kausch); Maßstab: 1 cm.
2: *Micraster* sp. (Flint-Steinkern eines irregulären Seeigels); Segrahner Berg, Holstein; AGH Nr. G 108/86 (ehem. Slg. Kausch); 1:1.
3: *Phymosoma* sp. (regulärer Seeigel in Flint mit Schalenerhaltung); Segrahner Berg, Holstein; AGH Nr. G 108/87 (ehem. Slg. Kausch); Maßstab: 1 cm.
4: *Echinocorys* sp. (Flint-Steinkerne irregulärer Seeigel): **a** Seitenansicht, **b** Aufsicht auf ein zweites Exemplar, **c** Unterseite eines dritten Exemplares; vermutlich Maastrichtium, eventuell aber auch Danium; Segrahner Berg, Holstein; AGH Nr. G 108/88 (ehem. Slg. Kausch); Maßstab: 1 cm.
5: *?Salenia* sp. (regulärer Seeigel in Flint mit Stacheln); Osterrade bei Rendsburg; AGH Nr. G 108/89 (ehem. Slg. Kausch); Maßstab: 1 cm (Ausschnitt).

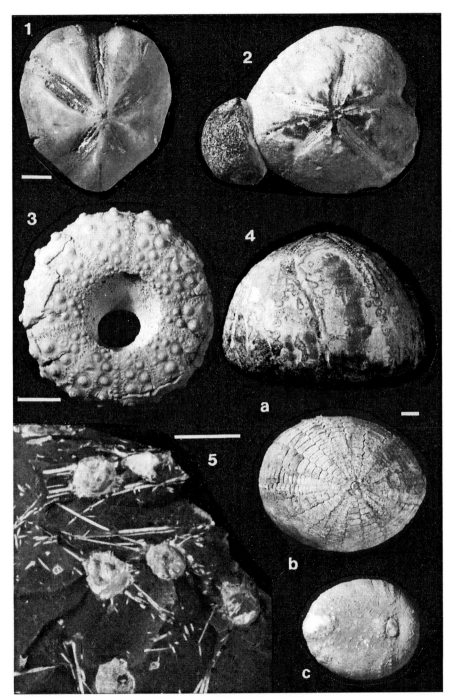

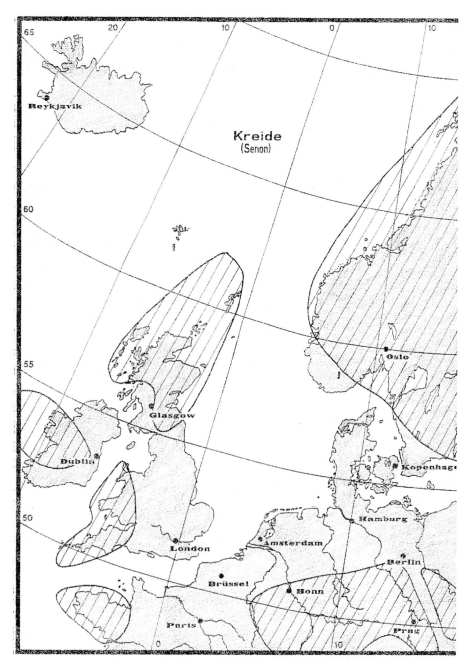

Abb. 58: Paläogeographie der nordeuropäischen

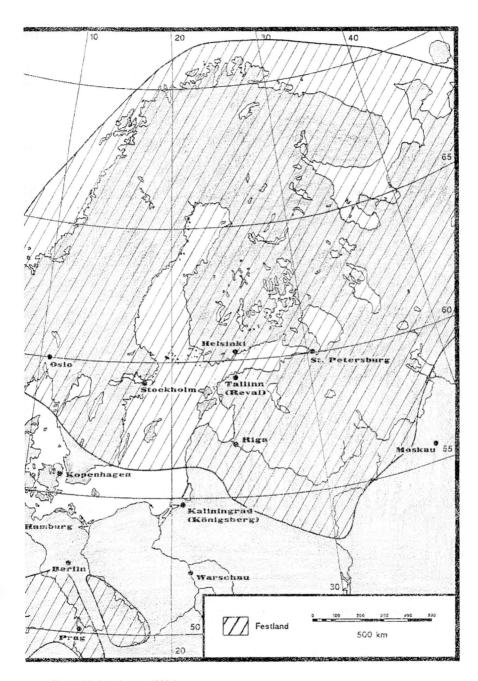

Oberkreide (aus LIENAU 1992c).

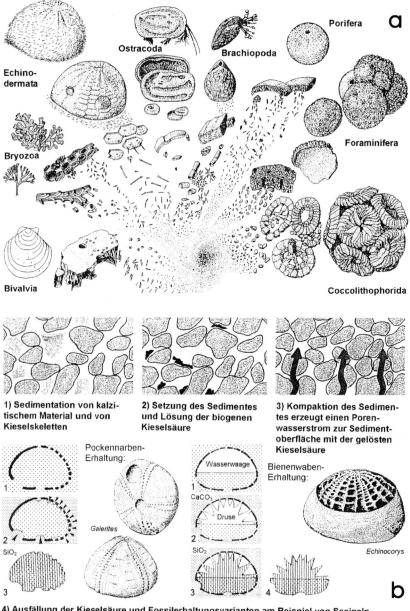

Abb. 59: Die an der Bildung der Schreibkreide beteiligten Lebewesen (**a**) und die Flint-Genese (**b**) (verändert nach BIRKELUND & BROMLEY 1979, GEORGI 1972 und SEILACHER 1991).

Abb. 60: Meer der Schreibkreide.

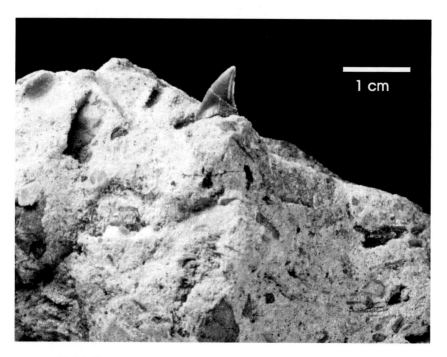

Abb. 61: Tosterup-Konglomerat mit der Zahnkrone eines Heringshaies (Lamnidae); Brodtner Ufer bei Travemünde, Holstein; Slg. Brügmann (Hamburg).

4. Gefleckter Feuerstein (Taf. XXIX, Fig. 1): Campanium;
ein auf dunklem, meist schwarzem Grund durch kleine, weiße Kreidepartikel gesprenkelt erscheinender Flint, in dem ebenfalls sehr selten eine vergleichbare Fauna wie im Tosterup-Konglomerat gefunden werden kann;
<u>Liefergebiet</u>: anstehend in NE-Schonen (Abb. 26a), eventuell auch noch weiter im Osten.

Tafel XXXI (S. 161): Senon:
1: „Donnerkeile" = Belemnitenrostren (innere Stützelemente eines ausgestorbenen Tintenfischverwandten): **a, b** Seitenansichten, **c** längs gespaltenes Stück mit Blick auf die Alveole, in welcher der selten erhaltene gekammerte Teil (= Phragmokon; vergl. Taf. XXVI, Fig. 5) sitzt; Brodtener Ufer bei Travemünde, Holstein; AGH Nr. G 108/90 (ehem. Slg. Kausch); 1:1.
2: Verkieselter Schwamm; Ehestorf bei Hamburg-Harburg; AGH Nr. G 108/91 (ehem. Slg. Kausch); 1:1.
3: *Porosphaera* sp. (Schwämme), z.T. angebohrt; Groß Pampau bei Schwarzenbek, Lauenburg; Slg. Lienau (Hamburg); 1:1.
4: *Ventriculites* sp. (Schwamm); Segrahner Berg, Holstein; AGH Nr. G 108/92 (ehem. Slg. Kausch); Maßstab: 1 cm.
5: *Aulaxinia sulcifera* (Schwamm-Abdruck in Flint); Segrahner Berg, Holstein; AGH Nr. G 108/93 (ehem. Slg. Kausch); Maßstab: 1 cm.

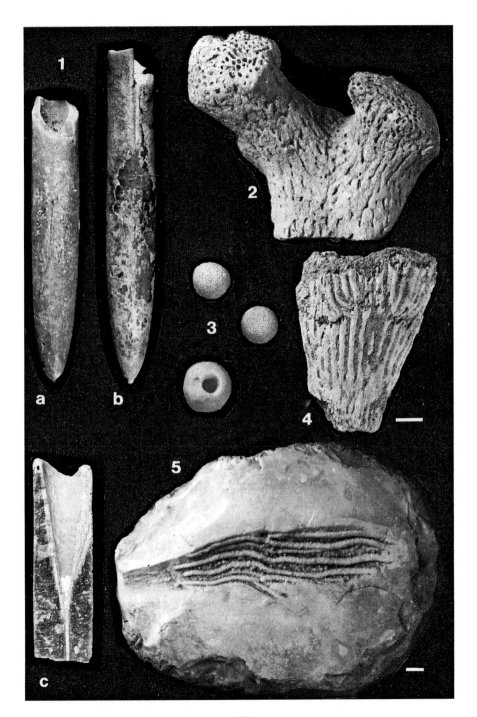

5. **Köpinge-Sandstein** (Taf. XXIX, Fig. 2): Obercampanium bis Untermaastrichtium;
feinkörniger, glaukonitischer, durch Kalkzement verkitteter Sandstein mit Belemniten, Muscheln und vereinzelt auch Schnecken, die oft nur in Steinkernerhaltung auftreten;
Liefergebiet: vermutlich Südschonen (Abb. 26a).

6. **Schreibkreidegeschiebe mit Flint** (Abb. 62; Taf. XXIX, Fig. 3-4; Taf. XXX-XXXII): Senon, vorwiegend Maastrichtium (höchste Oberkreide);
helle, mehr oder weniger feste Kalke und lose Fossilien in Schalenerhaltung oder als Flintsteinkern;
die häufigsten Makrofossilien stellen die Seeigel, hinzu kommen Schwämme, Muscheln, Brachiopoden, Korallen, Belemniten und ganz selten Haizähne (Abb. 62);
die Mikrofauna kann durch Schlämmen gewonnen oder auch lose gefunden werden und besteht unter anderem aus Bryozoen, Foraminiferen, Ostrakoden und Einzelteilen von Echinodermen;
für die Mineraliensammler sind Feuersteine vor allem auf Grund der Fundmöglichkeiten von Chalzedon- und Quarz-Bildungen interessant;

Abb. 62: Haizahn *Cretolamna appendiculata* in Flint; Wentorf bei Hamburg; Slg. Böhnke (Hamburg).

Liefergebiet: verbreitet in Norddeutschland, Dänemark, Südschweden, im Ostseebecken und im Baltikum (Abb. 26, 36, 56, 70);
die häufigsten und verbreitetsten Geschiebe.

Tafel XXXII (S. 162): Senon:
1: *Pycnodonte vesicularis* (Muschel): **a** Außenansicht, **b** Innenseite, **c** Seitenansicht; Friedland; AGH Nr. G 108/94 (ehem. Slg. Kausch); Maßstab: 1 cm.
2: *Pycnodonte vesicularis* (doppelklappige Muschel); Segrahner Berg, Holstein; AGH Nr. G 108/95 (ehem. Slg. Kausch); Maßstab: 1 cm.
3: *Carneithyris subcardinalis* (Brachiopode); Malente-Kreuzfeld, Holstein; Slg. Lienau (Hamburg); 1:1.
4: Seestern-Platte; Schulau bei Hamburg; AGH Nr. G 108/96 (ehem. Slg. Kausch); Maßstab: 5 mm.
5: *Recurvaster* sp. (Seestern-Plattenabdrücke in Flint); vermutlich Maastrichtium; Müssen bei Schwarzenbek, Lauenburg; AGH Nr. G 108/97 (GPIMH); Maßstab: 1 cm (Ausschnitt).
6: Krebsschere in Flint; Hamburg-Bahrenfeld; AGH Nr. G 108/98 (GPIMH); 1:1.

[Mio.J.]	Paläogen				Leitfossilien (Schnecken, Muscheln u.a.)
[23] Oligozän	Oberes	Chattium	Neochatt	C	*Pecten semicostatus* *Pecten hofmanni* *Chlamys hausmanni*
			Eochatt	B	
				A	
	Mittleres	Rupelium	Rupel- oder Septarienton		*Nuculana deshayesiana*
	Unteres	Latdorfium	Neuengammer Gas-Sand		*Pycnodonte queteleti*
Eozän	Oberes	Priabonium			*Voluta ambigua*
	Mittleres	Bartonium			*Nummulites germanica*
		Lutetium			*Pecten squamula*
			"Unter-Eozän 4"		*Amusium corneus* *Pteria papyracea*
	Unteres	Ypresium	"Unter-Eozän 3"		*Xanthopsis leachi* *Fusus trilineatus* *Valvatina raphistoma*
Paläozän	Oberes	Thanetium	O-Paläozän / Landenium	"Unter-Eozän 2" "Unter-Eozän 1"	*Astarte tenera*
			M-Paläozän / Heersium	Thanetium (s. str.)	*Fusus cimbricus* *Pholadomya margaritacea* *Surcula koeneni*
		Montium	Seelandium (Parallelisierung mit Montium fraglich)		*Turritella nana* *Sphenotrochus latus* ("Fauna von Kopenhagen")
	Unteres	Danium	Oberes	D	*Tylocidaris vexillifera* *Tylocidaris herupensis*
			Mittleres	C	*Tylocidaris bruennichi* *Tylocidaris rosenkrantzi*
			Unteres	B	*Tylocidaris abildgaardi* *Tylocidaris odumi*
[65]				A	

Tab. 16: Paläogen (verändert nach LIENAU 1990b; dort kombiniert

NW-Deutschland, Dänemark, südl. Ostsee	Geschiebe
tonig-glaukonitische Sande und Tone glaukonitische Siderite	"Schwarten" Sternberger Kuchen und Soldiner Gestein braune Siderite Turritellen-Gesteine (z.T.)
Ton mit Kalkgeoden	Stettiner Kugeln, Septarien
	Bernstein
Tonmergel, Sand, Kalksandstein Kieselgestein Nummuliten Mergelsande mit glaukonitischen Kalksandsteinen graugrüne Tone	Nummuliten- führende Gesteine Heiligenhafener Kieselgestein
Tarras Londonton (Plastic ler) Toneisenstein-Geoden	Braunkohlenquarzite (z.T.) Faserkalke, Tuffite, Toneisensteine und Phosphorite Basalte von Schonen
Moler (Diatomit) mit Tuffit- und Zemensteinlagen graue, kalkfreie Tone (Dänemark) paläozäne Tonsteine (N-Deutschland)	Zementsteine des Moler ("Basalttuffe")
Kerteminde-Mergel	Grüngerindete Feuersteine ? Wallsteine ? Puddingsteine ?
Lellinge-Grünsand glaukonitische Mergel von Kopenhagen und Grünsand von Klagshamn (Schonen)	Aschgraues Paläozängestein Paläozänes Turritellengestein Paläozän-Konglomerat ? Echinodermenkonglomerat
Crania-Kalk und Trümmerkalk (lokal)	Crania-Kalk
Coccolithen-, Kreide- und Bryozoenkalk mit Feuerstein, lokal mit Korallenkalk (Faxe-Kalk)	Saltholmskalk (Coccolithenkalk) mit grauem Flint, Bryozoenkalk (Limsten) mit bryozoenreichem Flint, Ockergelber Hornstein mit Bryozoen und Faxe-Kalk
Cerithium-Kalk Fischton } Stevns Klint	Cerithium-Kalk

nach HUCKE & VOIGT 1967, TOBIEN 1986 und BONDE 1987).

5.12 Paläogen

Das Känozoikum (Erdneuzeit) begann vor 65 Millionen Jahren. Nach dem Aussterben der Dinosaurier entwickelten sich nun die Säugetiere als beherrschendes Faunenelement. Nach der alten Einteilung von ARDUINO aus dem Jahre 1759 in „Montes primitivi" (Präkambrium und Paläozoikum), „Montes secundarii" (Mesozoikum) und „Montes tertiarii" (Känozoikum) erhielt das von vor 65 bis 1,6 Millionen Jahren reichende **Tertiär** seinen Namen. Die Unterteilung in Alt- (Paläogen, 65-23 Mio.J.) und Jungtertiär (Neogen, 23-1,6 Mio.J.) erfolgte nach dem Anteil heute lebender Arten an der Gesamtfauna. Die marine Gliederung geschah vor allem mit Hilfe von Schnecken und Muscheln. Sie konnte durch den Einsatz von Mikrofossilien wie Coccolithen und anderes Nannoplankton sowie Foraminiferen verbessert werden. An Land dienen Säugetiere, besonders Kleinsäuger, sowie Pollen und Sporen als Leitfossilien. Im gesamten Tertiär sind die Sedimente locker oder nur wenig verfestigt und besitzen hin und wieder Einschaltungen von **Braunkohlen** (Abb. 65).

Nach der im Juni 1989 veröffentlichten globalen stratigraphischen Tafel der >International Union of Geological Sciences (IUGS)< besteht das Känozoikum nunmehr aus den drei Formationen **Paläogen**, **Neogen** und **Quartär** (Tab. 1). Damit ist das Tertiär nur noch ein informaler Begriff, mit dem man sinnvoll Paläogen und Neogen zusammenfassen kann.

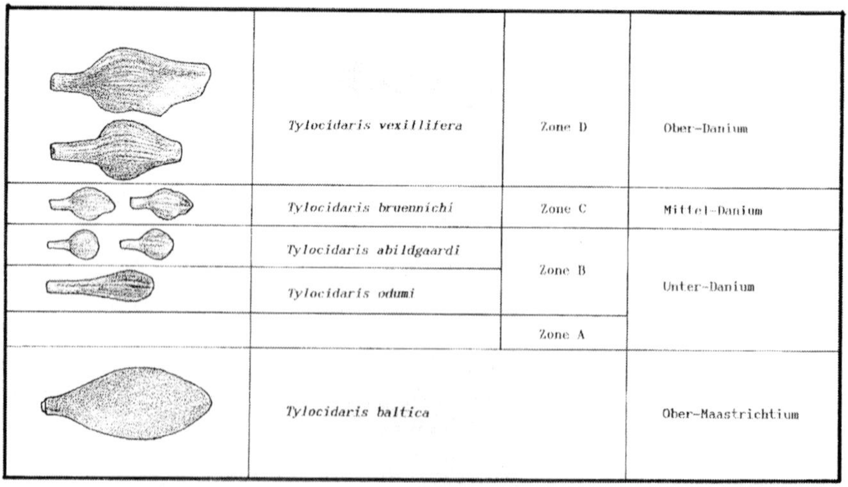

	Tylocidaris vexillifera	Zone D	Ober-Danium
	Tylocidaris bruennichi	Zone C	Mittel-Danium
	Tylocidaris abildgaardi	Zone B	Unter-Danium
	Tylocidaris odumi		
		Zone A	
	Tylocidaris baltica		Ober-Maastrichtium

Abb. 63: Leitende *Tylocidaris*-Arten des O-Maastrichtium und Danium (aus LIENAU 1988; verändert nach RASMUSSEN 1975 und FLORIS et al. 1971).

Die **Schreibkreidefazies mit Flintbildung** hielt in Norddeutschland und Dänemark auch zu Beginn des Tertiär noch an, weshalb das **Danium** früher zur Oberkreide gestellt wurde. Die darauf folgenden **Transgressionen** sind durch die Aufarbeitung der Flinthorizonte und anderer jungkretazischer Sedimente gekennzeichnet (**Wallsteine, Puddingsteine, Echinodermen-** und **Paläozänkonglomerate**). In den Meeren (Abb. 64) gab es nährstoffreiche Zonen für die Planktonten (u.a. Bildung des **Molers**; Abb. 68) und damit viel Nahrung für die größeren Meeresbewohner (Abb. 66), während die Region des Skagerrak durch Vulkanismus geprägt ist. Aus den sumpfigen Wäldern des **Eozän** (Abb. 65) und **Oligozän** entstanden teilweise recht umfangreiche Braunkohlen-Lagerstätten. Nach der größten Meeresverbreitung im nordeuropäischen Mittleoligozän kam es zu **Regressionen** aufgrund der **Abkühlung des Klimas** wegen der damit verbunden Bindung von Meereswasser als Gletschereis.

Die **Danium-Flinte** sind meist an ihrer reichen Bryozoenfauna zu erkennen und von den Oberkreide-Flinten zu unterscheiden. Aber auch isolierte Seeigel (z.B. *Echinocorys obliqua, Brissopneustes*) sind zu finden. Als guter Hinweis zur Bestimmung dienen die keulenförmigen Stacheln des regulären Seeigels *Tylocidaris*, die im Danium Leitwert besitzen (Abb. 63) und sowohl als Hohlraum im Flint als auch isoliert gefunden werden. Ein typisches, häufiges und leicht zu erkennendes Daniumgeschiebe ist der leicht gelbliche **Faxekalk**, der vorwiegend aus Korallensteinkernen besteht, aber auch Schneckensteinkerne und sehr selten die Krabbe *Dromiopsis* enthält (Abb. 67). Während die Dan-Geschiebe noch als Anstehendes in Skandinavien bekannt sind, stammen die restlichen Tertiär-Geschiebe (Tab. 16-17) vorwiegend aus dem Untergrund Norddeutschlands und der südlichen Ostsee. Ebenfalls in das Paläozän gehört das fossilreiche, nicht allzu häufige **Echinodermenkonglomerat**, in dem oft Haizähne zu finden sind, die aber meist leider stark abgerollt sind. Erwähnt werden sollten in diesem Zusammenhang auch noch Stücke aus den Zementsteinlagen des oberpaläozänen **Molers**, der anstehend am Limfjord (Nordjütland, Dänemark) zu finden ist und Fisch- sowie Insektenreste enthalten kann (Abb. 68-71).

Aus dem Eozän stammen die häufigen **Faserkalke**, die hin und wieder zu findenden isolierten Krebsbaue *Ophiomorpha* und die seltenen **Nummuliten-Gesteine**.

Das Oligozän ist durch die meist seltenen **Bernsteine, Septarien**, Sternberger Kuchen und **Turritellen-Gesteine** vertreten. Die fossilreichen **Sternberger Kuchen** sind nicht nur in der Region um Sternberg (Mecklenburg) zu finden, sondern waren auch am Segrahner Berg bei Gudow häufiger. Nicht alle Turritellen führenden Geschiebe gehören ins Oligozän, da diese Schnecke auch im Miozän weit verbreitet ist und bis heute noch existiert.

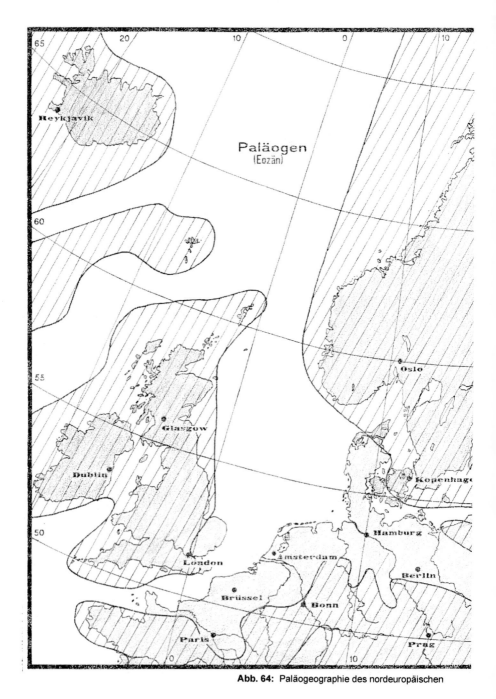

Abb. 64: Paläogeographie des nordeuropäischen

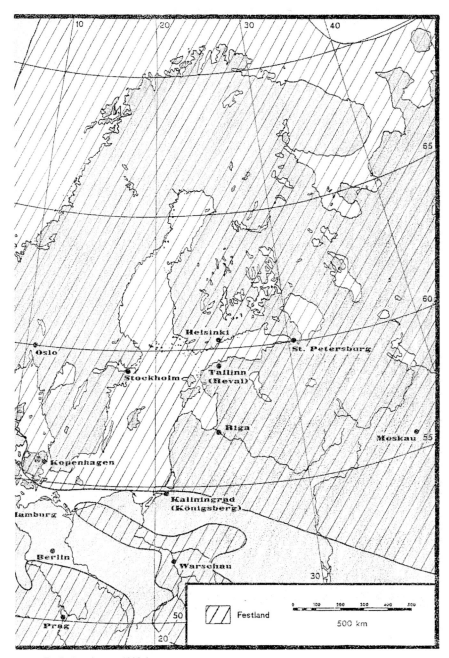
Eozän (aus LIENAU 1992c).

Abb. 65: Braunkohlenwald des Eozän (aus LIENAU 1990b).

1. **Dan-Flinte** (Taf. XXXIII, Fig. 4): Danium;
   von den Flinten der Oberkreide sind sie meist durch ihren Bryozoenreichtum und die oft hellere Färbung zu unterscheiden;
   auch aus diesen Flinten gibt es lose Fossilien wie z.b. Seeigel;
   Liefergebiet: anstehend in Dänemark und SW-Schonen (Abb. 26a, 56, 70).

2. **Saltholmskalk (= Coccolithenkalk)** (Taf. XXXIII, Fig. 3): Mitteldanium;
   durch große Reinheit ausgezeichneter, weißer, grauweißer oder schwach gelblicher, harter Kalk mit splittrigem Bruch ohne deutliche Schichtung, der manchmal in ein graues Flintgestein übergeht oder feine Glaukonit- oder auch Quarzkörner führt;
   an Fossilien findet man vor allem die Brachiopode *Chatwinothyris lens* oder den Seeigel *Echinocorys sulcatus*, alles andere ist selten;
   Liefergebiet: Dänemark, südliche Ostsee und Untergrund Norddeutschlands (Abb. 56, 70).

Taf. XXXIII (S. 171): Danium:
1: *Haplophyllia faxoensis* (Korallen-Steinkerne); Faxe-Kalk, Mitteldanium; Insel Ærø, Dänemark; AGH Nr. G 108/99 (ehem. Slg. Kausch); Maßstab: 1 cm.
2: *Pleurotomaria* sp. (Schnecken-Steinkerne): a Aufsicht eines isolierten Exemplares, b Seitenansicht eines Exemplares im Handstück (Ausschnitt); Faxe-Kalk, Mitteldanium; Timmerhorn bei Hamburg; AGH Nr. G 108/100 (ehem. Slg. Kausch); 1:1.
3: *Chatwinothyris lens* (Brachiopoden); Saltholmskalk, Mitteldanium; Oetjendorf bei Ahrensburg; AGH Nr. G 108/101 (ehem. Slg. Kausch); Maßstab: 1 cm (Ausschnitt).
4: Bryozoen (Moostierchen) in Dan-Flint; Agathenburg bei Stade; AGH Nr. G 108/102 (ehem. Slg. Kausch); 1:1; (Ausschnitt).

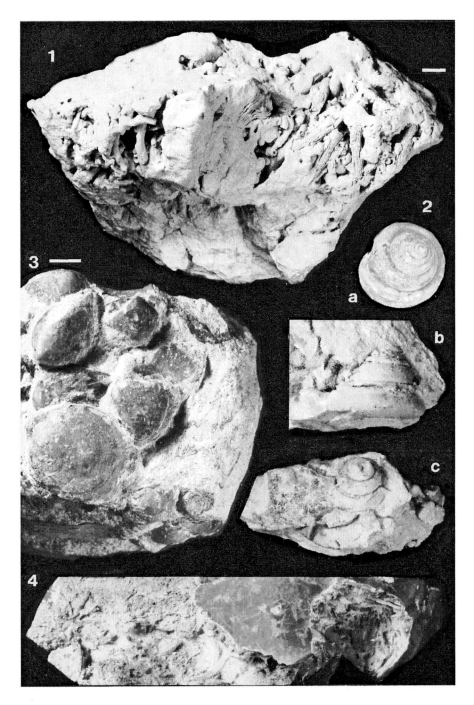

3. Faxe-Kalk (Abb. 67; Taf. XXXIII, Fig. 1-2): Mitteldanium;
heller, ziemlich dichter Riffkalk mit vielen Korallensteinkernen der Gattung *Dendrophyllia* und Steinkernen von Muscheln und Schnecken; außerdem findet man nicht allzu oft kleine Krabbenpanzer (vor allem *Dromiopsis rugosa*), Nautiliden und Haizähne, wobei die letzten beiden Gruppen auch im Anstehenden selten sind;
Liefergebiet: zentrales Seeland (Dänemark), Region um Fakse (Abb. 56); ein recht häufiges, leicht erkennbares Geschiebe.

4. Echinodermenkonglomerat (Taf. XXXIV, Fig. 1): oberes Unterpaläozän;
hellgraue oder durch Glaukonit grünlich gefärbte Gesteine, die überwiegend aus z.T. aufgearbeiteten und stark abgerollten Dan-Fossilien bestehen; dies sind vor allem Echinodermenreste, aber auch Bryozoen, Korallen, Foraminiferen, Haizähne und die Brachiopode *Crania*;
Liefergebiet: anstehend bei Kopenhagen und in der Umgebung von Malmö (Abb. 26a, 56).

5. Paläozänes Turritellengestein: oberes Unterpaläozän;
diese fein- und gleichkörnigen, glimmerführenden Kalksandsteine zeigen im unverwitterten Zustand eine dunkelgraue Farbe mit glaukonitischen Körnern, wobei letztere bei der Verwitterung zu Limonit umgewandelt werden und damit das Gestein meist eine schokoladenbraune Färbung aufweist; lagenweise sind Mollusken wie die Turmschnecken *Turritella imbricataria* oder die kleinwüchsige *T. nana* angereichert, seltener findet man auch die Koralle *Sphenotrochus latus*, den Krebsbau *Ophiomorpha*, Otolithen oder Haizähne (W. SCHULZ 1994);
Liefergebiet: vermutlich Ostseeraum um Bornholm (Abb. 26b, 36).

6. Aschgraues Paläozängestein (Taf. XXXIV, Fig. 2-3): unteres Paläozän;
oft plattige, feinkörnige, glaukonitische, glimmerführende Kalksandsteine mit lagenweiser Anreicherung von Mollusken (z.B. *Turritella nana*), seltener auch mit Korallen, dem Krebsbau *Ophiomorpha*, Otolithen oder Haizähnen;
Liefergebiet: Ostseeraum.

Taf. XXXIV (S. 172): Paläozän:
1: *Isselicrinus* sp. (Seelilien-Stielglieder); Echinodermenkonglomerat, höheres Unterpaläozän; Segrahner Berg, Holstein; AGH Nr. G 108/103 (ehem. Slg. Kausch); Maßstab: 1 cm (Ausschnitt); Foto: Hähnel. [Original zu HUCKE & VOIGT 1967: Taf. 43, Fig. 1]
2: Muschel- und Schnecken-Schill; Aschgraues Paläozängestein, höheres Unterpaläozän; Segrahner Berg, Holstein; AGH Nr. G 108/104 (ehem. Slg. Kausch); Maßstab: 1 cm.
3: *Ophiomorpha nodosa* (Krebsbau): **a** Positiv, **b** Negativ; Aschgraues Paläozängestein, höheres Unterpaläozän; Segrahner Berg, Holstein; AGH Nr. G 108/105 (ehem. Slg. Kausch); Maßstab: 1 cm.
4: Puddingstein (Flint-Konglomerat); Paläozän?; Trittau, Holstein; AGH Nr. G 108/106 (ehem. Slg. Kausch); Maßstab: 1 cm.

Abb. 66: Meer des Obereozän.

Abb. 67: Krebspanzer *Dromiopsis rugosa* (links) und *D. elegans* (rechts) in Faxekalk; mittleres Danium von Fakse, Seeland, Dänemark; Slg. Lienau (Hamburg).

7. **Grüngerindete Feuersteine**: Mittel- bis Oberpaläozän;
   meist wenig abgerollte Flinte mit einer von Pigmentglaukonit dunkelgrün gefärbten Rinde, unter der meist eine bräunliche Verfärbungszone liegt;
   Liefergebiet: westliche Ostsee und angrenzende Gebiete (Abb. 26a, 56).

8. **Paläozän-Konglomerat**: Alter nicht gesichert;
   Feuerstein-führendes Konglomerat von bräunlicher Farbe mit Quarz- und Quarzitgeröllen, Kieselschieferbröckchen und Phosphoriten, dessen Bindemittel ein grobkristalliner Kalzit ist;
   selten wurden in ihm Haizähne gefunden;
   Liefergebiet: Ostseeraum.

9. **Puddingsteine** (Taf. XXXIV, Fig. 4): Paläozän, vielleicht auch jünger;
   alttertiäre Flintkonglomerate mit stark abgerollten, z.T. zerbrochenen Feuersteinen und sandigem, quarzitischem oder phosphoritischem Bindemittel ohne oder mit Glaukonitkörnern;
   Leitfossilien fehlen;
   Liefergebiet: Ostseeraum.

10. **Wallsteine**: Paläozän, vielleicht auch jünger;
    durch die alttertiären Transgressionen stark abgerollte Flinte mit kleinen, halbmondförmigen Schlagmarken;
    Liefergebiet: Ostseeraum.

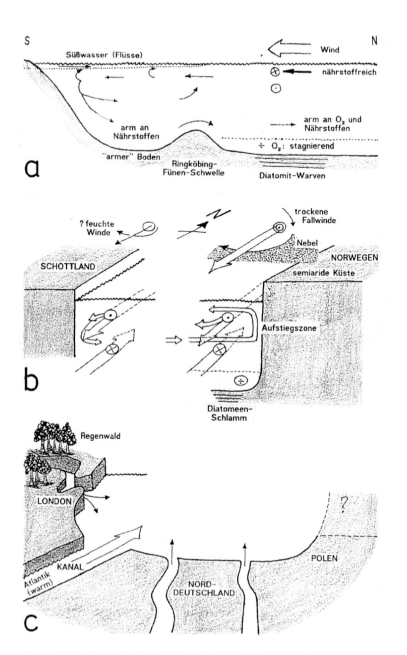

Abb. 68: Entstehung des Molers (nach LIENAU in BRÜGMANN 1990; umgezeichnet nach BONDE 1987). **a** Schematischer Querschnitt durch das Moler-Becken; **b** Schematisches Blockbild der Aufstiegswasserzone; **c** Modell der südlichen Ostsee gegen Ende des Paläozän.

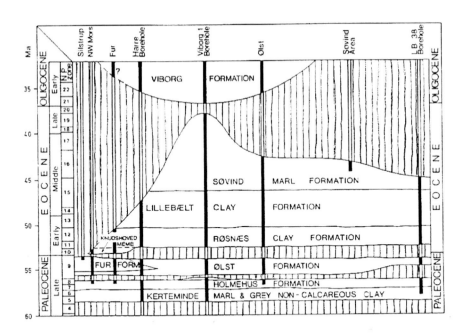

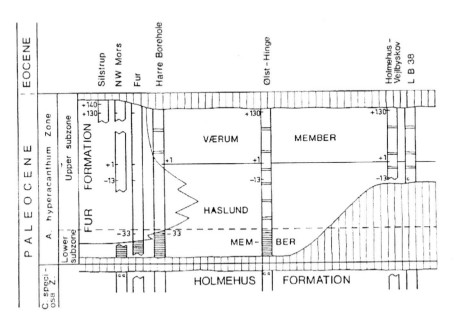

Abb. 69: Stratigraphische Position des Molers (Fur Formation) innerhalb des dänischen Paläogen (nach LIENAU in BRÜGMANN 1990; dort kombiniert aus HEILMANN-CLAUSEN et al. 1985).

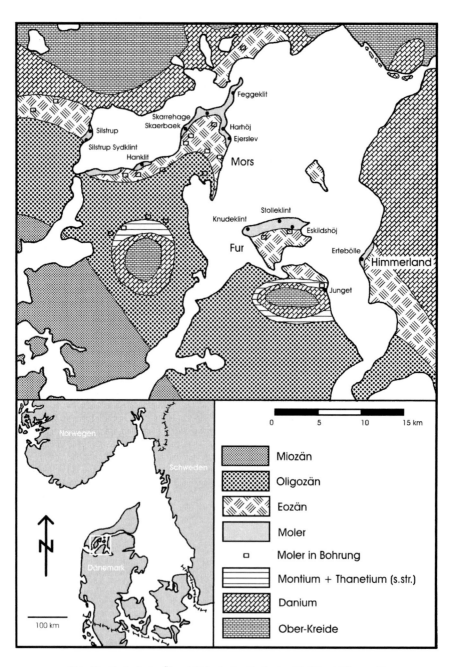

Abb. 70: Geologische Übersichtskarte des Limfjordes (N-Jütland, Dänemark) (verändert nach PEDERSEN 1981).

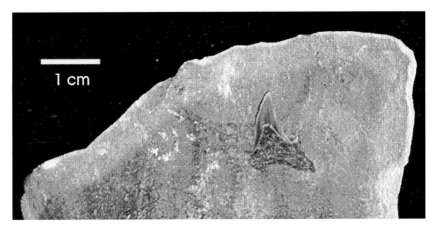

Abb. 71: Zementstein des Moler mit dem beschädigten Zahn eines Heringshais (Lamnidae), ob. Oberpaläozän; Hanklit, Mors, Limfjord, Dänemark; Slg. Lienau (Hamburg).

11. Zementsteine (= „Basalttuff") (Abb. 71): Oberpaläozän;
tiefschwarze, harte, marine Tuffite, die bei höherem Kalkgehalt hellere Färbung sowie gradierte Schichtung zeigen und meist eine gelblichbraune Verwitterungsrinde besitzen;
auf der meist ebenen Oberfläche sind hin und wieder Fisch- (Abb. 71), Pflanzen- und/oder Insektenreste zu finden;
Liefergebiet: anstehend im Moler des Limfjordes (N-Jütland, Dänemark) (Abb. 56, 68-70), aber auch nördlich davon durch Bohrungen in der Nordsee bis östlich vor Schottland bekannt, wobei die Aschen einem basaltischen Vulkangebiet im Skagerrak vor der SW-Küste des nordeuropäischen Kontinents entstammen (BONDE 1987).

12. Faserkalk (Taf. XXXV, Fig. 1): Untereozän;
plattiger, gelblich-grünlicher Kalk mit stengeliger Anordnung der Kristalle, welcher verwittert oft an fossiles Holz erinnert;
diese Calcitkristalle sind während der Diagenese in marinen, mergeligen Tuffiten senkrecht zur Schichtung gewachsen (ILLIES 1949: 10-13);
Liefergebiet: Ostseegebiet, wobei die Verbreitung bis nach Norddeutschland reicht (z.b. ehem. Tongrube Havighorst zwischen Hamburg und Bergedorf).

13. Toneisensteine, Phosphorite (Taf. XXXV, Fig. 2): Untereozän;
gelblichbraune bis rötlichbraune Toneisensteingeoden oder lederbraune Phosphorite mit Krebsbauten (z.B. *Ophiomorpha*), Muscheln und Insektenresten, selten auch mit Knochenfischfragmenten;
Liefergebiet: beides sind diagenetische Bildungen des sogenannten Tarras-Tones, der ebenfalls im Ostseegebiet und in dessen weiterer Umgebung verbreitet ist.

14. **Heiligenhafener Kieselgestein** (Taf. XXXV, Fig. 5): Mitteleozän;
feinkörniges, glaukonitisches, kieseliges, hartes, graugrünes feingeschichtetes Gestein, nur selten mit Makrofossilien (meist die Muschel *Amusium*); der Name wurde nach der Geschiebe-Scholle am >Hohen Ufer< bei Heiligenhafen gewählt, in der dieses Gestein häufiger zu finden ist;
Liefergebiet: Ostseeraum.

15. **Nummulitenführende Gesteine** (Taf. XXXV, Fig. 3-4): höheres Mittel- bis Obereozän;
hellgraue, glaukonitische Kalke mit deutlicher Schichtung;
sie enthalten Nummuliten und/oder andere Foraminifere sowie lagenweise angereicherte Mollusken als Hohlräume oder Steinkerne, seltener mit weißer Schalenerhaltung und noch seltener sind Funde von Haizähnen;
Liefergebiet: Ostseeraum, anstehend auch im Untergrund von Mecklenburg.

16. **Bernstein**: Oligozän;
gelbliches bis bräunliches fossiles Harz mit geringem spezifischen Gewicht; hin und wieder mit tierischen (vor allem Insekten) und pflanzlichen Resten in hervorragender Erhaltung (Inclusen);
Liefergebiet: der Baltische Bernstein ist etwa 40 Millionen Jahre alt (Obereozän), findet sich aber meist auf sekundärer Lagerstätte in der oligozänen >Blauen Erde< des Samlandes (Ostpreussen), von wo auch der größte Teil der Geschiebefunde stammen dürfte.

17. **Septarien** (Taf. XXXVI, Fig. 2): Mitteloligozän;
Kalkkonkretionen mit Schwundrissen, in denen meist honiggelber Kalzit auskristallisiert ist; selten sind Funde von Mollusken und Krebsen;
Liefergebiet: Ostseeraum, aber auch weit nach Norddeutschland verbreitet.

18. **Stettiner Kugeln** (Taf. XXXVI, Fig. 1): Mitteloligozän;
kugelig-knollige Sandsteinkonkretionen mit schichtweise massenhaft auftretenden Otolithen („Gehörsteine": aragonitische Bildungen im Gehör von Fischen zur Gleichgewichtsregulierung), die meist zu den Kabeljauverwandten (Gadidae) gehören, sowie Mollusken, Krebsen, Seeigeln, selten Haizähnen;
Liefergebiet: Ostseeraum;
auf den weiten Umkreis der Oderbucht (Vorpommern, Polen) beschränkt.

Taf. XXXV (S. 181): Eozän:
1: Faserkalk; Untereozän; Segrahner Berg, Holstein; AGH Nr. G 108/107 (ehem. Slg. Kausch); Maßstab: 1 cm.
2: *Ophiomorpha nodosa* (Krebsbaue); Untereozän; Segrahner Berg, Holstein; AGH Nr. G 108/108 (ehem. Slg. Kausch); Maßstab: 1 cm.
3: Nummulitenkalk (Foraminiferen), Obereozän; Segrahner Berg, Holstein; AGH Nr. G 108/109 (ehem. Slg. Kausch); Maßstab: 1 cm.
4: *Camerina germanica* (Foraminiferen); Nummulitenkalk, Obereozän; Klecken bei Hittfeld, Nordheide; AGH Nr. G 108/110 (ehem. Slg. Kausch); Maßstab: 5 mm (Ausschnitt).
5: *Amusium [Pecten] corneus* (Muschel); Heiligenhafener Kieselgestein, Mitteleozän; Rissen, Hamburg; AGH Nr. G 108/111 (ehem. Slg. Kausch); 1:1 (Ausschnitt).

19. Stomatopoden-Konkretionen: Mitteloligozän?;
diese seltenen Konkretionen führen den Heuschreckenkrebs (Stomatopoda) *Carinatosquilla wulfi* (Abb. 72; Taf. XXXVII), der bereits aus den anstehenden obereozänen Gehlbergschichten von Helmstedt (Niedersachsen) bekannt ist (FÖRSTER 1982, LIENAU 1984);
sie ähneln im verwitterten Zustand den Limonitsandsteinen und Brauneisenschalen der Stettiner Kugeln und wurden von mir deshalb fraglich ins Mitteloligozän gestellt (Lienau 1985, 1998b), während ein unverwitterter Fund mit Glaukonit eher dem Paläozänen Turritellengestein gleicht, so dass Funde mit begleitender Mikro- oder Makrofauna abgewartet werden müssen, um das genaue Alter zu klären;
Liefergebiet: Ostseeraum.

20. Sternberger Kuchen (Taf. XXXVI, Fig. 3-4): Oberoligozän;
konkretionäre Bildungen mit kalzitischem oder sideritischem Bindemittel, die zu rostbraunen Limonitsandsteinen oder Brauneisenschalen verwittern; reichhaltige Fauna aus Mollusken in Schalenerhaltung und relativ häufig mit Haizähnen, während Seeigelfunde zu den Raritäten gehören;
Liefergebiet: Ostseeraum;
besonders in Mecklenburg um Sternberg herum angereichert, aber auch in Südholstein (z.B. Segrahner Berg) zu finden.

21. Turritellen-Gesteine (Taf. XXXVI, Fig. 5; Taf. XXXVII): Oberoligozän;
kalkige Geschiebe mit oft parallel eingebetteten Turritellen (Turmschnecken) in Schalenerhaltung, die vermutlich eine Variante der Sternberger Kuchen darstellen;
Liefergebiet: Ostseeraum;
einige hellbräunliche Geschiebe mit Turritellen dürften in das Miozän gehören, während viele dunkelbraune paläozänen Alters sind, so dass die genaue zeitliche Eingliederung makroskopisch ausgesprochen schwierig ist und nur über die genaue artliche Bestimmung der Schnecken erfolgen kann.

Taf. XXXVI (S. 182): Oligozän:
1: *Pecten stettinensis* (Muschel); Stettinger Kugel; Mitteloligozän; Szczecin (Stettin), Polen; Slg. Lienau (Hamburg); Maßstab: 1 cm.
2: Septarie; Mitteloligozän; Segrahner Berg, Holstein; AGH Nr. G 108/112 (ehem. Slg. Kausch); Maßstab: 1 cm.
3: *Dentalium* sp. (Scaphopode), Muschel- und Schnecken-Schill; Sternberger Kuchen, Oberoligozän; Segrahner Berg, Holstein; AGH Nr. G 108/113 (ehem. Slg. Kausch); Maßstab: 1 cm.
4: Otolithen (Fischgehörsteine) der Familie Gadidae (Kabeljau- und Dorschverwandte); Sternberger Kuchen, Oberoligozän; Schulau bei Hamburg; AGH Nr. G 108/114 (ehem. Slg. Kausch); 1:1.
5: *Turritella* sp. (Turmschnecken); Turritellengestein, Oberoligozän; Segrahner Berg, Holstein; AGH Nr. G 108/115 (ehem. Slg. Kausch); 1:1 (Ausschnitt).

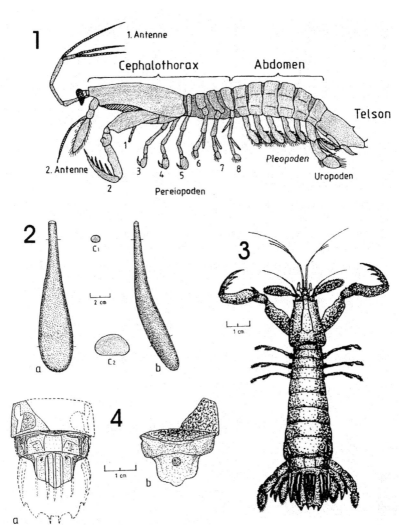

Abb. 72: Der Heuschreckenkrebs *Carinatosquilla* und seine Lebensweise (nach LIENAU 1985).
1: Bauschema eines Stomatopoden (umgezeichnet nach HENNIG 1972). **2:** Bauschema von Stomatopoden-Grabgängen (umgezeichnet nach FÖRSTER 1982); **a:** Aufsicht, **b:** Seitenansicht, **c:** Querschnitte. **3:** Rekonstruktion von *Carinatosquilla wulfi* (aus LIENAU 1984).
4: Abdominalsegmente V+VI und Telson eines Weibchens von *Carinatosquilla wulfi* aus den obereozänen Gehlbergschichten von Helmstedt (aus LIENAU 1984); **a:** Rekonstruktion der Dorsalansicht, **b:** Ventralseite.

Taf. XXXVII (S. 184): *Carinatosquilla wulfi* (Förster, 1982), Mitteloligozän?:
1: Abdomen und Telson: **a** Aufsicht, **b** Seitenansicht, **c** Bruchstelle; die Geschiebeform deutet darauf hin, dass der Krebs in seinem Grabgang (vergl. Abb. 72) überliefert wurde; Fundort unbekannt; HM-G-B. 12 (ehem. Slg. Brückner). [Naturwiss. Slg. Helms-Mus. Harburg, Hamburger Mus. Archäol. Gesch. Harburgs]
2: Kopf- und Thoraxfragmente, Abdomen und Telson: **a** Abdruck in phosphoritischer Matrix, **b** Ausguss der Hohlform; Schulau bei Hamburg; Typ.-Kat. Nr. 3113 (GPIMH, ded. Seifart 1920).
3: Abdomensegmente IV-VI und Telson; Stein, Ostsee (Kieler Bucht); Typ.-Kat. Nr. 3114 (GPIMH).
Fotos: H.-J. Lierl (aus Lienau 1985), 1:1, leicht mit Ammoniumchlorid (NH_4Cl) geweißt.

22. **„Schwarten"**: Oberoligozän;
helle Kalksandsteine mit fester Ober- und Unterschicht und dazwischen liegender weicherer Lage mit schichtweise angereicherten Mollusken sowie selten auch anderen Fossilien wie z.b. Hai- oder Rochenzähnen;
Liefergebiet: Ostseeraum;
diese vor allem aus der Kiesgrube von Groß Pampau bei Schwarzenbek bekannten Geschiebe dürften nach ihren Otolithen und Mollusken ins höchste Oberoligozän zu stellen sein (MONTAG, persönl. Mitt. 1990). Zur gleichen Einstufung kommt PIEHL (1999), der die „Schwarten" und weitere Kalksandsteine mit der gleichen Fauna als Pampauer Gestein bezeichnet.

5.13 Neogen

Das Neogen – früher auch Jungtertiär genannt – ist in seinem unteren Bereich, dem **Miozän**, durch wechselnde **Transgressionen und Regressionen** gekennzeichnet, die durch die Salztektonik (**Halokinese**) im Untergrund stark geprägt sind. So dringt das Nordmeer etappenweise unterschiedlich weit nach Osten und Süden vor (Abb. 74) und hinterlässt teilweise sehr fossilreiche Tone, Kalke und Kalksandsteine, die im Geschiebe (Tab. 17) durch meist optisch ansprechende Konkretionen oder durch isolierte Funde verschiedenster Meeresorganismen (Abb. 75) nachgewiesen sind. Dagegen ist das untere **Pliozän** nur noch im äußersten Westen Schleswig-Holsteins marin ausgebildet und die Abkühlung des känozoischen **Eiszeitalters** macht sich immer deutlicher bemerkbar.

Das bekannteste Tertiärgeschiebe ist das fossilreiche **Holsteiner Gestein** des Untermiozän (Tab. 17), das fast ausschließlich aus Molluskenschalen besteht. Es kann aber auch als limonitische Variante nur Steinkernerhaltung aufweisen. Besonderheiten sind Funde von Haizähnen in diesem Geschiebe. Weitere Miozängeschiebe sind **Hemmoorer** und **Reinbeker Gestein**. Aus den **Glimmertonen** des Mittel- und Obermiozän liegen viele Muscheln und Schnecken isoliert vor und manchmal auch einige Haizähne. Ebenfalls in das Miozän sind die isolierten **verkieselten Hölzer** zu stellen.

Da anstehendes Miozän in Norddeutschland und Dänemark bis zur Oberfläche reichen kann, ist die Einstufung isolierter Funde (z.B. Mollusken, Haizähne) als Geschiebe nicht immer einfach (Abb. 73).

1. **Versteinerte Hölzer** (Taf. XL, Fig. 1): Miozän;
die relativ häufigen verkieselten Hölzer mit weiß bis hellgelb ausgebleichter Oberfläche und oft hell- bis tiefdunkelbraunem Kern stammen vermutlich aus den Unteren oder Oberen Braunkohlensanden des U- und M-Miozän;
die selteneren sideritischen Geschiebehölzer (Taf. XL, Fig. 1) dürften dagegen aus obermiozänen Glimmertonen stammen;
Liefergebiet: Ostseeraum, anstehend auch im Untergrund Norddeutschlands.

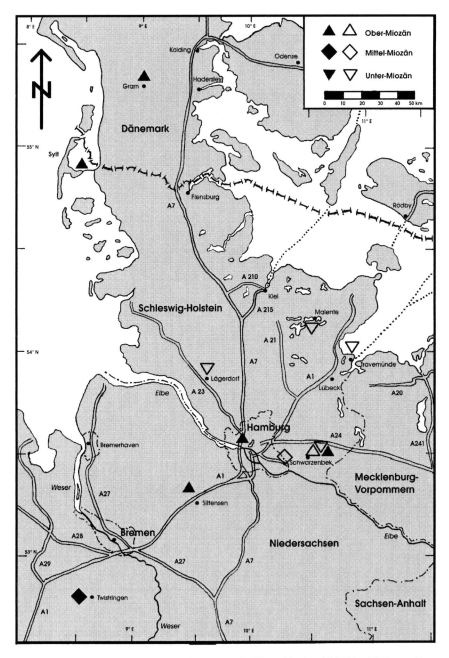

Abb. 73: Fundpunktauswahl miozäner Fossilien in Norddeutschland und Südjütland (Dänemark); offene Signatur = Geschiebe (verändert nach LIENAU 1992b).

[Mio.J.]	Neogen			Leitfossilien (Schnecken, Muscheln)
Pliozän [1,6]	Oberes	Astium		[paläozoische Fossilien des Baltikums auf sekundärer Lagerstätte]
	Unteres	Zanclium / Tabanium	Morsumium	*Hinia reticosa*
Miozän	Oberes	Messinium	Syltium	*Carinastarte rollei* / *Liomesus ventrosus* / *Aquilofusus eximius*
		Tortonium	Gramium	*Carinastarte reimersi* / *Aquilofusus semiglaber*
	Mittleres	Serravallium	Langenfeldium (s. str.) [Langenfeldium]	*Nicania gleuei* / *Carinastarte vetula* / *Aquilofusus luneburgensis* / *Uromitra wirtai*
			Lüneburgium	*Ashtarotha anus*
		Langhium	Reinbekium	*Scalaspira festiva* / *Streptodictyon abruptus* / *Crassispira cimbrica* / *Magnella andersoni* / *Bittium obsoletum*
	Unteres	Burdigalium	Oxlundium [Hemmoorium]	*Haustator eryna* / *Dorsanum boreobaccatum*
			Behrendorfium	*Chicoreus scalariformis* / *Aquilofusus siebsi* / *Tritonella cimbrica* / *Clavatula boreoromana* / *Elaeocyma diensti*
		Aquitanium	Vierlandium	*Ecphora wiechmanni* / *Nassarius meyni* / *Aquilofusus guerichi*
[23]				

Tab. 17: Neogen (verändert nach LIENAU 1990b;

NW-Deutschland, Dänemark	Geschiebe	
fluviatiler Kaolinsand mit Braunkohle	verkieselte Fossilien des Ordovizium und Silur aus dem Kaolinsand	
Feinsand, unten zu Limonitsandstein verkittet		
dunkler Glimmerton, oben z.T. Glimmersand	lose Mollusken, Haizähne u.a. sowie Toneisenstein-Geoden ("Miozäne Kugeln") des Glimmertons	norddeutsche Zer-
Kalksandstein und Sande / Hamburger Ton / Sande — Obere Braunkohlensande, Untere	Reinbeker Gestein Dwoberger Gestein	streute und eb-
	Hemmoorer Gestein und lose Mollusken	verkieselte Geschiebe
	Holsteiner Gestein und lose Mollusken	

dort verändert nach HUCKE & VOIGT 1967).

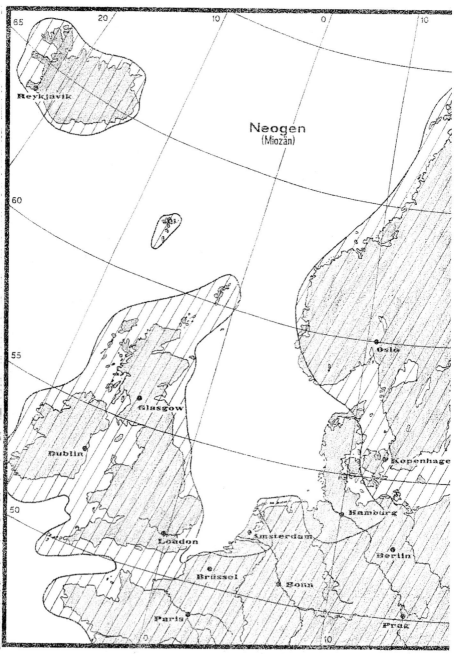

Abb. 74: Paläogeographie des nordeuropäischen

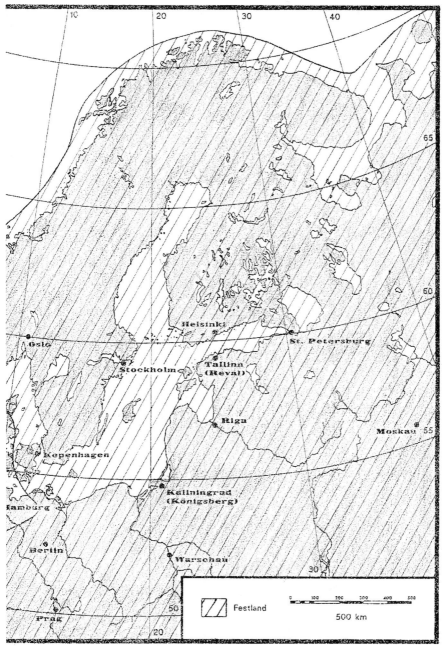

Miozän (aus Lienau 1992c).

Abb. 75: Meer des Obermiozän (verändert nach LIENAU 1992c).

Taf. XXXVIII (S. 193): Holsteiner Gestein, Untermiozän:
1: *Xenophora burdigalensis* (Lastträgerschnecke); Vierth bei Malente, Holstein; AGH Nr. G 108/116 (ehem. Slg. Kausch); Maßstab: 1 cm (Ausschnitt).
2: *Glossus lunulatus* (Muschel); Sierksdorf, Ostsee (Lübecker Bucht); AGH Nr. G 108/117 (ehem. Slg. Kausch); Maßstab: 1 cm.
3: *Chicoreus aquitanicus* (Schnecke), Muschel- und Schnecken-Schill; Malente, Holstein; AGH Nr. G 108/118 (ehem. Slg. Kausch); 1:1.
4: *Ficus conditus* (Schnecke); Brodtener Ufer bei Travemünde; AGH Nr. G 108/119 (ehem. Slg. Kausch); Maßstab: 1 cm (Ausschnitt).
5: Muschel- und Schnecken-Schill; Brodtener Ufer bei Travemünde; AGH Nr. G 108/120 (ehem. Slg. Kausch); Maßstab: 1 cm.

2. Holsteiner Gestein (Taf. XXXVIII): Vierlandium (unteres Untermiozän);
oft große, äußerst fossilreiche rötlich-braune bis gelbbraune Konkretionen mit Mollusken in Schalenerhaltung, Bryozoen, Haizähnen u.a.;
manchmal auch stark angewittert, so dass nur Steinkerne von Mollusken vorliegen, die oft recht mürbe sind, während Haizähne stabiler gegenüber Verwitterung reagieren und weiterhin gut erhalten sind;
Liefergebiet: Ostseeraum, anstehend auch im Untergrund Norddeutschlands.

3. Hemmoorer Gestein (Taf. XXXIX, Fig.1): Hemmoorium (ob. Untermiozän);
oft sehr große, ellipsoidische, graue Kalksandsteinkonkretionen mit kalkigem oder sideritischem Bindemittel;
ebenfalls fossilreich, außer Mollusken in Schalenerhaltung seltener Seeigel;
Liefergebiet: Ostseeraum, anstehend auch im Untergrund Norddeutschlands.

4. Reinbeker Gestein (Abb. 76; Taf. XXXIX, Fig. 2-7; Taf. XLI, Fig. 2): unteres Reinbekium (unteres Mittelmiozän);
helle, ungeschichtete, mürbe Kalksandsteine, die dunkle, phosphoritische Partien enthalten können;
fossilreich, aber artenärmere Molluskenfauna als im Holsteiner oder Hemmoorer Gestein;
außerdem findet man manchmal Seeigel und kleinwüchsige Krebse (Abb. 76) sowie selten auch Haizähne (Taf. XLI, Fig. 2);
Liefergebiet: Ostseeraum, anstehend auch im Untergrund Norddeutschlands.

5. „Miozäne Kugeln" (Taf. XLI, Fig. 10): vermutlich Obermiozän;
diese Toneisensteinkonkretionen mit heller bis rötlicher, oft harter Limonitkruste entstammen wahrscheinlich obermiozänen Glimmertonen;
in ihrem sehr harten bis manchmal recht weichen Inneren finden sich selten und dann meist in Einzelexemplaren Mollusken, Krebse, Haizähne oder Fischschuppen;
Liefergebiet: Ostseeraum, anstehend auch im Untergrund Norddeutschlands.

Taf. XXXIX (S. 194): Unter- und Mittelmiozän:
1: *Pinna* sp. (Steckmuschel); Hemmoorer Gestein, höheres Untermiozän; Hemmoor bei Stade; AGH Nr. G 108/121 (ehem. Slg. Ansorge); Maßstab: 1 cm.
2: *Murex spinicosta* (Schnecke); Reinbeker Gestein, unteres Mittelmiozän; Segrahner Berg, Holstein; AGH Nr. G 108/122 (ehem. Slg. Kausch); Maßstab: 1 cm (leicht angeschnitten).
3: *Glycymeris* sp. (Muscheln): **a** Innenansicht einer isolierten Klappe, **b** Wirbelregion eines doppelklappigen Exemplares; Reinbeker Gestein, unteres Mittelmiozän; Segrahner Berg, Holstein; AGH Nr. G 108/123 (ehem. Slg. Kausch); Maßstab: 1 cm.
4: *Isocardia harpa* (Muschel); Reinbeker Gestein, unteres Mittelmiozän; Segrahner Berg, Holstein; AGH Nr. G 108/124 (ehem. Slg. Kausch); Maßstab: 1 cm.
5: *Murex* sp. (Schnecke); Reinbeker Gestein, unteres Mittelmiozän; Segrahner Berg, Holstein; AGH Nr. G 108/125 (ehem. Slg. Kausch); 1:1.
6: Muschel- und Schnecken-Schill; Reinbeker Gestein, unteres Mittelmiozän; Segrahner Berg, Holstein; AGH Nr. G 108/126 (ehem. Slg. Kausch); Maßstab: 1 cm.
7: *Semicassis* sp. (Schnecke); Reinbeker Gestein, unteres Mittelmiozän; Segrahner Berg, Holstein; AGH Nr. G 108/127 (ehem. Slg. Kausch); 1:1.

Abb. 76 Panzer der Schwimmkrabbe *Portunus* in Reinbeker Gestein; Segrahner Berg, Holstein; Slg. Lienau (Hamburg).

6. **lose Fossilien** (Taf. XL, Fig. 2-8; Taf. XLI, Fig. 1, 3-9, 11-13): Miozän, eventuell älter;
die in den Schmelzwassersanden zu findenden losen Mollusken und Haizähne dürften ebenfalls zum größten Teil aus obermiozänen Glimmertonen stammen, können seltener aber auch aus älteren Tonen umgelagert sein; selten sind andere Wirbeltierreste wie Schildkröten-Plattenfragmente oder Walwirbel;
Liefergebiet: Ostseeraum, anstehend auch aus dem Untergrund Norddeutschlands bekannt.

Taf. XL (S. 197): Obermiozän:
1: *Teredo* sp. („Schiffsbohrwurm", in Holz bohrende Muschel); Sideritisches Holz; Hoisbüttel bei Hamburg; AGH Nr. G 108/128 (ehem. Slg. Kausch); Maßstab: 1 cm.
2: *Aporrhais alata* (Schnecke); Groß Pampau bei Schwarzenbek; Slg. Lienau (Hamburg); 1:1.
3: *Dentalium badense* (Scaphopode); Segrahner Berg, Holstein; AGH Nr. G 108/129 (ehem. Slg. Kausch); 1:1.
4: *Flabellum* sp. (Einzelkorallen): **a** Aufsicht, **b** Seitenansicht eines zweiten Exemplares; Brodtener Ufer bei Travemünde; AGH Nr. G 108/130 (ehem. Slg. Kausch); 1:1.
5: *Macrorhizodus hastalis* (Haizahn); Groß Pampau bei Schwarzenbek; Slg. Lienau (Hamburg); 1:1.
6: *Aquilofusus luneburgensis* (Schnecke); Groß Pampau bei Schwarzenbek; Slg. Lienau (Hamburg); 1:1.
7: *Astarte (Carinastarte) vetula* (Muschel); Groß Pampau bei Schwarzenbek; Slg. Lienau (Hamburg); 1:1.
8: Walwirbel: **a** Vorderansicht, **b** Seitenansicht eines zweiten Exemplares; Segrahner Berg, Holstein; AGH Nr. G 108/131 (ehem. Slg. Kausch); Maßstab: 1 cm.

Taf. XLI (S. 198): Miozäne Knorpelfisch-Reste (nach LIENAU 1992b):
1: *Carcharocles chubutensis* (Zahn eines ausgestorbenen großen Raubhaies); Vierlandium, unteres Untermiozän; Brunnenbohrung, Winsen/Luhe bei Hamburg; HM-G-C. 3 (Naturwiss. Slg. Helms-Mus. Harburg, Hamburger Mus. Archäol. Gesch. Harburgs); Maßstab: 1 cm.
2: *Notorynchus primigenius* (Zahn eines Kammzahnhaies); Reinbeker Gestein, Geschiebe des unteren Mittelmiozän; Reinbek bei Hamburg; Paläont. Lehrslg. GPIMH; Maßstab: 1 cm.
3: *Galeocerdo aduncus* (Zahn eines Tigerhaies); Twistringer Schichten, Reinbekium, unteres Mittelmiozän; ehem. Ziegeleitongrube Sunder, Twistringen, W-Niedersachsen; Slg. Lienau (Hamburg); Maßstab: 1 cm.
4: *Hemipristis serra* (Zahn eines Tigerhaies); oberes Langenfeldium, unteres Obermiozän; ehem. Ziegeleitongrube Kallmorgen, Hamburg-Langenfelde; Slg. GPIMH; Maßstab: 1 cm.
5: „*Odontaspis*" *molassica* (Zahn eines Tigerhaies); oberes Langenfeldium, unteres Obermiozän; Ziegeleitongrube Wienenberger, Tiste bei Sittensen, Niedersachsen; Slg. Lienau (Hamburg); Maßstab: 1 cm.
6: *Macrorhizodus escheri* (Zahn eines Tigerhaies); oberes Langenfeldium, unteres Obermiozän; Ziegeleitongrube Wienenberger, Tiste bei Sittensen, Niedersachsen; Slg. Lienau (Hamburg); Maßstab: 1 cm.
7: *Macrorhizodus hastalis* (Zahn eines Tigerhaies); Gramium, mittleres Obermiozän; Tongrube Gram, Südjütland, Dänemark; Slg. Midtsønderjyllands Mus. (Gram); Maßstab: 1 cm.
8: *Macrorhizodus escheri* (Zahn eines Tigerhaies); Gramium, mittleres Obermiozän; Tongrube Gram, Südjütland, Dänemark; Slg. Midtsønderjyllands Mus. (Gram); Maßstab: 1 cm.
9: *Dasyatis rugosa* (Zahn eines weiblichen Stechrochens): **a** Aufsicht, **b** Seitenansicht; Syltium, oberes Obermiozän; Morsum-Kliff, Sylt; Slg. GPIMH (leg. U. von Hacht); Maßstab: 0,3 mm.
10: *Praecetorhinus parvus* (Kiemenreusendorn eines Riesenhaies); Miozäne Kugel, Obermiozän-Geschiebe; Kiesgrube Fa. Ohle, Groß Pampau bei Schwarzenbek; Slg. Lienau (Hamburg); Maßstab: 1 cm.
11: *Macrorhizodus hastalis* (Zähne eines Tigerhaies): **a** Vorderzahn, **b** Seitenzahn; Obermiozän-Geschiebe; Kiesgrube Fa. Ohle, Groß Pampau bei Schwarzenbek; Slg. Lienau (Hamburg); Maßstab: 1 cm.
12: *Physogaleus tertius* (Zahn eines Blauhaies); Obermiozän-Geschiebe; Kiesgrube Fa. Ohle, Groß Pampau bei Schwarzenbek; Slg. Lienau (Hamburg); Maßstab: 1 cm.
13: *Carcharocles megalodon* (Zahn eines ausgestorbenen großen Raubhaies); Obermiozän-Geschiebe; Kiesgrube Fa. Ohle, Groß Pampau bei Schwarzenbek; Slg. Lienau (Hamburg); Maßstab: 1 cm.

6. Danksagung

Die Zusammenstellung der Ausstellung erfolgte auf Anregung durch die Stadt Westerland nach Vermittlung von Herrn Ulrich von Hacht. Für die Mithilfe bei der Ausrichtung der Ausstellung danke ich Dr. Klaus H. Eiserhardt, Frau Gisela Pöhler, Dr. Roger Schallreuter und Herrn Fritz-N. Wissing. Das Plakat zeichnete Frau Bettina Lienau und bei der Computer-Schrift half mir Dr. Uwe Marheinecke.

Weiterführende Mitteilungen für den Ausstellungskatalog und kritische Durchsicht des Manuskriptes verdanke ich Herrn Bernhard Brügmann, Dr. Ullrich Dornsiepen, Dr. Jürgen Ehlers, Dr. Eiserhardt, Dr. Theo Engeser, Dipl.-Geol. Christian Gillbricht, Dr. Wolfgang Hansch, Herrn Jürgen Kausch, Dipl.-Geol. Nico Lehmann, Herrn Hans-Jürgen Lierl, Dr. Marheinecke, Prof. Dr. Klaus-Dieter Meyer, Herrn Andreas Montag und Dr. Schallreuter.

Für Durchsicht und Korrektur des Manuskriptes zur Biologie der Trilobiten (LIENAU 1991: Urfassung von Kapitel 4) danke ich Prof. Dr. Gerhard K. B. Alberti und Dr. Frank Rudolph.

Für die eingehende Diskussion meiner Entwürfe der paläogeographischen Karten (LIENAU 1992c: im Kapitel 5) danke ich Dr. Dornsiepen.

Für weiterführende Mitteilungen zu den Fundumständen von Chondrichthyer-Resten in miozänen Glimmertonen des nordwestdeutschen Tertiär-Beckens (LIENAU 1992b: im Kapitel 5.13) danke ich Dr. Winfried Hinsch. Das Manuskript las Dr. Engeser Korrektur.

Die Abbildungen 3-20, 23, 25, 28-30, 35-36, 41-44, 48-50, 52-54, 57-58, 63-65, 68, 72.1-3 und 74 zeichnete Frau Bettina Lienau nach meinen Entwürfen, während die Abbildungen 22, 24, 26, 31, 37-39, 45-47, 51, 59-60, 66, 70, 73 und 75 von mir stammen und extra für dieses Buch entworfen bzw. überarbeitet wurden.

Zusätzliche Informationen bei der Abfassung dieser überarbeiteten und stark erweiterten Fassung erhielt ich von Dr. Frank Rudolph, Dr. Ehlers, cand. geol. Jens Koppka, Gerhard Schöne und Dr. Uwe Marheinecke, mit dem gemeinsam auch das Layout dieses Buches erstellt wurde. Das abgeschlossene Manuskript lasen Dr. Marheinecke und Dr. Rudolph Korrektur.

Da ich anstrebe, dieses Buch alle 5 - 10 Jahre zu überarbeiten, bitte ich die Leser um Hinweise zu Korrekturen und Verbesserungen. Auch würde ich mich freuen, wenn Autoren mir Sonderdrucke von Publikationen zuschicken, in denen wichtige Informationen zu einzelnen Geschiebetypen stehen, die in einer Neuauflage berücksichtigt werden sollten.

7. Literatur

Hinweise auf wichtige Geschiebe-Literatur geben z.B. HUCKE & VOIGT (1967), LIENAU (1990b), HANSCH et al. (1994), RUDOLPH & BILZ (2000) und RUDOLPH (2001b). Umfassende Literaturverzeichnisse zur Geschiebekunde liefern die KAERLEIN-Bibliographien (KAERLEIN 1969, 1985, 1990; SCHALLREUTER 1998b; SCHÖNE 2002) und die von LUDWIG (1970). Als neuere Möglichkeit gibt es auch die fünf KAERLEIN-Bibliographien als CD-ROM für 25,– €. Diese ist zu beziehen über die GfG (Gesellschaft für Geschiebekunde, c/o Geologisch-Paläontologisches Institut und Museum der Universität Hamburg, Bundesstraße 55, D-20146 Hamburg).

Daher sind in diesem Literaturverzeichnis nur die zur Abfassung der Neufassung benötigten Geschiebe-Publikationen berücksichtigt. Der Schwerpunkt liegt vielmehr bei neueren Arbeiten zur regionalen Geologie und Paläontologie der Liefergebiete unserer Geschiebe.

Außerdem besitzt fast jede der zitierten Publikationen ihr eigenes Literaturverzeichnis, mit dem man verschiedene Themenkomplexe vertiefen kann.

ADAM, K. D. (1982): Der Mensch im Eiszeitalter. – Stuttgarter Beitr. Naturkde., C **15**: 72 S., 36 Abb., 2 Tab.; Stuttgart.
— [Bearb.] (1983): Fossilien sammeln, bergen, präparieren, konservieren, magazinieren, ausstellen. – Museumsmagazin, **1**: 147 S., 150 Abb., 1 Tab.; Stuttgart (Theiss).
AHLBERG, P. (1989): Agnostid trilobites from the Lower Ordovician Komstad Limestone Formation of Killeröd, Scania, Sweden. – Palaeontology, **32** (3): 553-570, 4 Abb., 4 Tab., Taf. 61-62; London.
AHLBERG, P. & AHLGREN, J. (1996): Agnostids from the Upper Cambrian of Västergötland, Sweden. – Geol. Fören. Förhandl., **118**: 129-140, 6 Abb.; Stockholm.
AMLER, M. R. W. & BARTHOLOMÄUS, W. A. (1998): Ein hippocardiider Rostroconch in einem Hornstein (Ordosilur) von Sylt. – Arch. Geschiebekde., **2** (6): 387-397, 10 Abb.; Hamburg.
AMLER, M. R. W. & ELSNER, H. (1988): *Ptilodictya lanceolata* aus obersilurischen Geschieben von Schöningen/Ost-Niedersachsen. – Geschiebekunde aktuell, **4** (3): 69-80, 6 Abb., 1 Tab.; Hamburg.
ANDERBERG, A. & JOHANNSSON, J. (1981): Trilobiterna i Närke. – 182 S., 94 Abb., 2 Tab.; Örebro (Kambria).
ANDERSEN, B. G. & BORNS, H. W. Jr. (1994): The Ice Age World. An Introduction to Quaternary History and Research with Emphasis on North America and Northern Europe during the last 2.5 Million Years. – 208 S., 192 Abb.; Oslo, Copenhagen, Stockholm (Scandinavian Univ. Press).
ANDERSEN, R. T. (1983): Møn. – 48 S., 77 Abb.; Møn (Trojaborg).
ANSORGE, J. (1990): Ausstellungskatalog S. 111
— (2002): Zur anthropogenen Verbreitung von Leitgeschieben in vorindustrieller Zeit – ein Beitrag zum skandinavischen Natursteinexport. – Geschiebekunde aktuell, **18** (3): 77-93, 3 Abb., 4 Taf.; Hamburg.

BAARLI, B. G. (1995): Orthacean and strophomenid brachiopods from the Lower Silurian of the Central Oslo Region. – Fossils & Strata, **39**: 93 S., 19 Taf.; Oslo.
BACHOFEN-ECHT, A. (1949, 1996): Der Bernstein und seine Einschlüsse. – 230 S., 197 Abb.; Straubenhardt (Wunderlich). – [Reprint m. umfangr. Anh. v. J. WUNDERLICH]
BÄHR, J. & KORTUM, G. [Hrsg.] (1987): Schleswig-Holstein. – XIV + 350 S., 34 Abb., 7 Tab.; Berlin, Stuttgart (Borntraeger). – [Slg. Geogr. Führer, **15**]
BAHLBURG, H. & BREITKREUZ, C. (1998): Grundlagen der Geologie. – VIII + 328 S., 340 Abb., 43 Tab.; Stuttgart (Enke).
BARTHOLOMÄUS, W. A. (1992): Ästhetische Einblicke in verkieselte Schwämme. – Fossilien, **9** (4): 219-220, 2 Taf.; Korb (Goldschneck).
— (1993): Spurenfossilien unterkambrischer Sandsteine aus dem Sylter Kaolinsand sowie von Eiszeit-Geschieben. – Arch. Geschiebekde., **1** (6): 307-328, 6 Abb., 1 Tab., 1 Taf.; Hamburg.
— (2000): Muschel-führender Rhätolias-Sandstein als Geschiebe. – Geschiebekunde aktuell, **16** (2): 33-34, 64-68, 3 Abb.; Hamburg.
BARTHOLOMÄUS, W. A. & BÖHMECKE, E. & LANGE, M. (1999): Einige Receptaculiten (Ordoviz-Silur) aus Sylter Kaolinsand. – Arch. Geschiebekde., **2** (7): 483-496, 5 Abb., 1 Tab.; Hamburg.
BARTHOLOMÄUS, W. A. & BÖHMECKE, E. & LANGE, M. & SÖRENSEN, G. & WISSING, F.-N. (1996): Verschiedene Apidien (Kalkalgen) des Ordoviz-Silurs. – Arch. Geschiebekde., **2** (2): 67-84, 11 Abb., 2 Tab.; Hamburg.
BARTHOLOMÄUS, W. A. & HUISMAN, H. (1996): Koloniebildende rugose Korallen (Oberordoviz - Silur) von Noordbroek/NL und aus dem Kaolinsand von Sylt. – Geschiebesammler, **29** (3): 103-116, 6 Abb., 1 Tab.; Wankendorf.
BARTHOLOMÄUS, W. A. & REINHOLD, C. & SOLCHER, J. (1997): Ein devonisches Sandsteingeschiebe des Old Red. 1. Petrographie und Diagenese. – Arch. Geschiebekde., **2** (3): 121-139, 5 Abb., 3 Tab., 1 Taf.; Hamburg.
BARTHOLOMÄUS, W. A. & SOLCHER, J. (2002): Wenig bekannte Eigenschaften von Blauquarz. – Geschiebekunde aktuell, **18** (3): 99-106, 1 Taf.; Hamburg.
BARTHOLOMÄUS, W. A. & WEICKER, E. (1999): Eine Krebsschere in dano-kretazischem Flint. – Geschiebesammler, **32** (1): 9-13, 2 Abb.; Wankendorf.
BENDA, L. [Hrsg.] (1995): Das Quartär Deutschlands. – XXI + 408 S., 96 Abb., 30 Tab.; Berlin, Stuttgart (Borntraeger).
BERGMAN, C. & STRIDSBERG, S. (1991): Svenska fossil i ord och bild. – 110 S., 114 Abb., 1 Tab.; Lund (Selbstverlag).
BERGSTRÖM, J. & HOLLAND, B. & LARSSON, K. & NORLING, E. & SIVHED, U. [Hrsg.] (1973): Guide to excursions in Scania. – S.G.U., **Ca 54**: 1-85, 48 Abb.; Uppsala.
BERTHELSEN, A. (1989): Bornholms Geologi III: Grundfjeldet. – Varv, **1989** (1): 1-40, 33 Abb.; København.
BERTHELSEN, A. & HAMANN, N. E. & NIELSEN, A. T. & SJØRRING, S. (1988): Bornholms Geologi I. – Varv, **1988** (2): 33-80, 35 Abb., 2 Tab., 2 Kt.; København.
BILZ, W. (1995a): Geschiebefunde an den Abbruchkanten der Eckernförder Bucht. Sedimentärgeschiebe des Präkambrium und Unterkambrium. – Geschiebesammler, **28** (3): 109-128, 23 Abb.; Wankendorf.
— (1995b): Geschiebefunde an den Abbruchkanten der Eckernförder Bucht. Sedimentärgeschiebe aus dem Mittelkambrium. – Geschiebesammler, **28** (4): 167-179, 10 Abb., 2 Tab.; Wankendorf.

— (1996a): Geschiebefunde an den Abbruchkanten der Eckernförder Bucht. 3. Sedimentärgeschiebe des Oberkambrium. − Geschiebesammler, **29** (2): 51-61, 14 Abb., 1 Tab.; Wankendorf.
— (1996b): Geschiebefunde an den Abbruchkanten der Eckernförder Bucht. 4. Sedimentärgeschiebe des Silur: Beyrichienkalk. − Geschiebesammler, **29** (4): 151-167, 21 Abb.; Wankendorf.
— (1997): Geschiebefunde an den Abbruchkanten der Eckernförder Bucht. 5. Sedimentärgeschiebe des Silur: Graptolithengestein. − Geschiebesammler, **30** (3): 99-117, 18 Abb.; Wankendorf.
— (1998): Geschiebefunde an den Abbruchkanten der Eckernförder Bucht. 6. Sedimentärgeschiebe des Silur und Devon, Kristallingeschiebe des Perm. − Geschiebesammler, **31** (3): 119-136, 16 Abb.; Wankendorf.
BIRKELUND, T. & BROMLEY, R. G. [Hrsg.] (1979): The Maastrichtian and Danian of Denmark. − Cretaceous-Tertiary Boundary Events, Symp. Vol. **I**: 210 S., 79 Abb., 7 Tab., 6 Taf.; København (Selbstverlag Geol. Inst. Univ. København).
BÖHMECKE, E. (1995): Unterschiedlich konstruiert: Trilobitenaugen. − Fossilien, **12** (1): 46-49, 8 Abb.; Weinstadt (Goldschneck).
BÖSE, M. (1989): Das Quartär zwischen Nord- und Ostsee − Kurzbeschreibungen von ausgewählten Exkursionspunkten in Schleswig-Holstein und Dänemark. − Geschiebesammler, **23** (2-3): 57-78, 16 Abb.; Hamburg.
BOETZKES, M. & SCHWEITZER, I. & VESPERMANN, J. [Hrsg.] (1999): EisZeit. Das Grosse Abenteuer der Naturbeherrschung. − 283 S.; div. Abb.; Hildesheim (Roemer u. Pelizaeus-Mus.), Stuttgart (Thorbecke). − [Ausstellungs-Begleitbuch]
BONDE, N. (1987): Moler − its origin and its fossils especially fishes. − 53 S., 73 Abb.; Nykøbing (Skamol).
BROOD, K. (1982): Gotländska fossil. − 95 S., 33 Abb., 29 Taf.; Stockholm (Norstedt).
BRÜGMANN, B. (1990): Moler. − Geschiebekunde aktuell, **6** (4): 129-142, 6 Abb., 1 Tab., 2 Taf.; Hamburg.
BRUTON, D. L. & WILLIAMS, S. H. [Hrsg.] (1982): Field Excursion Guide of the IV. International Symposium on the Ordovician System. − Paleont. Contr. Univ. Oslo, **279**: III + 217 S., 79 Abb.; Oslo.

CASERUD, L. (1992): Geologiska Sevärdheter i Skåne. − 77 S., div. Abb. u. Kt.; Lund (SGU).
— (1994): Geologiska Sevärdheter i Skåne II. − 79 S., div. Abb. u. Kt.; Lund (SGU).
CHORLTON, W. (1983): Eiszeiten. − 176 S., 106 Abb.; Amsterdam (Time-Life). − [Reihe: Der Planet Erde]
CHRISTENSEN, L. B. [Hrsg.] (1986): Midtsønderjyllands Museum pa Gram Slot '76-'86. Naturhistorie og geologi. − 112 S., 129 Abb.; Gram (Midtsønderjyllands Mus.).
CHRISTENSEN, W. K. (1975): Upper Cretaceous Belemnites from the Kristianstad area in Scania. − Fossils & Strata, **7**: 1-69, 12 Taf.; Oslo.
— (1986): Upper Cretaceous Belemnites from the Vomb Trough in Scania, Sweden. − S.G.U., **Ca 57**: 1-57, 16 Abb., 7 Taf.; Stockholm.
CHRISTENSEN, W. K. & SCHULZ, M.-G. (1997): Coniacian and Santonian belemnite faunas from Bornholm, Denmark. − Fossils & Strata, **44**: 1-73, 66 Tab., 3 Taf.; Oslo.
CLAUS, W. (1993): Die Insel Fur. − Fossilien, **10** (2): 91-96, 8 Abb.; Korb (Goldschneck).
CLEMMENSEN, L. & DAM, G. & HAMBERG, L. & NIELSEN, A. T. (1988): Bornholms Geologi II: Palæozoikum. − Varv, **1988** (3): 81-112, 28 Abb., 1 Tab., 1 Kt.; København.
CRIMES, T. P. & HARPER, J. C. [Hrsg.] (1970): Trace fossils. − Geol. J., Spec. Issue **3**: VII + 547 S., 113 Abb., 9 Tab., 88 Taf.; Liverpool (Seel House Press).

— (1977): Trace fossils 2. – Geol. J., Spec. Issue 9: VII + 351 S., 67 Abb., 11 Tab., 65 Taf.; Liverpool (Seel House Press).

DABER, R. & HELMS, J. (1981): Fossile Schätze. – 232 S., 46 Abb., 1 Tab., 125 Taf. + 2 (Schutzumschlag); Leipzig (Edition Leipzig).

DEGENS, E. T. & HILLMER, G. & SPAETH, CHR. [Hrsg.] (1984): Exkursionsführer Erdgeschichte des Nordsee- und Ostseeraumes. – XV + 575 S., 152 Abb., 23 Tab., 14 Taf., 5 Kt.; Hamburg (Selbstverlag Geol.-Paläont. Inst. u. Mus. d. Univ. Hamburg). – [Exkursionsführer Geotagung 1984 DGG u. Paläont. Ges.]

DIGGELEN, J. VAN & STEMVERS-VAN BEMMEL, J. (1982): Graptolieten. – Gea, **15** (3): 73-108, 75 Abb., 1 Tab.; Amsterdam (Stichting Geol. Aktiviteiten).

DULTZ, M. & EPPLE, A. & GÖBEL, P. (1991): Der Große ADAC Natur-Reiseführer Deutschland. – 896 S., 1359 Abb., 150 Kt.; München (ADAC Verlag, Deutscher Bücherbund).

DUPHORN, K. & KLIEWE, H. & NIEDERMEYER, R.-O. & JANKE, W. & WERNER, F. (1995): Die deutsche Ostseeküste. – VIII + 281 S., 87 Abb., 6 Tab.; Berlin, Stuttgart (Borntraeger). – [Slg. Geol. Führer, **88**]

EHLERS, J. [Hrsg.] (1983): Glacial deposits in North-West Europe. – 470 S., 409 Abb., 18 Tab., 95 Farbfotos; Rotterdam (Balkema).

— (1989): Eiszeiten mit Gletschern! – Geowiss., 7 (12): 359-361; Weinheim.

— (1994): Allgemeine und historische Quartärgeologie. – VIII + 358 S., 176 Abb., 16 Tab.; Stuttgart (Enke).

EHLERS, J. & GIBBARD, P. L. & ROSE, J. [Hrsg.] (1991): Glacial deposits in Great Britain and Ireland. – IX + 580 S., 368 Abb., 41 Tab., 51 Farbtaf.; Rotterdam, Brookfield (Balkema).

EHLERS, J. & KOZARSKI, S. & GIBBARD, P. L. [Hrsg.] (1995): Glacial deposits in North-East Europe. – 626 S., 421 Abb., 23 Tab.; Rotterdam (Balkema).

EICHBAUM, K. W. & MEIER, H. & ZACHAU, A. (1974): Geschiebefundorte im Raume Hamburg – Schleswig-Holstein – Niedersachsen. – Geschiebesammler, Sonderh. **1**: 62 S., 23 Abb.; Hamburg.

EISERHARDT, K. H. & VOIGT, E. (1997): Ockergelbe Hornsteingeschiebe. – Geschiebekunde aktuell, **13** (2): 33-42 + 67-68, 10 Abb.; Hamburg.

EISSMANN, L. (2000): Die Erde hat Gedächtnis – 50 Millionen Jahre im Spiegel mitteldeutscher Tagebaue. – 144 S., 140 Farbfotos; Beucha (Sax).

EKLUND, A. & OLSSON, L. (1986): Gotland. – 32 S., 27 Abb.; Stockholm (Natur och Kultur). – [Reihe: Schwedische Landschaften]

ENGELHARDT, G. (2000): *Diplotrypa petropolitana* (NICHOLSON) – eine massive trepostome Bryozoe als Sammelobjekt aus den ordovizischen Geschieben. – Geschiebekunde aktuell, **16** (3): 69-78, 3 Abb., 1 Taf.; Hamburg.

FLORIS, S. & HANSEN, H. J. & HÅKANSSON, E. & KRÜGER, J. & SURLYK, F. (1971): Geologie på Øerne **1**. Sydøstjælland og Møn. – 96 S., 87 Abb.; København (Varv, Mineral. Mus.) – [Varv Ekskursionsfører, **2**]

FÖRSTER, M.-B. & FRAEDRICH, W. & RIEGERT, J. & SCHUBERT, M. (2000): Felseninsel Helgoland. Ein geologischer Führer. – VIII + 156 S., 87 Abb.; Stuttgart (Enke, Thieme).

FÖRSTER, R. (1982): Heuschreckenkrebse (Crustacea, Stomatopoda) aus dem Alttertiär von Helmstedt und Handorf (Niedersachsen) und der Oberkreide von Nigeria. – N. Jb. Geol. Paläont. Mh., 1982 (6): 321-335, 15 Abb.; Stuttgart.Fraedrich, W. (1996): Spuren der Eiszeit. Landschaftsformen in Europa. – 177 S., 59 Abb.; Heidelberg (Springer).

FREDHOLM, D. (1988a): Vertebrates in the Ludlovian Hemse Beds of Gotland, Sweden. – Geol. För. Stockholm Förh., **110** (2): 157-179, 14 Abb., 1 Tab.; Stockholm.

— (1988b): Vertebrate biostratigraphy of the Ludlovian Hemse Beds of Gotland, Sweden. – Geol. För. Stockholm Förh., **110** (3): 237-253, 3 Abb.; Stockholm.
FREESS, W. B. (1991): Elasmobranchii und Teleostei des Sternberger Gesteins (Oberoligozän). – Arch. Geschiebekde., **1** (3/4): 129-216 S., 4 Abb., 4 Tab., 22 Taf.; Hamburg.
FREESS, W. B. & MÖLLER, M. K. (1993): Rhizoprionodon (Chondrichthyes, Elasmobranchii) – eine für das Sternberger Gestein (Oberoligozän) neue Haigattung. – Arch. Geschiebekde., **1** (7): 459-464, 4 Abb.; Hamburg.
FRIIS, C. (1989): Orthoceraten-Insel Öland. – Fossilien, **6** (3): 115-116, 3 Abb. Korb (Goldschneck).
FRITSCH, E. & KNOCHE, A. & SACHSE, S. & SCHLÜTER, T. & STOLTE, H. & TODTENHAUPT, U. & TODTENHAUPT, D. (1985): Sediment-Geschiebe und ihre Fossilien aus Aufschlüssen in Berlin-West. – Aufschluss, **36** (3): 81-104, 22 Abb., 1 Tab.; Heidelberg.
FRITZSCHE, TH. (1995): Kristalline Geschiebe und die Zusammensetzung der Erdkruste. – Geschiebesammler, **28** (2): 51-61, 6 Tab.; Wankendorf.
GÁBA, Z. & MATYÁŠEK, J. (1997): Rhombenporphyr-Geschiebe in der Tschechischen Republik. – Geschiebekunde aktuell, **13** (4): 123-125, 3 Abb.; Hamburg.
GANZELEWSKI, M. & SLOTTA, R.(1996): Bernstein. Tränen der Götter. – 586 S., ca. 600 Abb.; Bochum (Dt. Bergbau-Mus.).
GANZELEWSKI, M. & REHREN, TH. & SLOTTA, R. [Hrsg.] (1997): Neue Erkenntnisse zum Bernstein. – Metalla, Sonderh. z. Symp. v. 16.-17.09.96: 128 S., div. Abb.; Bochum (DBM). – [Veröff. Dt. Bergbau-Mus., **66**]
GEORGI, K.-H. (1972): Kreislauf der Gesteine. – 252 S., 265 Abb.; Reinbek bei Hamburg (Rowohlt). – [rororo tele]
GIESSLER, M. (1991): Spuren auf mittelkambrischem „Siltstein". – Geschiebesammler, **25** (1-2): 9-27, 13 Abb.; Hamburg.
GÖBEL, P. & LIENAU, H.-W. (1995): Tertiär – Artenvielfalt in tropischem Klima. – In: TOPIC VERLAG [Hrsg.]: 125-165, 60 Abb.; Augsburg.
GOHLKE, W. (1995): Gletscherschrammen und Gletschertöpfe im Muschelkalk-Tagebau Rüdersdorf bei Berlin. – Geschiebekunde aktuell, **11** (4): 134-136, 4 Abb.; Hamburg.
GRAVESEN, P. (1993): Fossiliensammeln in Südskandinavien. Geologie und Paläontologie von Dänemark, Südschweden und Norddeutschland. – 248 S., 199 Abb. (135 Fotos + 267 Zeichnungen), 8 Tab.; Korb (Goldschneck).
— (1995): Stevns Klint – Kreide/Tertiär-Grenze. – In: WEIDERT, W. K. [Hrsg.]: 152-161 + 263-264, 8 Abb., 2 Taf.; Weinstadt.
— (2001): Fakse – Fossilreiche Kalke des mittleren Dan. – In: WEIDERT, W. K. [Hrsg.]: 165-177 + 272-273, 16 Abb., 3 Taf.; Weinstadt.
GRAVESEN, P. & ROLLE, F. & SURLYK, F. (1982): Lithostratigraphy and sedimentary evolution of the Triassic, Jurassic and Lower Cretaceous of Bornholm, Denmark. – D.G.U., **B** 7: 51 S., 41 Abb.; København.
GRIMALDI, D. A. (1996): Amber. Window to the Past. – 216 S., 230 Abb., 4 Kt.; New York (Abrams, Amer. Mus. Nat. Hist.).
GRIPP, K. (1964a): Krebse aus Miozän-Geschieben. – Lauenburgische Heimat (N.F.), **45**: 55-57, 2 Abb.; Ratzeburg.
— (1964b): Erdgeschichte von Schleswig-Holstein. – 411 S., 63 Abb., 41 Tab., 57 Taf., 3 Kt.; Neumünster (Wachholtz).
— (1967): Dekapode Krebse tertiären Alters aus Schleswig-Holstein. – Meyniana, **17**: 1-3, 1 Abb., 1 Taf.; Kiel.

GROSS, W. (1965): *Bothriolepis* cf. *panderi* LAHUSEN in einem Geschiebe von Travemünde bei Lübeck. – Mitt. Geol. Staatsinst. Hamburg, **34**: 138-141, 2 Abb.; Hamburg.
— (1966): Kleine Schuppenkunde. – N. Jb. Geol. Paläont. Abh., **125**: 29-48, 7 Abb.; Stuttgart. – [Festbd. SCHINDEWOLF]
— (1967a): Über Thelodontier-Schuppen. – Palaeontographica, **A 127** (1-2): 1-67, 15 Abb. (Anhang), Taf. 1-7; Stuttgart.
— (1967b): Über das Gebiß der Acanthodier und Placodermen. – J. Linn. Soc. (Zool.), **47** (311): 121-130, 2 Abb.; London.
— (1971): Downtonische und Dittonische Acanthodier-Reste des Ostseegebietes. – Palaeontographica, **A 136** (1-6): 1-82, 28 Abb., 10 Taf.; Stuttgart.
— (1973): Kleinschuppen, Flossenstacheln und Zähne von Fischen aus europäischen und nordamerikanischen Bonebeds des Devons. – Palaeontographica, **A 142** (4-6): 51-155, 35 Abb., Taf. 26-36; Stuttgart.
GRUBE, A. & GRUBE, F. & WOHLENBERG, H.-J. (1999): Geologische Streifzüge im Kreis Pinneberg. – IV + 24 S., 33 Abb. + Kt.; Pinneberg (Kr.-Verw. Pinneberg, Fachd. Umwelt).
GRY, H. (1960): Geology of Bornholm. – Guide to Excursions Nos A 45 and C 40, **XXI**. Int. Geol. Congr. Norden: 16 S., 7 Abb., 1 Kt.; Copenhagen.
— (1965): Furs Geologi. – 13 S., 4 Abb.; Fur (Fur Museum).
HACHT, U. VON [Hrsg.] (1985): Fossilien von Sylt. – 131 S., 6 Abb., 3 Tab., 30 Taf.; Hamburg (I.-M. von Hacht).
— [Hrsg.] (1987): Fossilien von Sylt II. – 327 S., 42 Abb., 8 Tab., 72 Taf.; Hamburg (I.-M. von Hacht).
— [Hrsg.] (1990): Fossilien von Sylt III. – 338 + XX S., 23 Abb., 9 Tab., 89 Taf.; Hamburg (I.-M. von Hacht).
HACHT, U. VON & LIERL, H.-J. (1985): Amethyste und Bergkristalle als Geschiebe im nordischen Vereisungsgebiet. – Schr. Naturwiss. Ver. Schleswig-Holstein, **55**: 81-95, 1 Abb., 4 Taf.; Kiel.
HÄNTZSCHEL, W. (1964): Die Spuren-Fauna, bioturbate Texturen und Marken in unterkambrischen Sandstein-Geschieben Norddeutschlands und Schwedens. – Aufschluss, Sonderh. **14**: 88-102, 9 Abb.; Heidelberg.
HALD, N. (1993): Drei Jahre Danekræ – Ein Gesetz und was es bewirkt hat. – Fossilien, **10** (6): 346-350, 7 Abb.; Korb (Goldschneck).
HAMANN, N. E. (1989): Bornholms Geologi IV: Mesozoikum. – Varv, **1989** (3): 73-104, 31 Abb., 1 Tab.; København.
HANSCH, W. & SCHALLREUTER, R. & HINZ-SCHALLREUTER, I. & LIERL, H.-J. (1994): Nordische Geschiebe – Zeugen der Eiszeit. – museo, 7: 58 S., 69 Abb.; Heilbronn (Städtische Museen).
HANSEN, M. & POULSEN, V. [Hrsg.] (1977): Geologie auf Bornholm. – 2. Aufl.: IV + 96 S., 82 Abb., 1 Tab.; Kopenhagen (Varv). – [Varv Exkursionsführer, 1]
HANTKE, R. (1992): Eiszeitalter. Die jüngste Erdgeschichte der Alpen und ihrer Nachbargebiete. – 1908 S., 91 Zeichnungen, Tabellen und Faltkarten, 530 z.T. farbige Abb., 122 Taf., 60 Kt.; Landsberg (ecomed).
— (1993): Flußgeschichte Mitteleuropas. Skizzen zu einer Erd-, Vegetations- und Klimageschichte der letzten 40 Millionen Jahre. – XX + 460 S., 242 Abb., 3 Tab.; Stuttgart (Enke).
HAUBOLD, H. & DABER, R. (1989): Lexikon der Fossilien, Minerale und geologischen Begriffe. – 439 S., 750 Abb., 16 Tab.; Leipzig (Edition Leipzig).

HEILMANN-CLAUSEN, C. & NIELSEN, O. B. & GERSNER, F. (1985): Lithostratigraphy and depositional environments in the Upper Paleocene and Eocene of Denmark. – Bull. geol. Soc. Denmark, **33**: 287-323, 23 Abb., 2 Tab.; Copenhagen.
HELM, C. & SOLCHER, J. (1999): Weitere Funde oberjurassischer Korallen (*Thamnasteria concinna* und *Isastrea* sp.) aus quartären Ablagerungen Niedersachsens. – Geschiebekunde aktuell, **15** (1): 1-8, 6 Abb.; Hamburg.
HENNINGSEN, D. & KATZUNG, G. (1998): Einführung in die Geologie Deutschlands. – 5. Aufl.: 244 S., 97 Abb., 9 Tab.; Stuttgart (Enke).
HERRIG, E. (1979): Ein Blick in die erdgeschichtliche Entwicklung des Nordteils der DDR: Die „Geologische Landessammlung der Nordbezirke" in der Sektion Geologische Wissenschaften der Ernst-Moritz-Arndt-Universität Greifswald. – 56 S., 54 Abb., 1 Tab.; Greifswald (Selbstverlag E.-M.-A.-Univ.).
– (1990): Exkursionsführer Geschiebe im Norden der DDR. – 85 S., 28 Abb., 11 Tab.; Greifswald, Hamburg (GfG).
HESEMANN, J. (1975): Kristalline Geschiebe der nordischen Vereisungen. – 267 S., 44 Abb., 29 Tab., 8 Taf., 1 Anl.; Krefeld (Geol. L.-Amt Nordrhein-Westfalen).
HILDEN, H. D. [Red.] (1995): Geologie im Münsterland. – 195 S., 50 Abb., 6 Tab., 1 Taf.; Krefeld (Geol. L.-Amt Nordrhein-Westfalen).
HINZ-SCHALLREUTER, I. & SCHALLREUTER, R. (1999): Ostrakoden. – 168 S., 130 Abb.; Stuttgart (Enke). – [HAECKEL-Bücherei, **4**; Hrsg.: H. K. ERBEN, G. HILLMER & H. RISTEDT]
HOCHLEITNER, R. & PHILIPSBORN, H. VON & WEINER, K. L. & RAPP, K. (1996): Minerale. Bestimmen nach äußeren Kennzeichen. – 3. Aufl.: 390 S., 23 Abb., 9 Taf., Anh.: 16 Taf. (64 Farbfotos); Stuttgart (Schweizerbart).
HOHL, R. [Hrsg.] (1981): Die Entwicklungsgeschichte der Erde. – 6. Aufl.: 703 S., 340 Abb., 53 Tab., 48 Taf.; Leipzig (VEB Brockhaus). – [Brockhaus Nachschlagewerk Geologie]
HUCKE, K. & VOIGT, E. (1967): Einführung in die Geschiebeforschung. – 132 S., 24 Abb., 5 Tab., 50 Taf., 2 Kt.; Oldenzaal (Nederlandse Geol. Ver.). – [hersg. u. erw. v. E. VOIGT]

IMBRIE, J. & PALMER IMBRIE, K. (1981): Die Eiszeiten. – 256 S., 49 Abb.; Düsseldorf, Wien (Econ).
IUGS [Hrsg.] (1989): Global Stratigraphic Chart. – Episodes, **12** (2): 1 Tab. (Supplement); Ottawa.

JAANUSSON, V. (1982a): Introduction to the Ordovician of Sweden. – Paleont. Contr. Univ. Oslo, **279**: 1-9, 4 Abb.; Oslo. – [Field Excursion Guide of the IV. International Symposium on the Ordovician System; Hrsg: D. L. BRUTON & S. H. WILLIAMS]
– (1982b): The Siljan District. – Paleont. Contr. Univ. Oslo, **279**: 15-42, 7 Abb.; Oslo. – [Field Excursion Guide of the IV. International Symposium on the Ordovician System; Hrsg.: D. L. BRUTON & S. H. WILLIAMS]
JANKE, V. (1996): Ein „Olearius-Stein" (Wabenigel, *Echinocorys* sp.) als Geschiebe von der Insel Mors (Dänemark). – Geschiebekunde aktuell, **12** (1): 1-4, 2 Abb.; Hamburg.
– (1999): „Sternberger Kuchen". – Fossilien, **16** (4): 243-247, 9 Abb.; Weinstadt (Goldschneck).
JENSEN, S. (1997): Trace fossils from the Lower Cambrian *Mickwitzia* sandstone, south-central Sweden. – Fossils & Strata, **42**: 111 S., 67 Abb.; Oslo.
JENSEN, S. & BERGSTRÖM, J. (1995): The trace fossil *Fucoides circinatus* BROGNIART, 1828, from ist type area, Västergötland, Sweden. – Geol. Fören. Förhandl., **117** (4): 207-210, 4 Abb.; Stockholm.

JUDENHAGEN, W. (1990): *Brissopneustes* und *Cyclaster* – zwei spezielle Seeigel aus Dänemark. – Arb.-Krs. Paläont. Hannover, **18** (6): 133-137, 6 Abb.; Hannover.

JUX, U. & STRAUCH, F. (1968): *Ophiomorpha* LUNDGREN 1891 aus dem Mesozoikum von Bornholm. – Medd. Dansk Geol. Foren., **18**: 213-220, 2 Abb., 1 Taf.; København.

KAERLEIN, F. (1969): Bibliographie der Geschiebe des pleistozänen Vereisungsgebietes Nordeuropas. – Mitt. Geol.-Paläont. Inst. Univ. Hamburg, **38**: 7-117; Hamburg. – [m. Beitr. v. L. H. BEMELMANS & G. KLEINSCHMIDT]

— (1985): Bibliographie der Geschiebe des pleistozänen Vereisungsgebietes Nordeuropas Teil II. – Mitt. Geol.-Paläont. Inst. Univ. Hamburg, **59**: 201-359; Hamburg.

— (1990): Bibliographie der Geschiebe des pleistozänen Vereisungsgebietes Nordeuropas Teil III. – Arch. Geschiebekde., **1** (1): 49-64; Hamburg.

KAEVER, M. & OEKENTORP, K. & SIEGFRIED, P. (1974): Invertebraten der Kreide. – Münster. Forsch. Geol. Paläont., **33/34**: 364 S., 8 Abb., 6 Tab., 67 Taf.; Münster. – [Fossilien Westfalens, 1]

— (1979): Invertebraten des Jura. – Münster. Forsch. Geol. Paläont., **40/41**: 360 S., 12 Abb., 8 Tab., 63 Taf.; Münster. – [Fossilien Westfalens, 2]

KAHLKE, H.-D. (1994): Die Eiszeit. – 3. Aufl.: 192 S., 84 Farb- + 33 SW-Fotos, 73 farbige Zeichnungen u. Kt.; Leipzig, Jena, Berlin (Urania).

KALJO, D. & MUSTJOGI, E. & ZEKCER, I. [Hrsg.] (1984): Estonian Soviet Socialist Republic. Guidebook to Excursions: 027 Hydrogeology of the Baltic & 028 Geology and mineral deposits of Lower Palaeozoic of the Eastern Baltic area. – 72 S., 17 Abb., 5 Tab.; Tallinn (Acad. Sci. Estonian SSR). – [Internat. Geol. Congr. XXVII Moscow 1984]

KALJO, D. & NESTOR, H. (1990): Field meeting Estonia 1990. An Excursion Guidebook. – 210 S., 60 Abb., 19 Tab., 24 Taf.; Tallinn (Inst. Geol., Estonian Acad. Sci.; Subcomm. Ordovician Stratigr., IUGS; Subcomm. Silurian Stratigr., IUGS; Proj. >Global Bioevents<, IGCP).

KAMLEITER, W. (1992): Foraminiferen. – 40 S., div. Abb.; Korb (Goldschneck).

KASK, J. (1992): Exkursionsführer Paläozoikum und Geschiebe von Estland. – 48 S., 33 Abb., 24 Taf.; Tallinn (Estonian Acad. Sci.), Hamburg (GfG).

KENNEDY, W. J. & CHRISTENSEN, W. K. (1997): Santonian to Maastrichtian ammonites from Scania, southern Sweden. – Fossils & Strata, **44**: 75-128, 40 Abb.; Oslo.

KENNEDY, W. J. & HANCOCK, J. M. & CHRISTENSEN, W. K. (1981): Albian and Cenomanian ammonites from the island of Bornholm (Denmark). – Bull. geol. Soc. Denmark, **29**: 203-244, 6 Abb., 2 Tab., 15 Taf.; Copenhagen.

KLAFACK, R. (1994): Über „Hühnergötter" und „Saßnitzer Blumentöpfe". – Geschiebekunde aktuell, **10** (4): 117-119, 1 Abb.; Hamburg.

KLOSTERMANN, J. (1999): Das Klima im Eiszeitalter. – X + 284 S., 90 Abb., 7 Tab.; Stuttgart (Schweizerbart).

KNAUST, D. (1992): Ein Molervorkommen (Paläogen) auf der Greifswalder Oie (Ostsee). – Arch. Geschiebekde., **1** (5): 291-304, 5 Abb., 3 Taf.; Hamburg.

— (1997): Triassische Leitgeschiebe im pleistozänen Vereisungsgebiet Nordostdeutschlands und deren Beziehung zur Kågerød-Formation von Bornholm (Dänemark). – Z. dt. geol. Ges., **148** (1): 51-69, 5 Abb., 1 Tab., 3 Taf.; Hamburg?.

KNOCH, U. (1997): Unterkambrische „Medusen". – Fossilien, **14** (2): 70-71, 2 Abb.; Weinstadt (Goldschneck).

KOCH, K. (1996): Erfahrungsbericht Limfjord. – Fossilien, **13** (6): 371-375, 2 Abb., 2 Taf.; Weinstadt (Goldschneck).

KOCH, L. (1979): Sich sonnen und sammeln – Bornholm für Paläontologen. – Mineral. Mag., **3** (6): 313-318, 12 Abb., 1 Tab.; Stuttgart (Kosmos). – [Reihe: Fossilien suchen – Fossilien sammeln]
— (1985): Møns Klint und Stevns Klint – Gesteine und Fossilien. – Fossilien, **2** (2): 66-70 + 75-81, 21 Abb.; Korb (Goldschneck).
— (1986): Die Moler-Formation des Limfjords. – Fossilien, **3** (2): 65-72, 13 Abb.; Korb (Goldschneck).
— (1987a): Bornholm – Sedimente und Fossilien. 1. Teil: Das Paläozoikum. – Fossilien, **4** (2): 63-74, 13 Abb., 1 Tab.; Korb (Goldschneck).
— (1987b): Bornholm – Sedimente und Fossilien. 2. Teil: Das Mesozoikum. – Fossilien, **4** (3): 119-131, 14 Abb., 1 Tab.; Korb (Goldschneck).
KOHRING, R. (1994): Über *Thelodus*-Schuppen. – Fossilien, **11** (5): 311-314, 3 Abb.; Korb (Goldschneck).
— (1998): Große Paläontologen: Joseph Felix Pompeckj (1867-1930). – Fossilien, **15** (2): 121-124, 2 Abb.; Weinstadt (Goldschneck).
KOPP, L. (1994): „Hörnertrilobiten" – Herausforderung an den Präparator. – Fossilien, **11** (1): 33-37, 6 Abb.; Korb (Goldschneck).
KORN, J. (1927): Die wichtigsten Leitgeschiebe der nordischen kristallinen Gesteine im norddeutschen Flachlande. – VI + 64 S., 1 Tab., 14 Taf.; Berlin (Preuß. Geol. L.-Anst.).
KOSMOWSKA-CERANOWICZ, B. [Hrsg.] (1997): Baltic Amber and other fossil resins. – Archäol. Mus. Abstr., **9**: 52 S., div. Abb.; Warschau (Mus. d. Erde). – [Zusammenfassung Intern. Interdiszpl. Symp. Gdansk 2.-6.9.97]
KOWALSKI, H. (1991): Wie bestimme ich Fossilien richtig? – Fossilien, **8** (2): 115-124, 3 Taf.; Korb (Goldschneck).
— (1992): Trilobiten: Verwandlungskünstler des Paläozoikums; ein unorthodoxer Streifzug durch das Reich der Dreilapper. – 157 S., 180 Abb., 14 Farbtaf.; Korb (Goldschneck).
— (1993): Hörner-Trilobiten. – Fossilien, **10** (1): 51-58, 12 Abb.; Korb (Goldschneck).
KRAUSE, K. (1996a): Windkanter – interessante Geschiebe Norddeutschlands. – Geschiebekunde aktuell, **12** (4): 105-110, 5 Abb.; Hamburg.
— (1996b): Fundbericht: Ein großes Rhombenporphyr-Geschiebe. – Geschiebekunde aktuell, **12** (4): 121-122, 2 Abb.; Hamburg.
— (1999): Großgeschiebe in Dänemark. – Aufschluss, **50** (3): 161-170, 11 Abb.; Heidelberg.
— (2000): Feuerstein-Seeigel. Warum Dellen und keine Stäbchen? – Geschiebekunde aktuell, **16** (1): 11-13, 2 Abb.; Hamburg.
KRÜGER, F. J. (1983): Geologie und Paläontologie: Niedersachsen zwischen Harz und Heide. – 244 S., 228 Abb., 18 Tab., 20 Taf.; Stuttgart (Kosmos, Franckh). – [Kosmos-Wegweiser: Suchen und Sammeln]
— (1987): Flint-Seeigel – Steinkerne aus nördlichen Geschieben. – Fossilien, **4** (6): 258-263, 9 Abb., 1 Tab.; Korb (Goldschneck).
— (2001): Bernstein – Bemerkenswertes über ein fossiles Harz. – Fossilien, **18** (4): 212-220, 1 Abb., 4 Taf.; Weinstadt (Goldschneck).
KRUEGER, H.-H. (1999): Wangenstacheltragende Asaphiden aus baltoskandischen Geschieben der Aseri-Stufe (Ordovizium). – Greifswalder Geowiss. Beitr., **6**: 261-277, 2 Abb., 4 Taf.; Greifswald. – [E. HERRIG-Festschrift]
KRUMBIEGEL, G. (1992): *Xenusion* – Bindeglied zwischen Tierstämmen? – Fossilien, **9** (4): 238-242, 6 Abb.; Korb (Goldschneck).
— (1993): Glessit, ein tertiäres Harz von Bedecktsamern. – Fossilien, **10** (2): 83-90, 11 Abb.; Korb (Goldschneck).

— (1998): Eidechsenfund im Baltischen Bernstein. – Fossilien, **15** (4): 231-235, 7 Abb.; Weinstadt (Goldschneck).
KRUMBIEGEL, G. & KRUMBIEGEL, B. (1981): Fossilien der Erdgeschichte. – 406 S., 311 Abb., 17 Tab., 24 Taf.; Stuttgart (Enke). – [Lizenzausgabe vom VEB Dt. Verl. Grundstoffindustrie, Leipzig]
— (1994): Bernstein – Fossile Harze aus aller Welt. – Fossilien, Sonderbd. **7**: 112 S., 105 Abb., 2 Tab.; Weinstadt (Goldschneck).
— (2001): Faszination Bernstein – Kleinod aus der Wunderkammer der Natur. – 112 S., über 200 Farbabb.; Korb (Goldschneck).
KRUMBIEGEL, G. & WALTHER, H. (1977): Fossilien. Sammeln, Präparieren, Bestimmen, Auswerten. – 336 S., 141 Abb., 11 Tab., 66 Taf.; Stuttgart (dtv, Enke). – [Lizenzausgabe vom VEB Dt. Verl. Grundstoffindustrie, Leipzig]
KRZEMINSKA, E. & KRZEMINSKA, W. (1992): Les fantômes de l'ambre. Insectes fossiles dans l'ambre de la Baltique. – 142 S., 186 Abb.; Neuchâtel (Mus. hist. nat. Neuchâtel).
KÜHNE, W. G. (1983): Gold für uns aus der Kiesgrube. – Aufschluss, **34** (5): 215-218; Heidelberg.
KUTSCHER, M. (1997): Fossile Austern – mehr als nur ein „Verzweiflungs"-Mitbringsel. – Arb.-Krs. Paläont. Hannover, **25** (2): 49- 60, 9 Abb.; Hannover.
— (1998): Insel Rügen – Die Kreide. – 56 S., 100 Abb.; Sassnitz (Ver. Freunde Förderer Nationalpark Jasmund).
— (1999): Bernstein. – II + 65 S., 12 Abb., 27 Taf.; Sassnitz (Ver. Freunde Förderer Nationalpark Jasmund), Putbus (Rügendruck).

LAASS, M. (1991): Mein bester Fund. – Fossilien, **8** (6): 349-350, 1 Abb.; Korb (Goldschneck).
LANGE, M. & BARTHOLOMÄUS, W. A. (1992): *Teredinites*, die Spur holzbohrender Muscheln aus dem Glimmerton von Sylt. – Geschiebekunde aktuell, **8** (1): 29-32, 3 Abb.; Hamburg.
LARSSON, S. G. (1978): Baltic Amber – A Palaeobiological Study. – 192 S., div. Abb.; Klambenborg (Scandinavian Science Press).
LEHMANN, J. (1988): Geschiebesammeln – Der Münsterländer Hauptkiessandzug. – Fossilien, **5** (3): 113-117, 9 Abb.; Korb (Goldschneck).
— (1993): Triassische Sedimentärgeschiebe aus dem Münsterländer Kiessandzug in Westfalen und ihre geschiebekundliche Bedeutung. – Arch. Geschiebekde., **1** (7): 379-383, 2 Abb.; Hamburg.
LEHMANN, N. (1991): Das Postsilurische Konglomerat und die Kågeröd Formation in Schonen, Südschweden, Lokalität Bälteberga. Ein Vergleich. – X + 264 S., 115 Abb., 9 Taf., Anhang: 88 S., 6 Abb., 54 Diagramme; Hamburg (unveröff. Dipl.-Arb. GPIMH).
LEHMANN, U. (1971): Faziesanalyse der Ahrensburger Liasknollen auf Grund ihrer Wirbeltierreste. – Mitt. Geol. Inst. TU Hannover, **10**: 21-42, 2 Abb., Taf. 3-5; Hannover. – [Sonderh. O. SICKENBERG]
— (1976): Ammoniten. – 171 S., 143 Abb., 3 Tab., 1 Stammbaum-Poster; Stuttgart (Enke).
— (1986): Paläontologisches Wörterbuch. – 3. Aufl.: IX + 440 S., 112 Abb., 4 Taf.; Stuttgart (Enke).
— (1990): Ammonoideen. Leben zwischen Skylla und Charybdis. – X + 257 S., 135 Abb., 1 Tab.; Stuttgart (Enke). – [HAECKEL-Bücherei, **2**; Hrsg.: H. K. ERBEN, G. HILLMER & H. RISTEDT]
LEHMANN, U. & HILLMER, G. (1988): Wirbellose Tiere der Vorzeit. – 2. Aufl.: XIII + 279 S., 282 Abb., 10 Tab.; Stuttgart (Enke).

LEIPNITZ, H. (1992): "Lampenmuscheln" sammeln und erforschen. Über fossile Brachiopoden (Armfüßler) in Eiszeit-Geschieben. – Jb. naturwiss. Ver. Fstm. Lüneburg, **39**: 267-282, 13 Abb.; Lüneburg. – [Jubiläumsschr.]

LIEDTKE, H. (1990): Eiszeitforschung. – 354 S., div. Abb.; Darmstadt (Wiss. Buchges.).

LIENAU, H.-W. (1980): Über Fischreste in Beyrichienkalken (Dritter Teil). – Geschiebesammler, **14** (2/3): 53-78, 4 Abb., 1 Tab., 7 Taf.; Hamburg.

— (1983): Die Evolution der Wirbeltiere. – Geschiebesammler, **17** (2): 61-94, 23 Abb.; Hamburg.

— (1984): Die marinen Deckschichten (Mitteleozän - Unteroligozän) der Helmstedter Braunkohlen (Niedersachsen, BRD). – Documenta naturae, **22**: VI + 120 S., 23 Abb., 17 Tab., 12 Taf.; München.

— (1985): Heuschreckenkrebse aus dem Geschiebe. – Geschiebesammler, **19** (1): 1-8, 4 Abb., 1 Taf.; Hamburg.

— (1987a): Haie und Rochen aus dem Sylter Ober-Miozän. – In: HACHT, U. VON [Hrsg.]: 19-75, 16 Abb., 1 Tab., 15 Taf.; Hamburg.

— (1987b): Vom Urknall bis zum Steinesammeln. – 2. Aufl.: IV + 129 S., 128 Abb., 40 Tab.; Hamburg (Selbstverlag). – [VHS-Skript]

— (1988): Exkursionsführer für Dänemark. – 52 S., 52 Abb., 3 Tab.; Hamburg (Selbstverlag).

— (1989): Das Ordovizium des Siljan-Gebietes (Dalarna, Mittel-Schweden). – Geschiebekunde aktuell, Sonderh. **1**: 22 S., 16 Abb., 4 Taf.; Hamburg.

— (1990a): Ein Fischrest (Heterostraci, Agnatha) in Lavendelblauem Hornstein (ob. M-Ordovizium - O-Silur) von Sylt. – In: HACHT, U. VON [Hrsg.]: 211-218, 4 Abb.; Hamburg.

— (1990b): Ausstellungskatalog: Geschiebe – Boten aus dem Norden. – Geschiebekunde aktuell, Sonderh. **2**: 115 S., 24 Abb., 15 Tab., 33 Taf; Hamburg.

— (1990c): Die Tongrube von Gram – Typlokalität des Obermiozän. – In: WEIDERT, W. K. [Hrsg.]: 221-226 + 250, 11 Abb., 1 Tab.; Korb.

— (1990d): Das Brodtener Ufer und seine Geschiebe. – In: WEIDERT, W. K. [Hrsg.]: 227-233 + 250-251, 12 Abb.; Korb.

— (1990e): Die Entwicklung der Hautbedeckung bei Fischen. – Geschiebekunde aktuell, **6** (4): 111, 113-125, 10 Abb.; Hamburg.

— (1991): Biologie der Trilobiten. – Geschiebekunde aktuell, **7** (3): 111-128, 6 Abb., 1 Tab., 2 Taf.; Hamburg.

— (1992a): Fundbericht: Lias δ-Geschiebe (Domerium, Ob. Pliensbachium). – Geschiebekunde aktuell, **8** (1): 79-80, 2 Abb.; Hamburg.

— (1992b): Fundumstände von Chondrichthyer-Resten in miozänen Glimmertonen des nordwestdeutschen Tertiär-Beckens. – Kaupia, **1**: 71-87, 12 Abb., 1 Tab., 1 Taf; Darmstadt.

— (1992c): Die Entwicklungsgeschichte der nordeuropäischen Meere. – Geschiebekunde aktuell, **8** (2): 81, 83-108, 12 Abb.; Hamburg.

— (1993): Exkursionsführer Bornholm – Geologie einer faszinierenden Ostseeinsel. – 119 S., 118 Abb., 18 Tab.; Hamburg (Selbstverlag).

— (1995a): Das Eozän von Helmstedt. – In: WEIDERT, W. K. [Hrsg.]: 172-179 + 265-267, 6 Abb., 1 Tab., 6 Taf.; Weinstadt.

— (1995b): Die Insel Sylt – Typlokalität des Obermiozän. – In: WEIDERT, W. K. [Hrsg.]: 238-243 + 271, 8 Abb., 1 Tab., 2 Taf.; Weinstadt.

— (1995c): Grundlagen der Paläontologie – Die Faszination des Lebens im Spiegel der Erdgeschichte. – In: TOPIC VERLAG [Hrsg.]: 11-35, 35 Abb.; Augsburg.
— (1995d): Kreide – Umwälzende Veränderungen und das Schicksal der Dinosaurier. – In: TOPIC VERLAG [Hrsg.]: 113-123, 21 Abb.; Augsburg.
— (1995e): Grundlagen für den Fossiliensammler. 1 Sammeln, Präparieren, Aufbewahren und Präsentieren: 1.1 Wie finde ich Fossilien? Welche Hilfsmittel benötigt man? – Fossilien, **12** (6): 343-349, 7 Abb.; Weinstadt (Goldschneck).
— (1996a): Grundlagen für den Fossiliensammler. 1 Sammeln, Präparieren, Aufbewahren und Präsentieren: 1.2 Einige Tips zur Präparation (Teil 1). – Fossilien, **13** (3): 182-187, 7 Abb.; Weinstadt (Goldschneck).
— (1996b): Grundlagen für den Fossiliensammler. 1 Sammeln, Präparieren, Aufbewahren und Präsentieren: 1.2 Einige Tips zur Präparation (Teil 2). – Fossilien, **13** (4): 247-252, 11 Abb.; Weinstadt (Goldschneck).
— (1997a): Grundlagen für den Fossiliensammler. 1 Sammeln, Präparieren, Aufbewahren und Präsentieren: 1.3 Aufbewahrung und Katalogisierung; Fototips zur Dokumentation und für Vorträge. – Fossilien, **14** (1): 27-32, 10 Abb.; Weinstadt (Goldschneck).
— (1997b): Grundlagen für den Fossiliensammler. 2 Vom Lebewesen zum Fossil: 2.1 Die Vorgänge des Sterbens. – Fossilien, **14** (5): 304-307, 5 Abb.; Weinstadt (Goldschneck).
— (1998a): Grundlagen für den Fossiliensammler. 2 Vom Lebewesen zum Fossil: 2.2 Biostratinomie – Die Vorgänge der Einbettung. – Fossilien, **15** (4): 239-244, 8 Abb.; Weinstadt (Goldschneck).
— (1998b): *Carinatosquilla* n. g., eine neue Gattung der Heuschreckenkrebse (Stomatopoda). – In: BUSCH, R. [Hrsg.]: Verborgene Schätze in den Sammlungen: 100 Jahre Helms-Museum: 14-15, 2 Abb.; Neumünster (Wachholtz). – [Veröff. Hamburger Mus. Archäol. Gesch. Harburgs, Helms-Mus., **79**]
— (1998c): Ein besonders großer Bernsteinfund. – In: BUSCH, R. [Hrsg.]: Verborgene Schätze in den Sammlungen: 100 Jahre Helms-Museum: 16-17, 1 Abb.; Neumünster (Wachholtz). – [Veröff. Hamburger Mus. Archäol. Gesch. Harburgs, Helms-Mus., **79**]
— (2000): Grundlagen für den Fossiliensammler. 2 Vom Lebewesen zum Fossil: 2.3 Fossildiagenese – Die Vorgänge der Versteinerung. – Fossilien, **17** (1): 49-52, 12 Abb.; Weinstadt (Goldschneck).
— (2001): Grundlagen für den Fossiliensammler. 2 Vom Lebewesen zum Fossil: 2.4 Erhaltungsmöglichkeiten. – Fossilien, **18** (4): 221-226, 11 Abb.; Weinstadt (Goldschneck).
LIENAU, H.-W. & HANSCH, W. & HERRIG, E. (1991): Steine am Strand. – Geschiebekunde aktuell, **7** (3): 139-144, 6 Abb.; Hamburg.
LIENAU, H.-W. & WISSING, F.-N. (1993): Die Sedimente. – Geschiebekunde aktuell, **9** (1): 17-26, 5 Abb., 2 Tab.; Hamburg. – [Beitr. Mikropaläontologie, **5**]
LIERL, H.-J. (1989): Mineralien aus Geschieben. – Geschiebekunde aktuell, **5** (2): 35, 1 Abb. (Titelfoto S. 33); Hamburg.
— (1990): Die Ahrensburger Geschiebesippe. – Fossilien, **7** (6): 256-267, 17 Abb., 2 Tab.; Korb (Goldschneck).
— (1993): Exkursionsführer zur Geologie des Kreises Herzogtum Lauenburg. – Geschiebekunde aktuell, Sonderh. 3: 36 S., 20 Abb., 5 Tab., 5 Taf.; Hamburg.
LIERL, H.-J. & WITTERN, W. (1996): Mineraliensammeln zwischen Nord- und Ostsee. – Lapis, **21** (6): 17-23 + 62, 18 Abb.; München.
LILJEDAHL, L. (1994): Silurian nuculoid and modiomorphid bivalves from Sweden. – Fossils & Strata, **33**: 89 S., 56 Abb.; Oslo.

LOOK, E.-R. (1984): Geologie und Bergbau im Braunschweiger Land. – Geol. Jb., **A 78**: 467, 143 Abb., 17 Tab., 1 Kt.; Hannover. – [Dok. z. Geol. Wanderkt. 1 : 100 000]

LUDWIG, A. O. (1970): Bibliographie der Geschiebeliteratur der neueren Geschiebeforschung in den nordeuropäischen Inlandeisgebieten. – I: S. 1-181; **II**: S. 182-371; Berlin (Dt. Ges. Geol. Wiss.).

— (2000): Quarzdrusen in Kreidefeuersteinen. – Geschiebekunde aktuell, **16** (1): 1-10, 3 Abb.; Hamburg.

LÜDDECKE, H. (1993): Bernstein. – Arb.-Krs. Paläont. Hannover, **21** (1/2): 1-9, 10 Abb., 2 Tab.; Hannover.

LÜTTIG, G. (1995): Geschiebezählungen – eine terminologische Richtigstellung. – Geschiebekunde aktuell, **11** (4): 109-112; Hamburg.

LUNDEGÅRDH, P. H. & BROOD, K. (1996): Stenar och Fossil. Mineral, Bergarter, Fossil. – 342 S., 475 + 59 Abb.; Stockholm (Norstedts).

MACHALSKI, M. (1994): Polen für Fossiliensammler. – Fossilien, **11** (4): 218-222, 8 Abb.; Korb (Goldschneck).

MANIA, D. (1998): Die ersten Menschen in Europa. – 102 S., 111 Abb.; Stuttgart (Theiss). – [Sonderbd. Archälogie in Deutschland]

MANTEN, A. A. (1971): Silurian reefs of Gotland. – Devel. Sedimentol., **13**: X + 539 S., 230 Abb., 24 Tab., 2 Kt.; Amsterdam, London, New York (Elsevier).

MARCINEK, J. (1982): Droht eine nächste Kaltzeit? – 128 S., 45 Abb., 4 Tab.; Leipzig, Jena, Berlin (Urania). – [Akzent, **57**]

MARK-KURIK, E. & MÄRSS, T. & KURSS, V. (1989): Excursion Guidebook: The Silurian of Saaremaa and the Devonian of South Estonia and North Laatvia. – 44 S., 15 Abb., 3 Tab.; Tallinn (Acad Sci. Estonian SSR). – [2. Internat. Colloquium Middle Palaeozoic Fishes, Estonia & Latvia, September 1989]

MARTINSSON, A. (1974): The Cambrian of Norden. – In: Holland, C. H. [Hrsg.]: Cambrian of the British Isles, Norden, and Spitsbergen: 185-283, 16 Abb.; London, New York, Sydney, Toronto (Wiley & Sons). – [Lower Palaeozoic Rocks of the World, **2**]

MCKERROW, W. S. [Hrsg.] (1981): Palökologie. Lebensräume, Vergesellschaftungen, Lebensweise und Funktion ausgestorbener Tiere und ihre Veränderungen im Laufe der Erdgeschichte. – 248 S., 88 Abb., 16 Kt.; Stuttgart (Kosmos, Franckh). – [übers. & bearb. v. F. T. FÜRSICH]

MENDE, R. (1995): Anmerkungen zum Faserkalk. – Geschiebekunde aktuell, **11** (4): 105-108, 1 Abb.; Hamburg.

— (1999): Mineralien aus nordischen Geschieben. – Aufschluss, **50** (4): 237-251, 29 Abb.; Heidelberg.

MEYER, A.-P. (1982): Aufgeheizt und unter Druck gesetzt – Kristalline Geschiebe vom Bornholmer Horst. – Mineral. Mag., **6** (4): 171-177, 13 Abb.; Stuttgart.

MEYER, K.-D. (1973): Geologischer Exkursionsführer Hamburg und Umgebung – Hamburg-Lauenburg/Elbe. – Geschiebesammler, **7** (3-4): 107-114, 2 Abb., 1 Tab.; Hamburg.

— (1987): Über seltene „jungvulkanische" Geschiebe aus dem nördlichen Niedersachsen und ihre möglichen Beziehungen zu skandinavischen Meteoritenkratern. – Geschiebesammler, **20** (4): 125-145, 3 Abb., 4 Taf.; Hamburg.

— (1990): Pleistozäne Vergletscherung in Mitteleuropa. – Geowiss., **8** (2): 31-36, 10 Abb.; Weinheim. – [m. Beitr. v. W. JARITZ]

— (1991): Zur Entstehung der westlichen Ostsee. – Geol. Jb., **A 127**: 429-446, 8 Abb., 1 Tab.; Hannover.

— (1994): Exkursionsführer zur Quartärgeologie des nordöstlichen Niedersachsen. – Geschiebekunde aktuell, Sonderh. 4: 36 S., 9 Abb., 7 Tab., 6 Taf.; Hamburg.
MIKAELSSON, J. & PERSSON, O. (1986): Öland från grunden. Fossil och landskapsutveckling – en vägvisare. – 80 S., 49 Abb. + Titelfoto; Liber (Stockholm).
MOTHS, H. (1985): Fossilien aus einem mittelkambrischen Geschiebe von Lanze. – Geschiebesammler, 19 (2/3): 109-110, 9 Abb.; Hamburg.
— (1989): Die Molluskenfauna des miozänen Glimmertons aus Groß Pampau (Krs. Hzgt. Lauenburg). – Geschiebesammler, 22 (3/4): 105-162, 1 Tab., 24 Taf.; Hamburg.
— (1990a): Krebse aus dem Eozän. – Geschiebesammler, 23 (4): 131-150, 9 Taf.; Hamburg.
— (1990b): Die tertiären Mollusken aus den eiszeitlichen Kiesen der Grube A. Ohle, Groß Pampau, Krs. Hzgt. Lauenburg. – Geschiebesammler, 24 (1/2): 13-56, 4 Abb., 14 Taf.; Hamburg.
— (1991): Bericht über einen Schlangensternfund im Geschiebe von Pampau. – Geschiebesammler, 25 (1/2): 33-37, 4 Abb.; Hamburg.
— (1992): Neue Mollusken aus dem miozänen Glimmerton von Groß Pampau nebst einigen beobachteten Besonderheiten. – Geschiebesammler, 25 (3/4): 91-112, 4 Abb., 2 Tab., 6 Taf.; Hamburg.
— (1993): *Teredo navalis* LINNAEUS 1758 – Portrait einer rezenten Bohrmuschel und fossile Vertreter in Geschieben von Norddeutschland. – Geschiebesammler, 26 (1): 19-27, 7 Abb., 1 Taf.; Wankendorf.
— (1994): Der Glimmerton-Aufschluß Groß Pampau (Langenfeldium, Obermiozän), seine Entwicklung und Fossilführung. – Geschiebesammler, 27 (4): 143-183, 9 Abb., 1 Tab., 13 Taf.; Wankendorf.
— (1998): Die Hai- und Rochenfauna aus dem Miozän (Langenfeldium) von Groß Pampau. – Geschiebesammler, 31 (2): 51-113, 1 Abb., 1 Tab., 23 Taf.; Wankendorf.
— (2000a): Die Echinodermen (Seeigel, Schlangensterne, Seelilien) des oberoligozänen Sternberger Gesteins von Kobrow und des Unteroligozäns von Malliß. – Geschiebekunde aktuell, 16 (3): 79-85, 8 Abb.; Hamburg.
— (2000b): Die Molluskenfauna des Rupeltons der Ziegeleigrube Malliß im Wanzeberg (südwestl. Mecklenburg-Vorpommern). – 103 S., 12 Abb., 22 Taf.; Kaliß (Regional-Mus.).
MOTHS, H. & ALBRECHT, F. (1995): Erster Nachweis von *Plinthicus* cf. *kruibekensis* BOR 1990 (Teufelsrochen) im Obermiozän (Langenfeldium) von Groß Pampau und im Oberoligozän (Sternberger Gestein) von Norddeutschland. – Geschiebesammler, 28 (3): 99-108, 1 Abb., 3 Taf.; Wankendorf.
MOTHS, H. & MONTAG, A. (2002): Tertiäre dekapode Krebse aus Geschieben und dem Anstehenden Norddeutschlands und Dänemarks. – Geschiebesammler, 35 (1): 3-30, 1 Abb., 9 Taf. (44 Zeichnungen); Wankendorf.
MOTHS, H. & MONTAG, A. & GRANT, A. (1996): Die Molluskenfauna des oberoligozänen „Sternberger Gesteins" (Chattium) von Norddeutschland. 1. Teil: Scaphopoda, Archaeogastropoda, Mesogastropoda. – Erratica, 1: 3-62, 8 Abb., 1 Tab., 14 Taf.; Wankendorf.
MOTHS, H. & MONTAG, A. & GRANT, A. & ALBRECHT, F. (1997): Die Molluskenfauna des oberoligozänen „Sternberger Gesteins" (Chattium) von Norddeutschland. 2. Teil: Neogastropoda, Euthyneura. – Erratica, 3: 3-85, 14 Abb., 1 Tab., 20 Taf.; Wankendorf.
MOTHS, H. & PIEHL, A. & ALBRECHT, F. (1997): Die Molluskenfauna des oberoligozänen „Sternberger Gesteins" (Chattium) von Norddeutschland. 3. Teil: Bivalvia. – Erratica, 4: 3-65, 6 Abb., 1 Tab., 15 Taf.; Wankendorf.
MÜLLER, K. J. (1982): Weichteile von Fossilien aus dem Erdaltertum. – Naturwiss., 69 (6): 249-254, 9 Abb.; Berlin.

MÜLLER, K. J. WALOSSEK, D. (1985): A remarkable arthropod fauna from the Upper Cambrian „Orsten" of Sweden. – Trans. Roy. Soc. Edinburgh, 76 : 161-172, 6 Abb.; Edinburgh.
— (1987): Morphology, ontogeny and life habit of *Agnostus pisiformis* from the Upper Cambrian of Sweden. – Fossils & Strata, 19: 1-124, 28 Abb., 2 Tab. 33 Taf.; Oslo.
— (1988): Eine parasitische Cheliceraten-Larve aus dem Kambrium. – Fossilien, 5 (1): 40-42, 5 Abb.; Korb (Goldschneck).
MURRAY, J. W. [Hrsg.] (1990): Wirbellose Makrofossilien. Ein Bestimmungsatlas. – XIII + 266 S., 1596 Einzeldarstellungen (48 Abb., 4 Tab., 122 Taf.); Stuttgart (Enke).
NEBEN, W. & KRUEGER, H.-H. (1971): Fossilien ordovicischer Geschiebe. – Staringia, 1: 33 S., Taf. 1-50; Oldenzaal (Nederlandse Geol. Ver.).
— (1973): Fossilien ordovicischer und silurischer Geschiebe. – Staringia, 2: 71 S., 1 Tab., Taf. 51-109; Oldenzaal (Nederlandse Geol. Ver.).
— (1979): Fossilien kambrischer, ordovizischer und silurischer Geschiebe. – Staringia, 5: 63 S., Taf. 110-164; Oldenzaal (Nederlandse Geol. Ver.).
NESTLER, H. (1982): Die Fossilien der Rügener Schreibkreide. – 2. Aufl.: 108 S., 159 Abb.; Wittenberg Lutherstadt (Ziemsen). – [Neue Brehm-Bücherei, 486]
NIEDERMEYER, R.-O. (1987): Ein Rätsel aus der Kreide: Paramoudras. – Fossilien, 4 (1): 40-41, 2 Abb.; Korb (Goldschneck).
NIELSEN, A. T. (1995): Trilobite systematics, biostratigraphy and palaeoecology of the Lower Ordovician Komstad Limestone and Huk Formations, southern Scandinavia. – Fossils & Strata, 38: 374 S., 261 Abb., 41 Tab.; Oslo.
NORLING, E. & AHLBERG, A. & ERLSTRÖM, M. & SIVHED, U. (1993): Guide to the Upper Triassic and Jurassic geology of Sweden. – S.G.U., C 82: 1-71, 38 Abb., 2 Taf.; Stockholm.
OEKENTORP, K. [Hrsg.] (1986): Eiszeitliche Sedimentärgeschiebe. Fossilien aus dem Münsterländer Kiessandzug. – 52 S., 51 Abb., 2 Tab.; Münster (Geol.-Paläont. Mus. d. Univ.).
– [Ausstellungskatalog zu Funden der Sammlergemeinschaft Rheine - Enschede]
OWEN, E. & SMITH, A. B. [Hrsg.] (1991): Kreide-Fossilien. Ein Bestimmungsatlas der Fossilien des Chalk. – 152 S., 24 Abb., 59 Taf.; Korb (Goldschneck). – [übers. v. J. LEHMANN; Einf. in Geol., Stratigr. u. Paläogeogr. d. Chalk u. Korrelation m. nordeurop. Kreidevorkommen v. E. SEIBERTZ]

PAPE, H. (1972): Leitfaden zur Gesteinsbestimmung. – 2. Aufl.: 75 S., 40 Abb., 10 Tab.; Stuttgart (Enke).
— (1975): Der Gesteinssammler. – 2. Aufl.: 100 S., 56 Abb., 4 Tab., 4 Taf.; Stuttgart (Kosmos, Franckh), Thun (Ott).
PATURI, F. R. (1991): Die Chronik der Erde. – 576 S., 1200 meist farbige Fotos, 374 Kt., Grafiken u. Rekonstruktionen, Anh.: 47 S.; Dortmund (Chronik Verlag Harenberg).
PAULSEN, A. (2002): Eine rätselhafte Art der Cystoidea aus dem Oberordovizium von Dalarna (Schweden). – Geschiebesammler, 35 (1): 37-38, 1 Abb.; Wankendorf.
PEDERSEN, ST. SCH. & PEDERSEN, G. K. & NOE, P. (1994): Moler auf Mors. – 48 S., div. Abb.; Nykøbing (Morsø Lokalhist. Forl.). – [Mors – Kordt & godt, 1]
PERHANS, K.-E. (1988): Berg och Jord i Siljansringen. 1: Berg och Bergsbruk. – 96 S., 38 Abb.; Sollentuna (Selbstverlag).
PIEHL, A. (1985): Vom „Sternberger Kuchen" und seiner Weichtierfauna – Analyse einer im Kreis Herzogtum Lauenburg und dem nordöstlichen Niedersachsen verbreiteten oberoli-

gozänen Geschiebeart. – Jb. naturwiss. Ver. Fstm. Lüneburg, **37**: 249-267, 8 Abb.; Lüneburg.
– (1999): Die Molluskenfauna eines neochattischen Geschiebes (Oberoligozän) aus Groß Pampau, Kreis Herzogtum Lauenburg. – Geschiebekunde aktuell, **15** (3): 75-84, 1 Tab., 2 Taf.; Hamburg.
PÖHLER, G. & SCHÖNE, G. (1994): Ein Ignimbrit als Geschiebe. – Geschiebekunde aktuell, **10** (4): 105 + 107-108, 2 Abb.; Hamburg.
POLKOWSKY, S. (1993): Meeresschildkrötenreste aus einem eozänen Nummulitengeschiebe. – Geschiebekunde aktuell, **9** (3): 85-86, 1 Abb.; Hamburg.
– (1994): Das Sternberger Gestein und seine Artenzahl – Stand 1994. – Arch. Geschiebekde., **1** (10): 605-614, 1 Tab., 3 Taf.; Hamburg.
– (1998): Makruren und Brachyuren des Mecklenburgischen Septarientons. – Afz.. Werkgr. Tert. Kwart. Geol., **19** (2): 58-66, 8 Taf.; Leiden.
POPOV, L. & HOLMER, L. E. (1994): Cambrian - Ordovician lingulate brachiopods from Scandinavia, Kazakhstan, and South Ural Mountains. – Fossils & Strata, **35**: 156 S., 115 Abb.; Oslo.
POULSEN, CHR. (1960): The Palaeozoic of Bornholm. – Guide to Excursions Nos A 46 and C 41, **XXI**. Int. Geol. Congr. Norden: 15 S., 10 Abb., 1 Tab., 1 Kt.; Copenhagen.
PRANGE, W. (1992): Glazialgeologie in den Aufschlüssen Ostholsteins und die Entstehung des Reliefs. – Meyniana, **44**: 15-43, 9 Abb., 1 Tab.; Kiel.
– (1996): Zur Geschichte der Geologie, besonders der Geschiebeforschung, in Schleswig-Holstein. Sammler und Forscher, ihre Sammlungen und Museen. – Geschiebesammler, **29** (1): 3-26, 11 Abb.; Wankendorf.
– (1997): Zur Erforschung der an den Küsten angespülten Schwimmsteine. – Geschiebesammler, **30** (2): 51-62, 3 Abb.; Wankendorf.
PROBST, E. (1986): Deutschland in der Urzeit. Von der Entstehung des Lebens bis zum Ende der Eiszeit. – 479 S., 357 Abb., 24 Tab., 36 Taf.; München (Bertelsmann).
– (2001): Monstern auf der Spur. Wie die Sagen über Drachen, Riesen und Einhörner entstanden. – 176 S., div. Abb.; Mainz-Kostheim (Probst).

RASMUSSEN, H. W. (1975): Danmarks Geologi. – 3. Aufl.: 176 S., 261 Abb., 3 Tab.; København (Gjellerup).
RAUKAS, A. (1992): Estland – das Land der großen erratischen Blöcke. – Geschiebesammler, **25** (3-4): 81-90, 6 Abb.; Hamburg.
– [Hrsg.] (1993): Pleistocene stratigraphy, ice marginal formations and deglaciation of the Baltic States. – 60 S., 37 Abb., 1 Tab.; Tallinn. – [Excursion Guide; June 14 - 19, 1993; IGCP 253: Termination of the Pleistocene]
REINECKE, T. & ENGELHARD, P. (1997): The Selachian Fauna from Geschiebe of the Lower Selandian Basal Conglomerate (Thanetian, Late Paleocene) in the Danish Subbasin (Sealand, Scania, Western Baltic Sea). – Erratica, **2**: 3-45, 2 Tab., 6 Taf.; Wankendorf.
REINICKE, R. (1990): Bernstein – Gold des Meeres. – 2. Aufl.: 80 S., 71 Abb., 1 Tab.; Rostock (Hinstorff). – [Reihe: maritime miniaturen]
REISS, S. (1994): Seltene Feuerstein-Fossilien. – Geschiebesammler, **27** (2): 51-53, 3 Abb.; Wankendorf.
RICHTER, A. E. (1981): Handbuch des Fossiliensammlers. – 461 S., 1095 SW-Abb., 96 Farbabb., 17 Tab., 64 Taf.; Stuttgart (Kosmos, Franckh). – [Kosmos-Handbuch]
– (1982): Ammoniten. – 136 S., 178 Abb.; Stuttgart (Kosmos, Franckh). – [Kosmos Fossil-Monographie]

RICHTER, E. & BAUDENBACHER, R. & EISSMANN, L. (1986): Die Eiszeitgeschiebe in der Umgebung von Leipzig. – Altenburger Naturwiss. Forsch., **3**: 136 S., 7 Tab., 51 Abb. auf 31 Taf.; Altenburg.

RICHTER, RUD. (1937): Von Bau und Leben der Trilobiten. 8. Die „SALTERsche Einbettung" als Folge und Kennzeichen des Häutungsvorgangs. – Senckenbergiana, **19**: 413-431, 3 Abb.; Frankfurt a.M.

RIEGRAF, W. (1996): Geologische Literatur für Fossiliensammler (1). – Fossilien, **13** (6): 376-384, 7 Abb.; Weinstadt (Goldschneck).

— (1997): Geologische Literatur für Fossiliensammler (2). – Fossilien, **14** (2): 114-120, 4 Abb.; Weinstadt (Goldschneck).

RITZ, R. (1990): Geschiebefossilien aus Schleswig-Holstein. – Fossilien, **7** (2): 60-62, 4 Abb.; Korb (Goldschneck).

— (1996): Eine Reise nach Schweden. – Fossilien, **13** (2): 121-124, 9 Abb.; Weinstadt (Goldschneck).

ROESSLER, L. (1987): Erdgeschichte von Lauenburg. – 2. Aufl.: 137 S., 82 Abb., 1 Tab.; Ratzeburg (Heimatbd. u. Geschichtsver. Herzogtum Lauenburg). – [Lauenburgische Heimat, **24**]

ROHDE, C. & SCHÜTZ, E. & VÖGE, K. (1989): Steine sprechen. Norderstedt und seine Umgebung. – 58 S., 93 Abb., 1 Tab.; Norderstedt (Arbeitskreis Fossilien der VHS).

ROHDE, H. & FRIESE, H. & GERVAIS, A. & FISCHER, R. (1990): Geologie im Niedersächsischen Landesmuseum Hannover. – 472 S., 296 Abb., 1 Tab.; Hannover (Nieders. L.-Mus., Naturkd.-Abt.).

RUDOLPH, F. (1990): Trilobiten aus dem Geschiebe. – Fossilien, **7** (4): 177-181, 8 Abb., 1 Tab.; Korb (Goldschneck).

— (1992): Kopfmuskulatur bei Trilobiten – Rekonstruktion, Funktionsmorphologie und phylogenetisch-systematische Schlußfolgerungen. – 145 S., 33 Abb., 18 Tab., 14 Taf.; Wankendorf (Rudolph).

— (1993a): Asseln des Danien (Isopoda; Tertiär: Paläozän) im Geschiebe. – Geschiebekunde aktuell, **9** (2): 55-58, 3 Abb.; Hamburg.

— (1993b): Die mittelkambrischen Sedimente Baltoskandiens. – Geschiebesammler, **26** (3): 107-138, 1 Tab.; Wankendorf.

— (1994): Die Trilobiten der mittelkambrischen Geschiebe. Systematik, Morphologie und Ökologie. – 378 S., 111 Abb., 15 Tab., 34 Taf.; Wankendorf (Rudolph).

— (1995): Die neue Systematik der Trilobiten. – Fossilien, **12** (5): 275-279, 2 Abb., 3 Taf.; Weinstadt (Goldschneck).

— (1997): Geschiebefossilien. Teil 1: Paläozoikum. – Fossilien, Sonderh. **12**: 64 S., 1 Abb., 4 Tab., 28 Taf.; Weinstadt (Goldschneck).

— (2001a): Der Kinnekulle – Västergötlands berühmtester Tafelberg. – In: WEIDERT, W. K. [Hrsg.]: 14-26 + 265, 18 Abb., 1 Tab., 1 Taf.; Weinstadt.

— (2001b): Geschiebe aus Kreuzfeld – Trilobiten, Seeigel und Holsteiner Gestein. – In: WEIDERT, W. K. [Hrsg.]: 245-254 + 277, 14 Abb., 2 Taf.; Weinstadt.

RUDOLPH, F. & BILZ, W. (2000): Geschiebefossilien. Teil 2: Mesozoikum. – Fossilien, Sonderh. **14**: 64 S., 9 Abb., 1 Tab., 24 Taf.; Weinstadt (Goldschneck).

RUNTE, K.-H. (1992): Entstehung der Möllner Landschaft. – In: Lebensräume – Natur und Landschaft rund um Mölln: 15-22, 8 Abb.; Mölln.

RUST, J. & ANSORGE, J. (1996): Bemerkenswerte Moler-Insekten. – Fossilien, **13** (6): 359-364, 3 Abb., 2 Taf.; Weinstadt (Goldschneck).

RYING, B. [Hrsg.] (1981): Bornholm. Gestalt – Geschichte – Kultur. – 129 S., 169 Abb., 1 Tab.; Neumünster (Wachholtz).

SAMTLEBEN, CHR. & MUNNECKE, A. & BICKERT, T. & PÄTZOLD, J. (1996): The Silurian of Gotland (Sweden): facies interpretation based on stable isotopes in brachiopod shells. – Geol. Rundsch., **85** (2): 278-292, 7 Abb., 2 Tab.; Berlin.
SAVAZZI, E. (1995): Morphology and mode of life of the polychaete *Rotularia*. – Paläont. Z., **69** (1/2): 73-85, 40 Abb.; Stuttgart.
SCHÄFER, R. (1993): Jurassische Geschiebefossilien aus dem Münsterländer Hauptkiessandzug I. – Geschiebekunde aktuell, **9** (4): 113-118, 1 Abb., 3 Tab.; Hamburg.
— (1994a): Jurassische Geschiebefossilien aus dem Münsterländer Hauptkiessandzug II. – Geschiebekunde aktuell, **10** (1): 1-14, 4 Abb., Taf. 1-5; Hamburg.
— (1994b): Jurassische Geschiebefossilien aus dem Münsterländer Hauptkiessandzug III. – Geschiebekunde aktuell, **10** (2): 43-52, Taf. 6-9; Hamburg.
— (1996): Schriftgranite und Ignimbrite aus dem Münsterländer Hauptkiessandzug. – Geschiebekunde aktuell, **12** (3): 101-104, 3 Abb.; Hamburg.
SCHALLREUTER, R. (1987): Geschiebekunde in Westfalen. – Geol. Paläont. Westf., **7**: 5-13, 1 Abb., 1 Taf.; Münster.
— (1993): Mischfaunen aus Geschieben. – Geschiebekunde aktuell, **9** (3): 75-84, 6 Abb., 1 Tab.; Hamburg.
— (1994): Schwarze Orthocerenkalkgeschiebe. – Arch. Geschiebekde., **1** (8/9): 491-540, 2 Abb., 1 Tab., 20 Taf.; Hamburg.
— (1996): Ein neuer Ostrakod aus Rotem Beyrichienkalk. – Geschiebekunde aktuell, **12** (2): 51-56, 2 Abb.; Hamburg.
— (1998a): Klastenforschung unter besonderer Berücksichtigung der Geschiebeforschung – Arch. Geschiebekde., **2** (5): 265-322, 28 Abb., 1 Tab., 2 Taf.; Hamburg.
— (1998b): Bibliographie der Geschiebe des pleistozänen Vereisungsgebietes Nordeuropas IV. – Arch. Geschiebekde., **2** (6): 403-440; Hamburg.
— (1999): Rogö-Sandstein und *Jentzschi*-Konglomerat als sedimentäre Leitgeschiebe.– Arch. Geschiebekde., **2** (7): 497-520, 2 Abb., 9 Taf.; Hamburg.
— (2002): Meteoriten als Geschiebe. – Geschiebekunde aktuell, **18** (3): 107-111, 2 Abb., 1 Taf.; Hamburg.
SCHALLREUTER, R. & SCHÄFER, R. (1987): Karbonsandstein als Lokalgeschiebe. – Geol. Paläont. Westf., **7**: 65-73, 2 Abb., 1 Taf.; Münster.
SCHALLREUTER, R. & VINX, R. & LIERL, H.-J. (1984): Geschiebe in Südostholstein. – In: DEGENS, E. T. & HILLMER, G. & SPAETH, CHR. [Hrsg.]: 107-147, 3 Abb., 2 Taf.; Hamburg.
SCHLEE, D. (1980): Bernstein-Raritäten. Farben, Strukturen, Fossilien, Handwerk. Aus der Bernsteinsammlung des Staatlichen Museums für Naturkunde in Stuttgart – Mit einem kulturhistorischen Anhang. – 90 S., 2 Abb., 55 Taf. (145 Farbfotos); Stuttgart (Staatl. Mus. Naturkde.).
— [Hrsg.] (1984): Bernstein-Neuigkeiten. – Stuttgarter Beitr. Naturkde., **C 18**: 100 S., 26 Abb., 1 Tab., 25 Farbtaf.; Stuttgart.
— (1990): Das Bernstein-Kabinett. Begleitheft zur Bernsteinausstellung im Museum am Löwentor, Stuttgart. – Stuttgarter Beitr. Naturkde., **C 28**: 100 S., 74 Farbabb., 1 Tab.; Stuttgart.
SCHLEGEL, H. (1998): Bemerkenswerter Paläoporellenkalkfund. – Geschiebekunde aktuell, **14** (1): 22-23, 3 Abb.; Hamburg.
SCHLÜTER, G. (1993): Große Findlinge in Schleswig-Holstein – ihr Schicksal und ihre Schutzwürdigkeit. – Ber. Geol. L.-Amt Schleswig-Holstein, **2**: 17-32, 3 Taf.; Kiel.
SCHLÜTER, H.-U. & BEST, G. & JÜRGENS, U. & BINOT, F. (1997): Interpretation reflexionsseismischer Profile zwischen baltischer Kontinentalplatte und kaledonischem Becken in

der südlichen Ostsee – erste Ergebnisse. – Z. dt. geol. Ges., **148** (1): 1-32, 20 Abb., 4 Tab.; Stuttgart.

SCHMID, F. [Hrsg.] (1982): Fossilien der Schreibkreide. – Geol. Jb., **A 61**: 293 S., 40 Abb., 9 Tab., 38 Taf.; Hannover. – [Die Maastricht-Stufe in NW-Deutschland, 2]

SCHMIDTKE, K.-D. (1985): Auf den Spuren der Eiszeit. Die glaziale Landschaftsgeschichte Schleswig-Holsteins in Bild, Zeichnung und Kartenskizze. – 101 S., 89 Abb.; Husum (Husum).

— (1993): Die Entstehung Schleswig-Holsteins. – 2. Aufl.: 128 S., 216 Abb., 2 Tab.; Neumünster (Wachholtz). – [Mitarb. v. W. LAMMERS]

SCHÖNE, G. (2002): Bibliographie der Geschiebe des pleistozänen Vereisungsgebietes Nordeuropas V. – Arch. Geschiebekde., **3** (5/7): 285-460, 1 Abb., 1 Taf.; Hamburg.

SCHÖNING, H. (1995): Einige Larval- und Jugendstadien altpaläozoischer Trilobiten aus Geschieben. – Geschiebekunde aktuell, **11** (2): 37-48, 3 Tab., 2 Taf.; Hamburg.

— (1997): Bohrgänge holzbohrender Muscheln in drei Feuerstein-Geschieben. – Geschiebekunde aktuell, **13** (1): 1-14, 6 Abb.; Hamburg.

SCHREINER, A. (1992): Einführung in die Quartärgeologie. – XII + 257 S., 114 Abb., 14 Tab.; Stuttgart (Schweizerbart).

SCHÜTZ, E. (1996): Unterkambrische Sandtrichter. – Geschiebekunde aktuell, **12** (4): 117-120, 6 Abb.; Hamburg.

SCHULZ, M.-G. & ERNST, H. & WEITSCHAT, W. (1984): Stratigraphie und Fauna der Ober-Kreide (Coniac - Maastricht) von Lägerdorf und Kronsmoor (Holstein). – In: DEGENS, E. T. & HILLMER, G. & SPAETH, CHR. [Hrsg.]: 483-517, 7 Abb., 1 Tab., 4 Taf.; Hamburg.

SCHULZ, M.-G. & WEITSCHAT, W. (1979): Asteroideen aus der Schreibkreide von Lägerdorf (Holstein) und Hemmoor (N. Niedersachsen). – Mitt. Geol.-Paläont. Inst. Univ. Hamburg, **40**: 107-130, 4 Abb., Taf. 23-26; Hamburg.

SCHULZ, W. (1972): Ausbildung und Verbreitung der oberoligozänen „Sternberger Kuchen" als Lokalgeschiebe. – Ber. dt. Ges. geol. Wiss., **A 17** (1): 119-137, 6 Abb.; Berlin.

— (1994): Das paläozäne Turritellengestein als Geschiebe im südlichen Ostseeraum. – Arch. Geschiebekde., **1** (10): 589-604, 13 Abb.; Hamburg.

— (1995): Der „Schiffsbohrwurm" *Teredo* – eine interessante Muschel der Ostsee und früherer Meere im norddeutschen Raum. – Arch. Geschiebekde., **1** (12): 739-752, 9 Abb.; Hamburg.

— (1996): Zur Bedeutung der Korngröße bei Geschiebezählungen. – Geschiebesammler, **29** (3): 91-102, 1 Abb., 5 Tab.; Wankendorf.

— (1997): Findlingsgärten am Südrand des skandinavischen Vereisungsgebietes. – In: ZWANZIG, M. & LÖSER, H. [Hrsg.]: 151-161, Taf. 23; Dresden.

— (1998): Streifzüge durch die Geologie des Landes Mecklenburg-Vorpommern. – 192 S., div. Abb., 7 Taf. (Anh.); Schwerin (cw).

— (1999a): Der Baltische Bernstein in quartären Sedimenten, eine Übersicht über die Vorkommen, die größten Funde und die Bernstein-Museen.– Arch. Geschiebekde., **2** (7): 459-478, 4 Abb., 5 Tab.; Hamburg.

— (1999b): Sedimentäre Findlinge im norddeutschen Vereisungsgebiet.– Arch. Geschiebekde., **2** (8): 521-560, 26 Abb.; Hamburg.

— (1999c): Denkmäler der Quartärforschung in Norddeutschland.– Arch. Geschiebekde., **2** (8): 561-596, 21 Abb.; Hamburg.

SEILACHER, A. (1991): Was Fossilien erzählen – oder: Zur Taphonomie und Diagenese von Kreidefeuersteinen. – Fossilien, **8** (4): 210-214, 6 Abb.; Korb (Goldschneck).

— (1997): Sandkorallen – Ein ausgestorbener Lebensformtyp. – Fossilien, **14** (2): 79-84, 8 Abb.; Weinstadt (Goldschneck).

SELMEIER, A. (1984): Ein verkieseltes *Sequoia*-Holz aus Ahlen in Westfalen. – Naturwiss. Z. Niederbayern, **30**: 94-119, 20 Abb.; Landshut.
— (1986): Fossile Hölzer. – Fossilien, **3** (5): 217-224, 10 Abb.; Korb (Goldschneck).
— (1996): Fossile Hölzer mit *Teredo*-Befall. – Fossilien, **13** (1): 55-57, 3 Abb.; Weinstadt (Goldschneck).
ŠIBRAVA, V. & BOWEN, D. Q. & RICHMOND, G. M. (1986): Quaternary Glaciations in the Northern Hemisphere. – Quaternary Sci. Rev., **5**: 510 S., 147 Abb., 39 Tab. + Tabellenanhang; Oxford, New York, Toronto, Sydney, Frankfurt (Pergamon).
SIVERSON, M. (1992a): Biology, dental morphology and taxonomy of lamniform sharks from the Qunparijum of the Kristianstad Basin, Sweden. – Palaeontology, **35** (3): 519-554, 5 Taf.; London.
— (1992b): Late cretaceous *Paraorthacodus* (Palaeospinacidae, Neoselachii) from Sweden. – J. Paleont., **66** (6): 994-1001, 4 Abb.; Tulsa.
— (1993): Maastrichtian squaloid sharks from southern Sweden. – Palaeontology, **36** (1): 1-19, 4 Taf.; London.
— (1995): Revision of the Danian cow sharks, sand tiger sharks and goblin sharks (Hexanchidae, Odontaspididae and Mitsukurinidae) from southern Sweden. – J. Verbtebr. Paleont., **15** (1): 1-12, 3 Abb.; Oklahoma.
SKUPIN, K. & SPEETZEN, E. & ZANDSTRA, J. G. (1993): Die Eiszeit in Nordwestdeutschland. Zur Vereisungsgeschichte der Westfälischen Bucht und angrenzender Gebiete. – 143 S., 49 Abb., 24 Tab., 2 Taf., 2 Kt. (Anl.); Krefeld (Geol. L.-Amt Nordrhein-Westfalen).
SMED, P. (1988): Sten i det danske landskab. – 181 S., 79 Abb., 3 Tab., 33 Taf.; Brenderup (Geografforlaget).
SMED, P. & EHLERS, J. (1994): Steine aus dem Norden. Geschiebe als Zeugen der Eiszeit in Norddeutschland – 194 S., 83 Abb., 34 Farbtaf. mit 157 Abb.; Berlin, Stuttgart (Borntraeger).
SÖRENSEN, G. (1986): *Aulocopium aurantium* – Rätselhafter Geschiebeschwamm. – Fossilien, **3** (4): 184-187, 1 Abb., 1 Taf.; Korb (Goldschneck).
— (1988): Geschiebeschwämme. – Fossilien, **5** (2): 82-85, 7 Abb.; Korb (Goldschneck).
SOLCHER, J. (1996): Schriftgranite. – Geschiebekunde aktuell, **12** (3): 69-70, 1 Abb.; Hamburg.
SOLCHER, J. & BARTHOLOMÄUS, W. A. (1997): Einige silurische Geschiebe-Favositen aus der Nordheide. – Geschiebekunde aktuell, **13** (2): 47-54, 3 Abb., 2 Tab.; Hamburg.
SPAINK, G. & RÖMER, J. H. & ANDERSON, W. F. (1978): Het Eoceen in de lokaalmoraine van Losser. – Staringia, **4**: 39 S., 6 Abb., 1 Tab., 19 Taf.; Oldenzaal (Nederlandse Geol. Ver.).
STANLEY, S. M. (1994): Historische Geologie. Eine Einführung in die Geschichte der Erde und des Lebens. – 644 S., div. Abb.; Heidelberg, Berlin, Oxford (Spektrum Akad. Verl.).
STEEL, R. & HARVEY, A. P. & VOGELLEHNER, D. [Hrsg.] (1981): Lexikon der Vorzeit. – XII + 388 S., 240 Abb., 32 Tab.; Freiburg, Basel, Wien (Herder).
STEINER, G. (1974): Wort-Elemente der wichtigsten zoologischen Fachausdrücke. – 5. Aufl.: 31 S.; Stuttgart (G. Fischer).
STEINER, W. (1996): Europa in der Urzeit. Die erdgeschichtliche Entwicklung unseres Kontinentes von der Urzeit bis Heute. – 192 S., 280 Fotos, Grafiken und Karten in Farbe; München (Orbis).
STEL, J. H. (o.J.): Erratische Favositidae der nördlichen Niederlande. – Geschiebesammler, Sonderh. **2**: 203 S., 20 Abb., 4 Tab., 52 Taf.; Hamburg.
— (1991): Lower Palaeozoic erratic favositids from the Island of Sylt, Germany. – Scripta Geologica, **97**: 1-32, 6 Abb., 14 Taf.; Leiden.

STRÜBEL, G. & ZIMMER, S. H. (1982): Lexikon der Mineralogie. − V + 363 S., 159 Abb.; Stuttgart (Enke).
— (1990): Mineralfundorte in Europa. − VIII + 243 S., 8 Abb.; Stuttgart (Enke).
THENIUS, E. & VÁVRA, N. (1997): Fossilien im Volksglauben und im Alltag. Bedeutung und Verwendung vorzeitlicher Tier- und Pflanzenreste von der Steinzeit bis heute. − 179 S., 197 Abb.; Frankfurt a.M. (Kramer). − [Senckenberg-Buch, 71]
THIELEMANN, TH. (1991): Fossiliensammeln auf Gotland. − Fossilien, **8** (1): 37-44, 9 Abb., 1 Tab.; Korb (Goldschneck).
THOME, K. N. (1998): Einführung in das Quartär. Das Zeitalter der Gletscher − XXII + 288 S., 205 Abb., 22 Tab., 1 Taf.; Berlin, Heidelberg, New York (Springer).
THORSLUND, P. (o.J.a): Führer einer geologischen Rundtour im Siljangebiet. − 12 S., 11 Abb.; Rättvik (Rättviks Turistbyrå).
— (o.J.b): On the geological history of the Siljan District (comments to „A geological guide to the Siljan Ring Structure"). − S. 1-7, 2 Abb.; Rättvik (Rättviks Turistbyrå). − [zusammen mit DYRELIUS]
THORSLUND, P. & JAANUSSON, V. (1960): The Cambrian, Ordovician, and Silurian in Västergötland, Närke, Dalarna, and Jämtland, Central Sweden. − Guide to Excursions Nos A 23 and C 18, **XXI**. Int. Geol. Congr. Norden: 51 S., 23 Abb., 3 Tab., 1 Kt.; Stockholm (Geol. Surv. Sweden). − [Swedish geol. guide-book]
TOBIEN, H. [Coord.] (1986): Nordwestdeutschland im Tertiär / Northwest Germany during the Tertiary. − XXVI + 763 S., 129 Abb., 55 Tab., 30 Taf.; Berlin, Stuttgart (Borntraeger). − [Beitr. Reg. Geol. Erde, **18**]
TOPIC VERLAG [Hrsg.] (1995): Die Urzeit in Deutschland. Von der Entstehung des Lebens bis zum Neandertaler. − 240 S., 310 Abb.; Augsburg (Naturbuch, Weltbild).
TRÖGER, K.-A. [Hrsg.] (1984): Abriß der historischen Geologie. − 718 S., 132 Abb., 27 Schemata, 28 Tab., 48 Taf.; Berlin (Akademie).
TÜXEN, H. & LADWIG, J. (1998): Ein Mosasaurierzahn aus einem weißgefleckten Feuerstein. − Geschiebesammler, **31** (3): 137-141, 2 Abb.; Wankendorf.
TURNER, C. [Hrsg.] (1996): The early Middle Pleistocene in Europe. − 329 S., div. Abb.; Rotterdam (Balkema).

VANGEROW, E.-F. (1981): Mikropaläontologie für Jedermann. − 72 S., 130 Abb., 1 Tab., 11 Taf.; Stuttgart (Kosmos, Franckh). − [Kosmos-Handb. prakt. naturwiss. Arb.]
VÁVRA, N. (1982): Bernstein und andere fossile Harze. − Z. Dt. Gemmol. Ges., **31** (4): 213-254, 12 Abb.; Idar-Oberstein.
VOIGT, E. (1968): Ein unterkarbonischer Fund von *Gigantoproductus* bei Hamburg. − Mitt. Geol. Staatsinst. Hamburg, **37**: 69-75, 1 Abb., Taf. 21; Hamburg.
— (1981): Über die Zeit der Bildung der Feuersteine in der Oberen Kreide. − Staringia, **6**: 11-16, 2 Abb., 2 Taf.; Heerlen. − [3. Internat. Symp. Flint, Maastricht]

WAGENBRETH, O. & STEINER, W. (1985): Geologische Streifzüge. Landschaft und Erdgeschichte zwischen Kap Arkona und Fichtelberg. − 2. Aufl.: 204 S., 12 SW-Fotos, 69 Farbfotos, 117 geol. Blockbilder; Leipzig (VEB Dt. Verl. Grundstoffindustrie).
WAGNER, H. & MOTHS, H. & EICHBAUM, K. (1989): Krabben aus dem Eozän. − Geschiebesammler, **23** (1): 13-28, 14 Abb.; Hamburg.
WALOSSEK, D. (1993): The Upper Cambrian *Rehbachiella* and the phylogeny of Branchiopoda and Crustacea. − Fossils & Strata, **32**: 1-202, 54 Abb., 5 Tab., 34 Taf.; Oslo.
WALOSSEK, D. & MÜLLER, K. J. (1988): Über die Ventralmorphologie und Ökologie von

WATZNAUER, A. (1974): Wörterbuch Geowissenschaften: deutsch - englisch. – 339 S., 1 Tab.; Thun, Frankfurt a.M. (Verlag Harri Deutsch). – [Lizenzausgabe vom VEB Verlag Technik Berlin]
— (1978): Wörterbuch Geowissenschaften: Englisch - Deutsch. – 356 S.; Thun, Frankfurt a.M. (Verlag Harri Deutsch).
WEBER, B. (1998): Der *Mobergella*-Sandstein aus dem unteren Kambrium des Kalmarsund-Gebietes. – Geschiebesammler, **31** (1): 3-17, 6 Abb.; Wankendorf.
WEDDIGE, K. (1989): Conodonten – problematische Fossilien. – Natur u. Museum, **119** (3): 67-82, 17 Abb.; Frankfurt a.M.
WEIDERT, W. K. [Hrsg.] (1988): Klassische Fundstellen der Paläontologie. – 208 S., 234 Abb., 12 Tab., 16 Taf.; Korb (Goldschneck).
— (1989): Das Sammlerporträt: Axel Paulsen. – Fossilien, **6** (3): 112-114, 7 Abb. Korb (Goldschneck).
— [Hrsg.] (1990): Klassische Fundstellen der Paläontologie II. – 256 S., 323 Abb., 9 Tab., 9 Taf.; Korb (Goldschneck).
— (1994): Viel Kies – Geschiebefossilien vom Niederrhein. – Fossilien, **11** (2): 93-95, 8 Abb.; Korb (Goldschneck).
— [Hrsg.] (1995): Klassische Fundstellen der Paläontologie III. – 276 S., 257 Abb., 18 Tab., 54 Taf.; Weinstadt (Goldschneck).
— [Hrsg.] (2001): Klassische Fundstellen der Paläontologie IV. – 286 S., 330 Abb., 7 Tab., 26 Taf.; Weinstadt (Goldschneck).
WEISE, Chr. [Hrsg.] (1994): Versteinertes Holz. Aus Holz wird Stein: Die Mineralogie der Holzversteinerung. – extraLapis, 7: 96 S., 130 Abb., 1 Tab.; München (Weise).
WEITSCHAT, W. (1978) Leben im Bernstein. – 48 S., 40 Abb.; Hamburg (Selbstverlag Geol.-Paläont. Inst. Univ. Hamburg). – [Katalog zur Sonderausstellung vom 10.3.-31.8.1978]
WEITSCHAT, W. & VOIGT, P.-CHR.. (1992): Vorsicht Fälschungen! „Inklusen" im Baltischen Bernstein. – Fossilien, **9** (4): 217-218, 2 Abb.; Korb (Goldschneck).
WEITSCHAT, W. & WICHARD, W. (1998): Atlas der Pflanzen und Tiere im baltischen Bernstein. – 256 S., 96 Abb., 92 Taf.; München (Pfeil).
WHITTINGTON, H. B. (1992): Trilobites. – 145 S. 14 Abb., 120 Taf.; Suffolk (Boydell & Brewer). – [Fossils Illustrated, 1]
WIETZKE, H. (1993): Das Samland – Geologie und Fossilien. – Fossilien, **10** (4): 237-239, 6 Abb.; Korb (Goldschneck).
WIMMENAUER, W. (1985): Petrographie der magmatischen und metamorphen Gesteine. – X + 382 S., 120 Abb., 106 Tab.; Stuttgart (Enke).
WISSHAK, M. (1996): „Klappersteine". – Fossilien, **13** (6): 332, 334, 3 Abb.; Weinstadt (Goldschneck).
WISSING, F.-N. (1991): Beobachtungen am Beyrichienkalk. – Geschiebekunde aktuell, 7 (3): 97, 99-105, 2 Abb., 1 Tab., 1 Taf.; Hamburg.
— (1992a): Einführung in die Mikropaläontologie. – Geschiebekunde aktuell, **8** (1): 1, 3-19, 4 Abb., 2 Tab., 6 Taf.; Hamburg. – [Beitr. Mikropaläont., 1]
— (1992b): Das Meer und seine Bewohner. – Geschiebekunde aktuell, **8** (2): 109-121, 5 Abb., 1 Tab., 1 Taf.; Hamburg. – [Beitr. Mikropaläont., 2]
— (1993): Anfertigung von Anschliffen – Sedimentgesteine. – Geschiebekunde aktuell, 9 (3): 89-93, 3 Tab.; Hamburg. – [Beitr. Mikropaläont., 6]
WISSING, F.-N. & HERRIG, E. (1999): Arbeitstechniken der Mikropaläontologie. Eine Einführung. – XI + 191 S., 16 Abb.; Stuttgart (Enke). – [m. Beitr. v. M. REICH]

WITTECK, K. (1997): Ein fossiler Vogelkopf aus dem Moler. – Fossilien, 14 (3): 134, 1 Abb.; Weinstadt (Goldschneck).
— (2002): Ein Haizahn im Danien-Feuerstein von Fyns Hoved. – Geschiebesammler, 35 (1): 35-36, 1 Abb.; Wankendorf.
WITTECK, S. (1998): Ein Fisch aus einem tertiären Flint-Geschiebe. – Geschiebekunde aktuell, 14 (4): 138-139, 1 Abb.; Hamburg.
WITTLER, F. A. (1999): Zur regionalen Herkunft pliensbachzeitlicher Gesteine (Jura, Lias) im Münsterländer Hauptkiessandzug (Münsterland, NW-Deutschland). – Geschiebesammler, 32 (4): 115-161, 14 Abb., 8 Taf.; Wankendorf.
WOLDSTEDT, P. & DUPHORN, K. (1974): Norddeutschland und angrenzende Gebiete im Eiszeitalter. – 3. Aufl.: XII + 500 S., 90 Abb., 27 Tab.; Stuttgart (Koehler).
WUNDERLICH, J. (1986): Spinnenfauna gestern und heute. Fossile Spinnen in Bernstein und ihre heute lebenden Verwandten. – 283 S., 369 Abb.; München (Bauer, Quelle & Meyer).
ZANDSTRA, J. G. (1988): Noordelijke kristallijne Gidsgesteenten. – XIII + 469 S., 169 Abb., 43 Tab., 16 Taf., 1 Kt.; Leiden, New York, København, Köln (Brill).
— (1999): Platenatlas van noordelijke kristallijne gidsgesteenten. – XII + 412 S., 31 Abb., 5 Tab., 284 Taf.; Leiden (Backhuys).
ZAWISCHA, D. (1993): Einschlüsse im Bernstein. – Arb.-Krs. Paläont. Hannover, 21 (1/2): 10-32, 26 Abb., 1 Tab.; Hannover.
ZESSIN, W. & PUTTKAMER, K. FREIHERR VON (1994): *Melanostrophus fokini* ÖPIK (Graptolithina, Stolonoidea) – Fund einer vollständigen Kolonie in einem ordovizischen Geschiebe von Rendsburg, Schleswig-Holstein. – Arch. Geschiebekde., 1 (10): 561-572, 9 Abb.; Hamburg.
ZIEGLER, B. (1975): Allgemeine Paläontologie. – 2. Aufl.: VII + 248 S., 249 Abb.; Stuttgart (Schweizerbart). – [Einführung in die Paläobiol., 1]
— (1983): Spezielle Paläontologie: Protisten, Spongien und Coelenteraten, Mollusken. – IX + 409 S., 410 Abb., 1 Tab.; Stuttgart (Schweizerbart). – [Einführung in die Paläobiol., 2]
— (1998): Spezielle Paläontologie: Würmer, Arthropoden, Lophophoraten, Echinodermen. – 666 S., 631 Abb.; Stuttgart (Schweizerbart). – [Einführung in die Paläobiol., 3]
ZUIDEMA, G. & BAUMFALK, Y. A. (1980): Zee-egels. – gea, 13 (3): 61-92, 83 Abb., 2 Tab.; Amsterdam.
ZUIDEMA, G. & PORT, R. & STEMVER-VAN BEMMEL, J. (1999): Fossiele zee-egels van West-Europa. – gea, 32 (3): 73-118, div. Abb.; Alkmaar.
ZWANZIG, M. & LÖSER, H. [Hrsg.] (1997): Berliner Beiträge zur Geschiebeforschung. – 161 S., div. Abb., 23 Taf.; Dresden (CPress).
ZWENGER, W. H. (1987): Zu einigen besonderen Erhaltungsformen tertiärer Bohrmuschelspuren. – Hercynia, (N.F.) 24 (2): 249-255, 7 Abb.; Leipzig.

Zeitschriften: Archiv für Geschiebekunde (seit 1990), Boreas (seit 1972, vor allem Quartärgeologie), Eiszeitalter und Gegenwart (seit 1951, vor allem Quartärgeologie), Erratica (seit 1996), Erratica Brandenburgica (seit 1999), Geschiebekunde aktuell (seit 1985), Der Geschiebesammler (seit 1966), Staringia (seit 1971, nicht nur Geschiebethemen), Zeitschrift für Geschiebeforschung (1925-1944).

8. Geschiebe-Register

Anstatt eines umfassenden Stichwortregisters möchte ich mich hier nur auf die Hinweise zu den einzelnen Geschiebetypen beschränken, da dies der Schwerpunkt meines Buches ist. Dabei verweisen die kursiv gesetzten Seitenzahlen auf Abbildungen des jeweiligen Geschiebes, während die fett hervorgehobenen die nähere Beschreibung liefern.

Geschiebetyp	Seite
Achate	**122**, 123
Acrothele-Konglomerat	55, **64**
Ahrensburger Geschiebesippe	**142**, *143*, 147, 150, *151*, 153
Ahrensburger Liasknollen	137, **142**, *143*, 147
Åhus-Sandstein	149
Alaunschiefer	55, 59, **73**
Andrarum-Kalk	55, **65**
Anthrakonit	55, **65**
Arnager-Grünsand	59, 149
Arnager-Kalk	59, 149
Aschgraues Paläozängestein	165, *172*, **173**
Aspidoides-Oolith	139
Backsteinkalk	*40*, 42, 67, 74, *77*, **81**
Baltische Kalke	42, 89, 91, **99**, *102*, 133
Bandgestreifter Feuerstein	149
Basalte	**146**, 165
Basalttuffe	165, *179*
Bavnodde-Grünsand	59, 149
Bavnodde-Quarzit	149
Bernstein	165, 167, **180**
Beyrichienkalk	42, 67, 89, 91, 99, *102*, **103**, *104*
Bodakalk	42, 67, *80*, **82**, *84*, *85*, *86*, 87
Bohus-Granit	47, 48
Borealis-Kalke, -Dolomite	20, 89, 91, **94**, *100*
Brachiopoden-Kalke und -Dolomite	107, *112*, **113**
Brauneisenstein-Konglomerate	147, 149
Brauner Ostsee-Quarzporphyr	47, **52**
Braunkohlenquarzite	165
Bredvads-Porphyr	47
Bryozoenkalk	165
Ceratopyge-Kalk	42, 67, **79**
Cerithium-Kalk	165
Chalzedon	163
Chasmopskalk	67, 74, **82**
Chiasmasandstein	55

Geschiebetyp	Seite
Coccolithenkalk	165, **170**, *171*
Colonus-Schiefer	91
Crania-Kalk	165
Crinoidenkalke	67, 90, 91, **94**, *101*
Cyclocrinus-Kalk	67
Dala-Arkosen, -Konglomerate	47
Dalasandstein	47, 49, **53**
Dalarna-Ignimbrite	47, **50**
Dalarna-Quarzporphyre	48
Danium-Flinte	165, 167, **170**, *171*
Devon-Sandsteine, -Mergel und -Dolomite	107, *111*, *112*, *113*
Diabase	45, 48, **53**, 91, **103**, *111*
Dictyonema-Schiefer	67, **70**, **74**
Digerberg-Sandstein, -Konglomerate	47
Diplocraterion	**53**, *58*, **63**
Dolomit mit *Platyschisma*	107
Donnerkeile	150, *161*
Dwoberger Gestein	189
Echinodermenkonglomerat	165, 167, *172*, **173**
Echinosphäritenkalk	67, 74, 77, **81**
Eisenoolithe	139, **142**, **145**, 147
Eophyton-Sandstein	55
Estonus-Kalk	42, 91
Estherienkalke, -Dolomite	20, 107, **110**, *112*
Eurypterus-Dolomit	91
Expansus-Kalk	*39*, 73
Exporrecta-Konglomerat	55, **65**
Exsulans-Kalk	42, 55, **64**
Faserkalk	165, 167, **179**, *181*
Faxe-Kalk	165, 167, *171*, **173**, *175*
Feuerstein, Flint	147, 149, 150, *154*, *155*, **158**, 160, *161*, *162*, **163**, 165, 167, **170**, *171*, 175
Fischgrätengestein	137, *143*, 147
Flintkonglomerat	147
Flöz führendes Oberkarbon	115
Fritzower Kalk	139
Fucoidensandstein	55
Gault-Phosphorite	147, 149, 150, *151*, **153**
Gefleckter Feuerstein	149, *154*, **160**
Gekritzte Geschiebe	*14*
Geschiebehölzer	187, 193, *197*
Geschiebe mit *Isognomon bouchardi*	139
Geschiebe mit Salzmalen	107
Geschiebe mit *Schloenbachia varians*	149
Geschiebe mit *Serpula damesii*	149
Geschiebe vom Hirtshals-Typ	139, *144*, **146**

Geschiebetyp	Seite
Glaukonit-Mergelsandstein	149
Glaukonit-Quarzit mit *Gonioteuthis*	149
Glaukonit-Sandstein	42, 55, 147, 149, **153**
Gneise	47, **48**, *51*, 59
Granite	47, 48, **50**, **52**
Graptolithenschiefer	59, 67, *70*, **74**
Grauer Beyrichienkalk	91
Grauer Orthocerenkalk	*39*, 42, 67, *70*, 74, *75*, *76*, **81**
Grüngerindete Feuersteine	165, **175**
Grünlichgraues Graptolithengestein	42, 89, **90**, 91, *100*
Grünschiefer	59
Gryphea arcuata	137
Hälleflinta	47, **52**
Hardebergasandstein	55
Harte Kreide	149
Hartgrund der Schreibkreide	149
Heiligenhafener Kieselgestein	165, **180**, *181*
Hemmoorer Gestein	186, 189, *194*, **195**
Höör-Sandstein und -Arkose	137, 142
Holma-Sandstein	149
Holsteiner Gestein	186, 189, *193*, **195**
Hornstein-Geschiebe	139
Hullerstad-Kalk	67
Ignimbrite	47, **50**, **121**, 123
Illonia-prisca-Gestein	91
Jentzschi-Konglomerat	67
Kalkkonkretionen mit *Tiltoniceras acutum*	137
Kalkmergel mit *Exogyra virgula*	139
Kalkmergel mit *Inoceramus labiatus*	149
Kalkmergel mit *Rhynchonella pinguis*	139
Kalkoolith mit *Nerinea fasciata*	139
Kalkoolith mit *Perisphinctes virgulatus*	139
Kalksandstein-Geschiebe mit Psilophyten	107
Kalksandstein mit *Grammoceras striatulum*	137
Kalksandstein mit *Hoplites*	149
Kalksandstein mit *Kosmoceras castor*	139
Kalksandstein mit *Kosmoceras jason*	139
Kalksandstein mit *Kosmoceras lithuanicum*	139
Kalksandstein mit *Macrocephalus*	139
Kalksandstein mit *Pleuroceras spinatum*	137
Kalksandstein mit *Pseudoamaltheus*	137
Kalksandstein mit *Simbirskites*	147, 149
Kalmarsundsandstein	55, **60**, *61*, 63
Kaolinsand	189
Karbonhornsteine	115

Geschiebetyp	Seite
Kelloway-Geschiebe	139, 142, *144*, **145**
Kieselgestein mit Orbitoiden	149
Kinnekulle-Diabas	53, 91, **103**, *111*
Köpinge-Sandstein	149, *154*, **163**
Kohlenkalke mit Productiden	115, 118, *120*
Konglomerat-Geschiebe mit Fischresten	107
Konglomeratischer Kalk mit Bonebed	129
Konkretionen mit Ammoniten und Holz	137, *143*, 147
Korallenkalke	90, **91**, *101*
Kuckersit	67
Kugelsandsteine	107, **110**, *111*
Kullsberg-Kalk	66, **82**, *83*
Lavendelblauer Hornstein	67, *80*, **87**, *89*, 91
Leopardensandstein	**64**
Leperditiengesteine	42, 89, 90, 91, *98*, **99**
Leptäna-Kalk	66, *80*, **82**, *83*, *84*, *85*, *86*, 88
Leptite	47, **52**
Lias δ-Geschiebe	137, **142**, *143*, 147
Lias ε-Knollen	137, **142**, *143*, 147
Lias ξ-Geschiebe	137, **142**, *143*, 147
Limsten	165
Lose Brachiopoden	70, *88*, 89, 90, **99**, *102*, **118**, *120*, 150, 158, *162*, **163**
Lose Crinoidenstielglieder	*83*, 90, 91, 94, 150, **163**
Lose Haizähne	**163**, 186, 189, **196**, *197*, *198*
Lose Korallen	*80*, 90, **91**, *101*, 139, 142, **145**, 150, **163**, *197*
Lose Mollusken	75, *76*, *77*, *88*, 89, 137, *144*, 150, 158, *161*, *162*, **163**, *171*, 186, 189, *193*, *194*, **196**, *197*
Lose Schwämme	67, *80*, 89, 150, 158, *161*, **163**
Lose Seeigel	150, *154*, *155*, 158, **163**, *166*, **167**
Lose Walwirbel	**196**, *197*
Ludibunduskalk	*40*, 42, 67, 73, *77*, **81**
Lydit	115
Macrourakalk	67, 74, **82**
Masur-Kalk	67
Melaphyre	121
Mergelkalke mit *Dactylioceras commune*	137
Mergel-Konkretionen mit *Cardioceras tenuicostatum*	139
Mergel-Konkretionen mit *Quenstedtoceras lamberti*	139
Mickwitzia-Sandstein	55
Minerale	48, *51*, 55, **65**, **122**, 123, 163
Miozäne Kugeln	189, **195**, *198*
Moler	165, 167, 175, **176**, 177, 178, *179*
Monocraterion	53, **63**
Muschelkalkgeschiebe	20, 129, *132*, **133**

Geschiebetyp	Seite
Nexösandstein	47, 49, 55, 59, **60**
Nummuliten-Gesteine	165, **180**,*181*
Obolus-Sandstein	67, **79**
Ockergelber Hornstein	165
Öjlemyrflint	67
Ölandicus-Mergel	*39*, 42, 53, 55, *62*, **64**, 73
Öved-Ramsåsa-Sandstein	42, 90, 91, **103**
Ophiomorpha nodosa	167, *172*, 173, 179, *181*
Ordovizischer Beyrichienkalk	67
Orthocerenkalke	*39*, 42, 59, 67, *70*, 73, 74, 75, *76*, **81**
Oslo-Ignimbrite	**121**, 123
Ostseekalk	42, 67, *80*, **87**
Ostsee-Quarzporphyre	47, **52**
Paläoporellenkalk	67, 74, *80*, **87**
Paläozänes Turritellengestein	**173**, 183
Paläozän-Konglomerat	165, 167, **175**
Pampauer Gestein	**186**
Påskallavik-Porphyr	47, **52**
Perniö-Granit	47
Phacitenoolith	91
Phosphorite des Eozän	165, **179**, *181*
Phosphorite mit *Hoplites*	149
Phosphorit führende Konglomerate	55, **65**
Phosphorit-Konglomerat von Madsegrav	149
Plagiogmus	53, *58*, *61*, **63**
Porphyre	18, 47, **52**, **121**, 123, *126*
Portland-Geschiebe	**139**
Postsilurische Konglomerate	121, **122**, 123, *126*, 129
Puddingsteine	165, 167, *172*, **175**
Quarzitische Sandsteine mit Farnen	147, 149, *151*
Radiosa-affinis-Oolith	**137**
Rapakiwi-Granite	47, **52**
Rastrites-Schiefer	91
Reinbeker Gestein	186, 189, *194*, **195**, *196*, **198**
Rhätolias-Geschiebe	129, *132*, **133**, 137, 142
Rhombenporphyre	18, **121**, 123, *126*
Rispebjerg-Sandstein	**55**
Rogensteine	129, **133**
Rogösandstein	67
Rollsteinkalk	42, 67, 74, *78*, **82**
Rote Foraminiferen-Mergel	**147**
Roter Beyrichienkalk	91
Roter Orthocerenkalk	*39*, 42, *70*, 75, **81**
Roter Ostsee-Quarzporphyr	47, **52**
Ruinendolomit	**137**

Geschiebetyp	Seite
Sadewitzer Kalk	67
Sala-Granit	47
Saltholmskalk	165, **170**, *171*
Sandstein mit *Amaltheus margaritatus*	137
Sandstein mit *Cardioceras alternans*	139
Sandstein mit *Cardioceras cordatum*	139
Sandstein mit *Cardioceras cricki*	139
Sandstein mit *Cardioceras tenuicostatum*	139
Sandstein mit *Holmia kjerulfi*	55
Sandstein mit *Orthotheca degeeri*	55
Sandstein mit *Ostrea (Liostrea) hisingeri*	137
Sandstein mit *Ostrea nathorsti*	137
Sandstein mit *Parkinsonia*	139
Sandstein mit *Pseudomonotis gregaria*	137
Sandstein mit *Tancredia johnstrupi*	137
Schreibkreide	149, 150, *158*, *161*, *162*, **163**
Schwarten	165, **186**
Schwarzer Orthocerenkalk	67, **81**
Septarien	165, 167, **180**, *182*
Serpulit-Geschiebe	139
Siderite	165
Sideritische Geschiebehölzer	187, **193**, *197*
Skolithossandstein	53, 55, *58*, **60**, *61*, **63**
Småland-Granite	47
Småland-Ignimbrite	47, **50**
Småland-Porphyre	47
Soldiner Gestein	165
Sphärocodienkalk	91
Sphärosiderite	129, *132*, **133**, 137
Sphärosiderit mit *Garantiana garantiana*	139
Sphärosiderit mit *Spiroceras bifurcati*	139
Sphärosiderit mit *Stephanoceras*	139
Spurenfossilien	53, *58*, **60**, *61*, **63**, 167, *172*, 179, *181*
Steinmergelgeschiebe mit *Promathilda*	129
Sternberger Kuchen	20, 165, 167, *182*, **183**
Stettiner Kugeln	165, **180**, *182*
Stinkkalke	42, 55, 60, *62*, **65**
Stockholmgranit	47
Stomatopoden-Konkretionen	**183**, *184*
Syringomorpha	*58*, **63**
Tessini-Sandstein	42, 53, 55, **64**, 73
Testudinaria-Kalk	42
Thamnasteria [Thamnastrea] concinna	139, 142, *145*
Tigersandstein	55, **64**
Toneisensteine	165, **179**
Toneisenstein-Geoden	165, **179**, *182*, 189, **195**, *198*
Tosterup-Konglomerat	149, **153**, *160*

Geschiebetyp	Seite
Toter Kalk	149
Tretaspis-Kalk	66, *83*
Trigonodus-Dolomit	129
Trinucleus-Kalk	67
Trümmerkreide	149
Tuffite	165
Turritellen-Gesteine	165, 167, **173**, *182*, **183**
Uppsala-Granit	47, **50**
Urkalke	45, 47, 48, **49**
Växjö-Granite	47, **50**
Verkieselte Geschiebehölzer	**186**, 189
Vermiporellenkalke	67
Volborthellensandstein	55
Wallsteine	165, 167, **175**
Wealdengeschiebe mit *Cyrena*	147, 149, 150, *151*, **153**
Weißer Kalk mit *Anisocardia parvula*	139
Weißer Kalk mit *Provirgatites compressodorsatus*	139
Wesenberger Kalk	67, *80*, **87**
Windkanter	*14*, **16**, 21
Xenusion	*63*
Zementsteine	165, 167, *179*